哈尔滨海关年鉴

2022

《哈尔滨海关年鉴（2022）》编纂委员会——编著

中国海关出版社有限公司
·北京·

图书在版编目（CIP）数据

哈尔滨海关年鉴．2022/《哈尔滨海关年鉴（2022）》编纂委员会编著．—北京：中国海关出版社有限公司，2023.3
（中国海关史料丛书）
ISBN 978－7－5175－0671－3

Ⅰ．①哈…　Ⅱ．①哈…　Ⅲ．①海关—哈尔滨—2022—年鉴　Ⅳ．①F752.55-54

中国国家版本馆 CIP 数据核字（2023）第 048006 号

哈尔滨海关年鉴（2022）

HAERBIN HAIGUAN NIANJIAN（2022）

作　　者：《哈尔滨海关年鉴（2022）》编纂委员会
责任编辑：邹　蒙
出版发行：中国海关出版社有限公司
社　　址：北京市朝阳区东四环南路甲 1 号　　邮政编码：100023
编 辑 部：01065194242-7530（电话）
发 行 部：01065194221/4238/4246/5127（电话）
社办书店：01065195616（电话）
https://weidian.com/?userid=319526934（网址）
印　　刷：北京新华印刷有限公司　　经　　销：新华书店
开　　本：889mm×1194mm　1/16
印　　张：22.75　　字　　数：406 千字
版　　次：2023 年 3 月第 1 版
印　　次：2023 年 3 月第 1 次印刷
书　　号：ISBN 978－7－5175－0671－3
定　　价：230.00 元

《哈尔滨海关年鉴（2022）》编纂委员会

《哈尔滨海关年鉴（2022）》编辑部

编辑说明

一、《哈尔滨海关年鉴（2022）》是由哈尔滨海关组织编纂的综合性年鉴，是全面、客观记录哈尔滨海关关区 2021 年工作情况的年度资料性文献，是具有权威性、综合性、实效性和资料性的工具书，为领导决策提供服务，为关区事业发展提供借鉴，为史志研究提供资料，为了解关情提供信息，为建设社会主义现代化海关提供精神动力和史实支撑。

二、《哈尔滨海关年鉴（2022）》坚持以习近平新时代中国特色社会主义思想为指导，坚持辩证唯物主义和历史唯物主义的立场、观点和方法，坚持党中央关于出版工作的方针和政策，按照海关总署关于海关年鉴编纂工作的相关要求，全面、系统、准确记载 2021 年度关区发生的重大事件及其背景、社会影响，海关事业改革发展的新业绩、新成就等。

三、《哈尔滨海关年鉴（2022）》是哈尔滨海关编纂出版的首部年鉴，记述时限为 2021 年 1 月 1 日至 12 月 31 日。对部分工作内容进行了总体性概述，对个别特定内容依据实际情况时限略有前后延伸。

四、《哈尔滨海关年鉴（2022）》采用分类编辑法，设类目、分目、条目三个层级，有特载、专记、党的建设、业务建设、综合保障、隶属海关单位、直属事业单位、荣誉榜、大事记、哈尔滨海关统计资料 10 个类目，部分内容设分目，以条目为基本记述单元。卷首设专题图片，卷尾设附录。

五、《哈尔滨海关年鉴（2022）》稿件由哈尔滨海关机关各局处室、各隶属海关单位、各直属事业单位提供，部分稿件由哈尔滨海关年鉴编辑部予以补充、辑录和整理。

六、《哈尔滨海关年鉴（2022）》记录数据采用法定计量单位，个别遵从习惯用法。内容所涉数据来源于供稿单位，相关数据或有差异，引用时一律以海关对外公布数据为准。

目　录

第四篇　业务建设

第五篇 综合保障

第六篇 隶属海关单位

第七篇 直属事业单位

第八篇　荣誉榜

第九篇　大事记

第十篇　哈尔滨海关统计资料

附　录

“中国海关史料丛书”编委会

海关专题图片

重要会议

◀2021 年 2 月 3 日，哈尔滨海关召开 2021 年关区工作会议、全面从严治党工作会议

2021 年 3 月 5 日，哈尔滨海关召开 2021 年关区缉私工作会议 ▶

2021年7月16日，海关总署“现场监管与外勤执法权力寻租”专项整治工作实地检查组与哈尔滨海关召开见面会 ▶

◀2021 年 10 月 14 日，海关总署党委第五巡视组巡视哈尔滨海关党委见面会和工作动员会召开

2021 年 10 月 15 日，哈尔滨海关召开 2021 年 10 月份暨前三季度形势分析及工作督查例会 ▶

◀2021年11月16日，哈尔滨海关党委召开会议传达学习贯彻党的十九届六中全会精神

2021年11月22日，哈尔滨海关党委召开理论学习中心组（扩大）学习会议 ▶

◀2021年12月1日，哈尔滨海关与俄罗斯远东海关局以视频会议形式举行2021年度工作会谈

海关总署和省领导调研指导

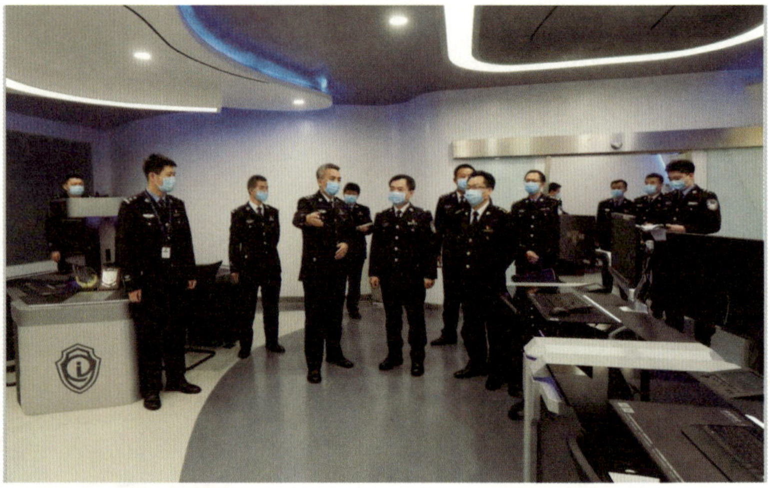

2021 年 3 月 11 日，黑龙江省副省长、公安厅党委书记、厅长李毅（前排右二）到哈尔滨海关调研公安机关打击走私违法犯罪和服务更高水平对外开放工作 ▶

◀ 2021 年 4 月 27 日至 29 日，海关总署驻天津特派员办事处主任乔惠同（前排中）一行在哈尔滨海关督查调研期间，到所属黑河海关调研

2021 年 7 月 21 日至 23 日，►海关总署党委书记、署长倪岳峰（前排中）在哈尔滨海关调研期间，到所属黑河海关调研

◄2021 年 8 月 5 日，黑龙江省委常委、副省长王永康（前排中）到哈尔滨海关调研

2021 年 9 月 6 日至 10 日，海关►总署党委委员、副署长王令浚（前排中）在哈尔滨海关督导调研期间，到所属黑河海关调研

关领导活动

2021 年 7 月 1 日，哈尔滨海关举行升国旗仪式，庆祝中国共产党成立 100 周年。哈尔滨海关党委书记、关长卢厚林（前排中），哈尔滨海关党委委员曾庆财（前排右三）、姚德海（前排左三）、车成利（前排右二）、赵希康（前排左二）、朴明华（前排右一）、季永新（前排左一）参加升国旗仪式 ▶

◀ 2021 年 3 月 26 日，哈尔滨海关走访黑龙江省交通投资集团有限公司

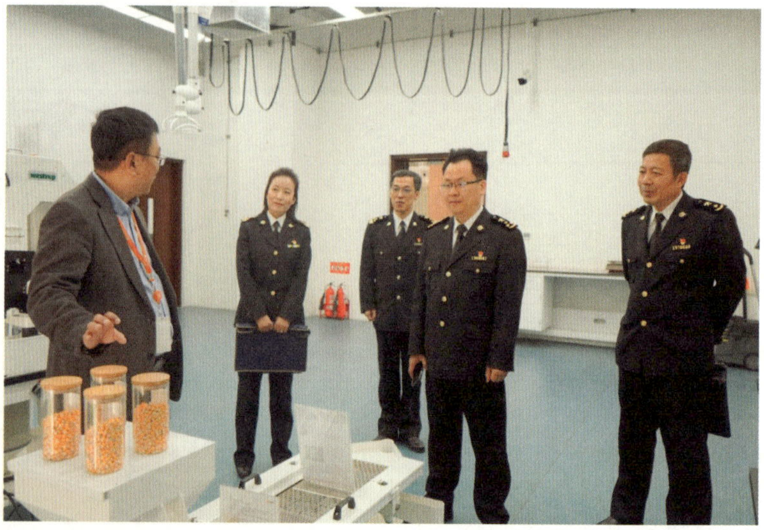

2021 年 5 月 13 日，哈尔滨海关党委书记、关长卢厚林（前排右二）到北大荒垦丰种业股份有限公司调研 ▶

2021 年 7 月 6 日至 7 日，哈尔滨 ▶ 海关党委书记、关长卢厚林(前排右二)到黑河海关调研

◀ 2021 年 7 月 14 日，哈尔滨海关党委书记、关长卢厚林（右）会见俄罗斯驻哈尔滨总领事奥谢普科夫

2021 年 8 月 10 日，哈尔滨海关 ▶ 与黑龙江省农业农村厅签署合作备忘录

◀ 2021 年 8 月 20 日，哈尔滨海关党委委员、副关长曾庆财（右三）出席绥化海关巡察反馈工作会议并实地查看绥化海关业务技术用房项目建设进度

2021 年 8 月 19 日，哈尔滨海关党委委员、政治部主任姚德海（前排左一）出席鹤岗海关巡察反馈工作会议并开展调研 ▶

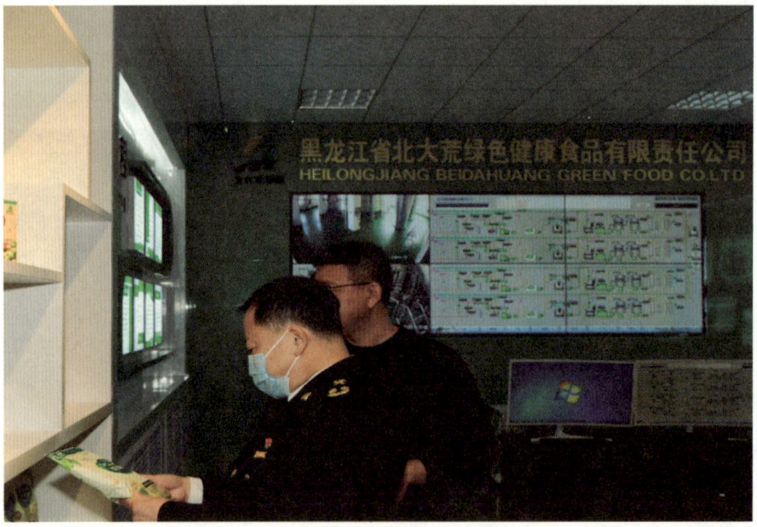

◀ 2021 年 4 月 20 日，哈尔滨海关党委委员、副关长车成利（左）到佳木斯海关辖区北大荒绿色健康食品有限责任公司调研

2021 年 9 月 9 日，哈尔滨海关党委委员、党委纪检组组长赵希康（前排中）到东宁海关监控指挥中心调研并指导工作 ▶

◀ 2021 年 8 月 31 日，哈尔滨海关党委委员、副关长朴明华（前排中）到哈尔滨太平机场海关督导检查新冠肺炎疫情防控工作

2021 年 4 月 27 日，哈尔滨海关党委委员、缉私局局长兼督察长季永新（右三）到冰城海关驻邮局办事处调研 ▶

党的建设

2021 年 3 月 29 日，▶
哈尔滨海关党委班子成员和有关支部党员参观革命领袖视察黑龙江纪念馆

◀ 2021 年 4 月 19 日，
哈尔滨海关党委书记、关长卢厚林检查哈尔滨海关机关党建活动室建设情况

◀ 2021 年 4 月 23 日，哈尔滨海关党委举办理论学习中心组（扩大）学习暨党史学习教育读书班

2021 年 5 月 26 日，哈尔滨海关党委书记、关长卢厚林参加办公室党支部党员大会，重温入党誓词 ▶

2021 年 5 月 28 日，哈尔滨海关党委组织党员领导干部赴黑龙江省国家安全暨保密警示教育基地参观学习

2021 年 6 月 18 日，哈尔滨海关举行老干部活动中心揭牌仪式

2021 年 6 月 23 日，哈尔滨海关党委书记、关长卢厚林看望慰问老党员并颁发“光荣在党 50 年”纪念章

◀ 2021 年 6 月 25 日，哈尔滨海关召开庆祝建党 100 周年系列表彰大会暨党史学习教育专题党课报告会

2021 年 8 月 2 日，哈尔滨海关党委书记、关长卢厚林参加办公室党支部第一党小组党史学习教育专题组织生活会，海关总署第二巡回指导组以视频方式全程指导 ▶

◀ 2021 年 11 月 29 日，哈尔滨海关党委书记、关长卢厚林到哈尔滨海关定点帮扶的绥化市青冈县昌盛镇兴东村调研

业务建设

2021 年 1 月 6 日，▶
黑河海关关员在中俄东线天然气管道黑河首站现场监管

◀ 2021 年 2 月 6 日，
绥芬河海关关员在绥芬河铁路口岸查验进口木材

◀2021年3月12日，绥芬河海关关员在绥芬河铁路口岸现场监管中欧班列

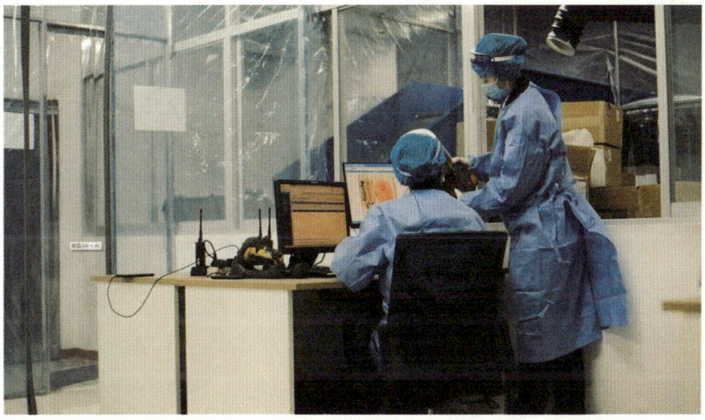

2021年3月25日，冰城海关驻邮局办事处关员进行现场查验 ▶

◀2021年4月12日，佳木斯海关关员到辖区白瓜子出口企业开展抽样送检

2021 年 5 月 11 日，东宁海关 ▶
关员到辖区企业进行资质延续考核

◀ 2021 年 5 月，绥芬河海关
缉私分局破获濒危动物制品走私案

2021 年 6 月 21 日，虎林海关关 ▶
员检验出口大米

◀2021年6月25日，黑河海关关员开展进口煤炭监管工作

2021年7月9日，大庆海关 ▶ 关员对出口汽车进行监管

◀2021年7月12日，绥化海关实行“7×24小时”预约查验服务，为企业快速验放进境锅炉

2021 年 9 月 8 日，牡丹江海关 ▶
关员对牡丹江保税物流中心（B 型）
进口货物实施监管

◀ 2021 年 9 月 9 日，虎林海关
关员对进口农用机械进行目的地查验

2021 年 12 月 21 日，漠河海关关员 ▶
在中俄原油管道漠河首站监管现场进行
巡检

队伍风采

◀ 2021 年 3 月 3 日，牡丹江海关志愿者服务队组织开展社区义诊

2021 年 4 月 15 日，鹤岗海关组织开展内务督查 ▶

2021 年 5 月 18 日，抚远海关 ▶
组织开展义务植树活动

◀ 2021 年 6 月 29 日，逊克海关
关员参加抗洪抢险

2021 年 7 月 1 日，哈尔滨海关 ▶
举行升国旗仪式

◀2021 年 8 月 3 日，大庄园肉业集团股份有限公司向哈尔滨海关赠送锦旗

2021 年 11 月 15 日，哈尔滨海关缉私局民警在中俄边境地区巡逻 ▶

◀2021 年 11 月 23 日，绥芬河海关组织开展志愿清雪活动

疫情防控

2021 年 3 月 19 日，▶冰城海关驻香坊办事处关员对跨境电商货物进行消杀

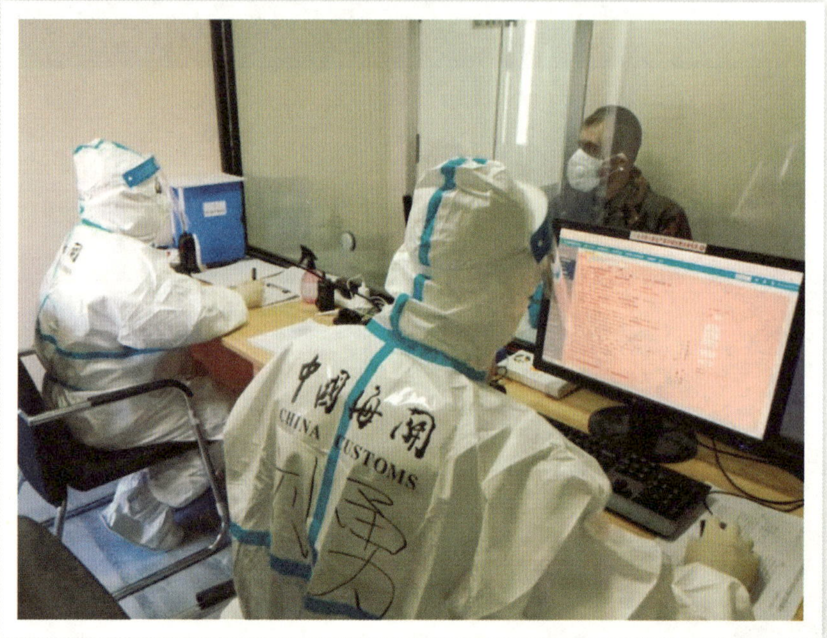

◀2021 年 3 月 23 日，黑河海关关员对入境外籍司乘人员进行流行病学调查

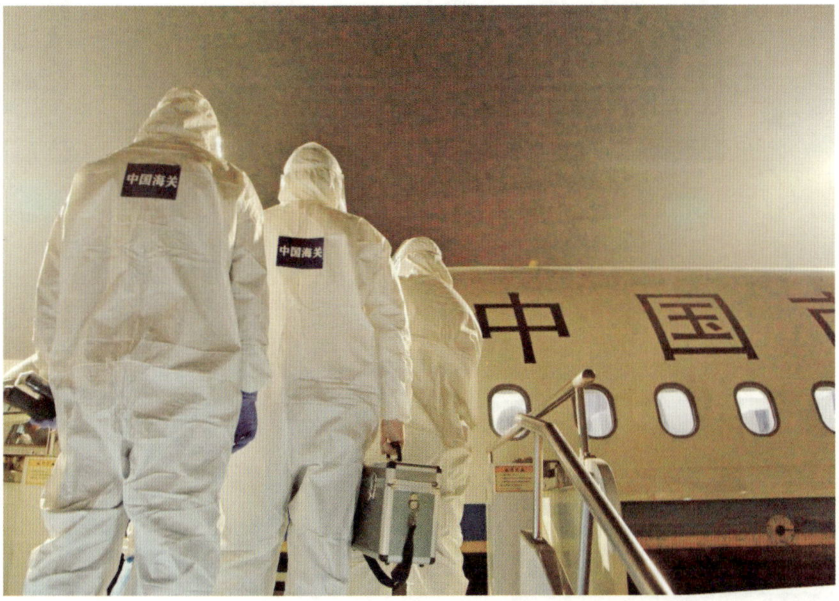

◀2021 年 4 月 15 日，哈尔滨太平机场海关关员在哈尔滨太平国际机场口岸进行航空器登临检疫

2021 年 4 月 20 日，▶黑河海关关员监督消杀公司对进境船舶开展预防性消毒

2021 年 5 月 13 日，逊克海关 ▶
组织开展疫情防控演练

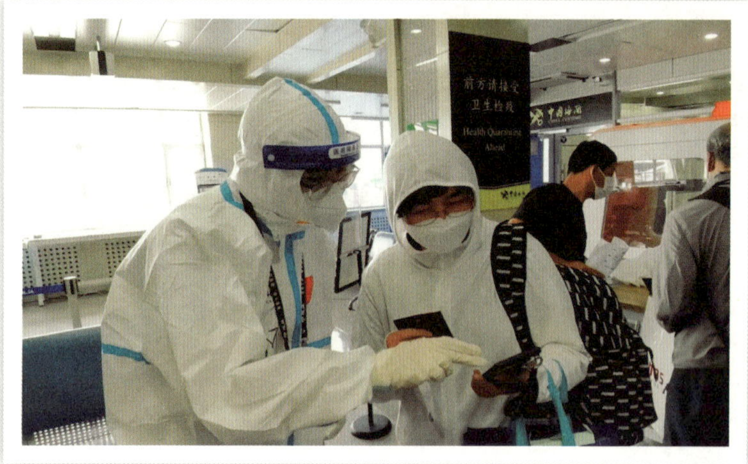

◀ 2021 年 6 月 21 日，哈尔滨太平机场海关关员指导入境旅客申报个人健康信息

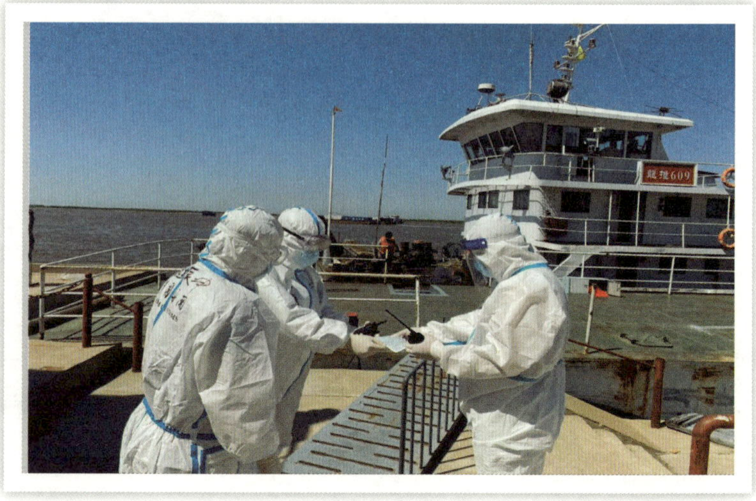

2021 年 7 月 16 日，同江海关 ▶
关员对进境船舶进行登临检疫

◀2021 年 9 月 21 日，东宁海关关员在东宁口岸物流卡口检查入境运输工具

2021 年 10 月 15 日，抚远海关关员在莽吉塔货运口岸进行监管作业 ▶

◀2021 年 11 月 5 日，哈尔滨海关召开应对本土新冠肺炎疫情做好冬季口岸疫情防控工作会议

第一篇

特载

哈尔滨海关概况、主要职能、组织架构

概况

哈尔滨海关前身为“滨江关”，设立于清光绪三十三年（1907年）。中华人民共和国成立后，东北海关管理局于1950年12月设立哈尔滨支关。1953年3月，哈尔滨支关改为哈尔滨分关。1958年1月，哈尔滨分关改为中华人民共和国哈尔滨关。1980年8月1日正式命名为中华人民共和国哈尔滨海关，为正处级单位。1984年6月9日，国务院批准哈尔滨海关升格为正厅级直属海关。

哈尔滨海关辖区辽阔，与俄罗斯联邦边境线长2,981千米。关区业务特色鲜明，包括“水、路、空、铁、管、网、邮、索”，即：水运、公路、航空、铁路、管道运输（石油/天然气）、电网输送（电力）、邮件快件、跨境索道（步行口岸，建设中）。

2021年，哈尔滨海关坚决贯彻落实习近平新时代中国特色社会主义思想和习近平总书记系列重要指示批示精神，认真学习贯彻党的十九大及十九届历次全会精神，按照海关总署党委部署要求，深入推进“政治建关、改革强关、依法把关、科技兴关、从严治关”（以下简称“五关”）建设，强化监管优化服务，统筹口岸疫情防控和促进外贸稳增长工作，各方面工作取得了长足的发展和进步。年内，黑龙江省货物贸易进出口总值1,995亿元（人民币，下同），比上年增长29.6%，其中，出口447.7亿元，增长24.4%，进口1,547.3亿元，增长31.2%。

主要职能

哈尔滨海关是受海关总署直接领导，负责指定口岸及相关区域范围内海关工作运行管理、监督监控的正厅级直属海关。哈尔滨海关管辖范围为黑龙江省全境。

主要职责是：

一、负责本关区贯彻落实党中央、国务院关于海关工作的方针政策和决策部署，在履行职责过程中坚持和加强党对海关工作的集中统一领导，履行全面从严治党责任。

二、负责贯彻执行与海关管理相关的法律、法规、规章、规范性文件和相关技术规范，负责本关区征税、监管、缉私、出入境检验检疫、统计等工作。

三、监控研判本关区各类执法风险、管理风险和廉政风险并组织防范和化解，负责本关区基层党组织建设、队伍建设和日常管理工作。

四、完成海关总署交办的其他工作。

组织架构

哈尔滨海关设办公室（党委办公室）、法规和综合业务处、关税处、卫生检疫处、动植物检疫处、进出口食品安全处、商品检验处、口岸监管处、统计分析处、企业管理和稽查处、财务处、科技处、督察内审处、人事处（党委组织部）、教育处等15个正处级内设机构，另设机关党委（党委思想政治工作办公室、党委宣传部、党委巡察工作办公室）、监察室（党委纪检组）、离退休干部办公室等3个正处级机构。哈尔滨海关党委向隶属海关单位派驻10个纪检组。哈尔滨海关下设隶属海关单位21个，其中：副厅级隶属海关1个，为冰城海关；正处级隶属海关单位20个，分别为哈尔滨太平机场海关、齐齐哈尔海关、牡丹江海关、绥芬河海关、东宁海关、佳木斯海关、抚远海关、同江海关、大庆海关、密山海关、虎林海关、饶河海关、嘉荫海关、鹤岗海关、萝北海关、黑河海关、逊克海关、绥化海关、漠河海关、哈尔滨海关风险防控分局。所属副厅级缉私局1个、正处级缉私分局4个。直属事业单位4个，分别为中国电子口岸数据中心哈尔滨分中心、后勤管理中心、技术中心、黑龙江国际旅行卫生保健中心（哈尔滨海关口岸门诊部）。

哈尔滨海关贯彻落实《“十四五”海关发展规划》实施方案

根据《中共中央关于制定国民经济和社会发展第十四个五年规划和二〇三五年远景目标的建议》（以下简称《建议》）和《中华人民共和国国民经济和社会发展第十四个五年规划和2035年远景目标纲要》，全面贯彻落实《“十四五”海关发展规划》和《黑龙江省国民经济和社会发展第十四个五年规划和二〇三五年远景目标纲要》具体要求，结合关区实际，制定本实施方案。

一、发展基础——成绩、机遇与挑战

“十三五”时期，我们不忘初心、牢记使命，奋力拼搏、聚力攻坚，各项工作任务取得了优异成绩。特别是2018年机构改革后，我们立足新机构新职责，科学审视世情、国情、省情、关情，准确把握关区发展阶段性特征，关检深度融合，逐步实现“化学反应”。我们服务发展大局，主动对接“一带一路”建设，服务中蒙俄经济走廊建设，支持“中俄博览会”常办常新，成功承办“中国—欧亚经济联盟国家海关合作对话会”，形成“六国七方”合作机制；全面推进“放管服”改革，落实减税降费任务，压缩整体通关时间，支持中欧班列开通运营和内贸货物跨境运输业务发展，跨境贸易便利化水平不断提升；我们支持龙江维护国家“五大安全”，助力农业“走出去”和俄粮回运进口；支持中俄原油管道复线、中俄东段天然气管线建设开通运营，高效监管原油、天然气等能源进口；保持打击“洋垃圾”等走私高压态势，扎实推进扫黑除恶专项斗争；落实“治国必先治边”，推动边境贸易创新发展，脱贫攻坚取得重要成果。我们支持龙江振兴发展，积极建言献策，为龙江高水平对外开放贡献海关智慧和力量，支持中国（黑龙江）自由贸易试验区、“三桥一岛”、综合保税区、保税物流中心（B型）、互市贸易区等建设，促进外贸稳增长创新举措不断推出，口岸营商环境持续优化。与省内外相关部门单位、科研机构协作更加紧密，关检机构改革新海关成立后签署17份合作协议，形成服务龙江经济社会发展的合力，海关影响力不断扩大。我们加强队伍建设，关区两级党委班子全面建立，党的领导不断加强；深化“三严三实”专题教育成果运用，扎实开展“两学一做”学习教育、“不忘初心、牢记使命”主题教育；深入推进全面从严治党、从严治关，压紧压实各级责任，努力打造清廉海关；争当龙江作风建设排头兵，培树“战严寒、抗风险、耐寂寞、做奉献”的漠河海关精神，党组织品牌创建成效显著。我们凝心聚力，解决了关区许多长期想解决而没有解决的难题，一批事关全局和长远发展的大事实现了重大突破，广大干部职工热切期盼的民生工程逐项落实，建设了一批打基础、攒后劲、利长远的基础性工程项目，在全国沿边海关的综合竞争力进一步增强。

在新的发展阶段，哈尔滨海关处在对外开放、国门安全的“第一线”，面对的各类风险挑战与日俱增，维护国家粮食安全“压舱石”、国家能源安全的责任更加重大，筑牢国门安全防线的任务更加艰巨，确保国家经济利益和政治安全的使命更加光荣，需要我们进一步抢抓机遇、乘势而上、奋力前行，更好地落实习近平总书记多次对东北地区和龙江作出的重要讲话和重要指示批示精神，为龙江全面振兴全方位振兴，实现更高水平对外开放做出更大贡献。

二、目标展望——明确未来发展方向

（一）指导思想。

高举中国特色社会主义伟大旗帜，深入贯彻党的十九大和十九届二中、三中、四中、五中全会精神，坚持以马克思列宁主义、毛泽东思想、邓小平理论、“三个代表”重要思想、科学发展观、习近平新时代中国特色社会主义思想为指导，全面贯彻党的基本理论、基本路线、基本方略，深入贯彻落实习近平总书记对海关工作的重要指示批示精神、对龙江重要讲话和重要指示批示精神，统筹推进经济建设、政治建设、文化建设、社会建设、生态文明建设的总体布局，协调推进全面建设社会主义现代化国家、全面深化改革、全面依法治国、全面从严治党的战略布局，坚持稳中求进工作总基调，以推动高质量发展为主题，以深化供给侧结构性改革为主线，以改革创新为根本动力，以满足人民日益增长的美好生活需要为根本目的，统筹发展和安全，把握新发展阶段，贯彻新发展理念，主动融入构建新发展格局，深入推进政治建关、改革强关、依法把关、科技兴关、从严治关，强化监管优化服务，提高海关制度创新和治理能力建设水平，聚焦服务龙江全面振兴全方位振兴，为全面建设社会主义现代化国家、全面建设社会主义现代化新龙江贡献海关力量。

（二）实施原则。

解放思想、激发活力。坚持问题导向、目标导向、结果导向相统一，坚决破除制约关区发展体制机制障碍，持续深化理念、制度、模式等创新，激发新动能新活力。

放管结合、优化高效。简政放权、优化职能，厘清权责、深化协同，同步防控执法、管理和廉政风险，既不“错位”“越位”，又不“失位”“缺位”。

科技支撑、精准智能。依托新技术推动海关信息化管理架构转型升级，提升工作的集约化、智能化、精准化水平，既依靠科技创新力量，又强调人的能动因素。

统一领导、凝聚合力。强化党委对关区各方面工作的总体掌控和统一领导，更加注重沟通、协作和构建伙伴关系，深入推进跨部门、跨区域和国际合作，调动各方面积极因素，形成合力。

（三）发展目标及远景展望。

持续深化政治建关、改革强关、依法把关、科技兴关、从严治关，不断丰富“五关”建设新内涵，积极探索具有沿边特点、龙江特色的新时代强关之路，到2025年，实现现代化海关建设在沿边海关中走在前列。

对照海关总署和黑龙江“十四五”发展规划，展望2035年，哈尔滨海关要基本建成监管能力和治理水平全国一流的现代化海关。

（四）实施安排。

1. 提升能力，强基固本，实施强关工程。

国门安全提升工程。将口岸建设成为有效防控安全威胁的坚强屏障。

改革创新提升工程。以全业务领域一体化改革牵引管理体制改革。

法治保障提升工程。切实将依法行政作为关区工作的基本准则。

科技支撑提升工程。打造智慧海关，拓展强关发展的新空间。

队伍能力提升工程。开创人人皆可成才、人人尽展其才的生动局面。

2. 砥砺奋进，勇于担当，打造强关品牌。

突出沿边特点。进一步发挥龙江国际大通道和辐射中心的作用，将沿边潜力转化为开放优势。

突出服务特色。主动发挥海关站在改革开放最前沿的优势，推动外贸优化升级。

突出外事优势。培树特色外事品牌，开创外事工作新格局，助力提升跨境贸易便利化水平。

突出文化引领。进一步打造边关文化，弘扬漠河海关精神，讲好边关故事，助力当好龙江作风建设排头兵。

突出党建统领。持续推进新时代党的建设新的伟大工程，为关区未来发展提供坚强的政治保证。

三、任务承接——把握发展的新要求

（一）党中央的新要求。

党中央《建议》明确赋予海关18项任务，这些任务主要涵盖构建新发展格局、构筑国门安全屏障、提升辅助决策水平、推动开放平台建设、促进贸易便利化等方面，这既是国家对全国海关提出的新要求，也是哈尔滨海关必须承接好、落实好的重大决策部署。

（二）海关总署的新部署。

《“十四五”海关发展规划》为全国海关描绘了未来发展蓝图，需要我们锚定海关发展远景目标，结合龙江特色和关区实际，全面承接，不折不扣逐项落实，特别是要将海关总署明确的15项主要指标中需要直属海关层面落实的12项指标，设定符合关区科学发展实际的落实指标。

（三）龙江的新规划。

《黑龙江省国民经济和社会发展第十四个五年规划和二〇三五年远景目标纲要》将“更高水平对外开放取得新突破”作为龙江规划目标之一，并明确了10项具体任务由哈尔滨海关承办，这是我们服务龙江经济社会发展的着力点。

四、实施举措——发展的实践路径

（一）实施国门安全提升工程。

1. 提升进出境环节监管能力。

监管资源配置更加优化，查验作业效能和规范性大幅提升。监控指挥更加高效，推动和完善二级、三级监控指挥中心实体化运作模式，建立口岸运行监控指挥联系机制。智能审图更加精准，行邮监管更加智能，监管机制更加完备，提高口岸应急处置能力。

2. 提升税收安全保障能力。

构建关区税收征管新格局。推动税收征管由海关主导型向企业自律型转变，建立海关与企业平等合作的征纳关系，形成税收治理主体多元化的格局。落实进口税收优惠政策，加强原产地管理，建立跨部门打击价格低报瞒报、不实贸易等协同管理机制，维护安全公平有序的贸易环境。

3. 提升口岸公共卫生安全维护能力。

推进境外传染病监测哨点（服务站）建设，加强口岸公共卫生防控的信息化、智能化、现代化建设。建立口岸突发公共卫生事件应急处置指挥体系，建立区域性分级应急物资储备机制。创新口岸公共卫生核心能力动态管理模式。支持推动绥芬河公路客运口岸、哈尔滨太平机场口岸创建“国际卫生港”。深化特殊物品企业分类和产品分级管理，持续助力龙江生物医药产业创新发展。

4. 提升进出境动植物检疫和防范外来物种入侵能力。

健全进出境动植物检疫风险评估体系，动植物安全风险监控体系、动植物疫情和外来入侵物种监测与早期预警体系，动植物疫情和外来入侵物种应急处置体系、动植物检疫技术支撑体系。密切与农业农村等相关部门的合作；探索与俄毗邻州区建立动植物疫情和外来入侵物种联合监测预警机制。

5. 提升进出口食品安全监管能力。

贯彻落实“四个最严”（最严谨的标准、最严格的监管、最严厉的处罚、最严肃的问责）要求，持续优化源头治理、口岸监管、后续监管的全链条监管模式，持续优化国家、龙江两级进出口食品化妆品监督抽检和风险监测机制。助力欧亚经济联盟动植物源性食品的准入进程，探索推进俄罗斯低风险植物源性中药材试进口创新举措扩大试点和品种范围，支持更多大宗优质食品农产品返销回国，探索建立高效的出口食品协同监管模式，全面推行出口食品直通放行。

6. 提升进出口商品质量安全治理能力。

完善进出口商品质量安全风险监测、评估、预警、处置等管理制度，加大国内外质量安全信息、舆情信息采集力度。聚焦“一带一路”沿线国家和地区，针对进口原油、天然气、大宗矿产品等商品安全项目实施重点监测，加大进口管输油气、矿产品、固体废物、危险化学品、出口防疫物资检验监管工作，推进实施管输能源智慧监管。严格落实全面禁止进口固体废物的工作要求，严防“洋垃圾”进境。建立基于质量安全风险等级、科学运用多种合格评定模式的进口商品检验监管工作机制。

7. 提升风险整体管控能力。

打造全领域、全渠道、全过程风险防控体系，持续完善业务风险防控协同机制，打造关键要素风险知识库，强化风险信息采集、分析、研判和应用，深化重点领域专项风险防控。推进风险管理信息化系统应用，开发符合实际的大数据应用模型，绘制科学精准的风险地图，搭建跨部门联合研判渠道，实现多元共治格局。探索建立东北地区区域一体化风险防控机制。推进与俄罗斯海关风险管理合作。

8. 提升反走私能力。

坚决防范和打击各种渗透颠覆破坏、暴力恐怖、民族分裂、宗教极端等活动，严防各类违禁品进境。坚决打击“洋垃圾”和象牙等濒危动植物及其制品走私行为。严厉打击重点涉税商品、农产品、毒品等走私。优化“智慧缉私”建设，深化执法规范化建设，加强国际执法合作，提升全员打私绩效。完善警务保障机制，提升综合保障水平。深化反走私综合治理，充分发挥“平安龙江”建设考核指挥棒作用，推动各地市政府落实主体责任，形成多元共治良好局面。

9. 提升安全生产治理能力。

建立安全生产长效工作机制，按照国务院安委会和海关总署要求，扎实推进关区安全生产专项整治三年行动，持续深入开展安全风险隐患全面自查和重点领域排查、重点单位督查、现场督导检查相结合，以集中攻坚成果保障安全生产常态化落实。建立安全隐患风险清单，实施分级分类分项管理，持续深入推进重点领域安全生产问题的整改。加强与地方应急管理等相关部门的联防联控。

（二）实施改革创新提升工程。

1. “放管服”改革落地生根。

持续推进简政放权。完善权责清单，

持续巩固深化精简进出口环节单证及证明材料成效，拓展“双随机、一公开”改革，落实“谁审批、谁监管，谁主管、谁监管”工作机制，取消一切不必要的备案、登记和认定，探索实施“清单制+告知承诺制”审批改革。推进海关业务“全程网上办”，推行“最多跑一次”。整合海关服务热线，及时回应企业和群众诉求。建立亲清关企关系，构建开放性的关企合作机制。

2. 通关一体化改革持续深化。

推进实施“通关一体化改革5年提升计划”，强化监控指挥中心建设，统筹风险整体防控和业务运行管控。完善与改革相适应的组织管理体系，优化监管资源配置，推动关区各项改革制度更加成熟更加定型。巩固落实各项改革措施，同步健全各项改革配套制度建设，加强改革运行效果的监控和评估。

3. 事中事后监管协同有力。

创新稽核查工作模式，全面推行“互联网+稽核查”。推行和完善主动披露制度，促进企业规范经营、守法自律。稳步推进属地查检业务改革，建立关区属地查检跨部门协调配合机制，保障进出口贸易平稳运行。统一规范外勤执法，科学分析业务运行数据，做到应查必查，应检必检。

4. 财务管理科学高效。

健全预算保障机制，完善绩效管理。深入贯彻落实党中央“过紧日子”要求。持续调整优化支出结构，大力盘活存量资产。完善涉案财物、政府采购管理机制。建立健全企事业单位财务管理制度和内部控制制度，加强经济核算、资产管理、财务控制和监督。做好装备、设备配备。多渠道反映边关艰苦环境和实际需求。

5. 干部队伍充满活力。

抓好政治思想建设，强化领导班子政治属性，严把选人用人政治关。选优配强领导班子，增强班子凝聚力战斗力。建立健全选育管用、环环相扣、统筹推进的干部管理体系，激励队伍担当作为。建设一支政治过硬、数量充足、结构合理、充满活力的海关年轻干部队伍。优化机关、隶属海关、事业单位的考核指标和评价方式，加大考核评价结果的使用力度。

（三）实施法治保障提升工程。

1. 制度保障有力。

通过立法调研推动改革发展，提高立法调研的深度和广度，以立法建议方式，及时向海关总署反馈立法需要，力争将龙江开放发展诉求体现在海关基础法律修订中。优化关区规范性文件管理，及时将成熟的业务改革经验和举措固化为制度规范。

2. 执法环境优化。

推进学习宣传贯彻习近平法治思想常态化。有序推进“八五”普法规划实施。扩大海关法治文化的覆盖面和影响力。健全“谁执法谁普法”普法责任制落实机制。推动领导干部带头尊法学法守法用法，强化主要负责人履行推进法治建设第一责任人职责，落实党委中心组集体学法制度和领导干部任前考法制度。创新法治宣传教育方式方法，充实关区“普法讲师团”力量，打造“精品课程库”。

3. 执法行为规范。

推进“三项制度”建设，坚持权责法定、依法行政，继续深入落实行政执法公示制度、执法全过程记录制度、重大执法决定法制审核制度。规范行政执法统计年报，规范执法证件管理，确保海关行政执法人员全面实现“持证上岗”。规范行政执法自由裁量权，提升关区执法统一性。

4. 监督制约高效。

健全行政权力运行制约和监督体系。自觉接受党内监督、人大监督、民主监督、司法监督、行政监督，完善社会监督和舆论监督。畅通监督渠道，方便群众投诉举报、反映问题，依法及时调查处理违法行政行为。加强权力运行全过程内控管理和重大决策部署的督促落实。持续加强“新海廉”业务系统应用，强化科技控权。全面推进政务公开。发挥行政复议、诉讼的纠错功能。

（四）实施科技支撑提升工程。

1. 建设国门安全科技保障体系。

建设国门安全现代化科技创新体系。加快落实成熟技术装备的应用推广。开展非侵入式、智能化、实时远程查验，推动监管设备智能化应用。升级单兵查验设备，拓展单兵查验设备应用领域，统筹现有监管设备资源，实现海关监管更加智能、精准、高效。

2. 加强信息化支撑能力建设。

引入5G等新技术，推广万兆网络，建立以高带宽、低时延为基本特征的关区信息化基础网络体系。全面推广应用H2018新一代通关管理系统，优化完善电子政务内网基础设施。深化大数据应用，打破各系统“数字壁垒”。完善网络安全防护体系，提升网络安全实战对抗能力。

3. 优化海关实验室整体规划布局。

加大实验室建设，新增1—2个国家级重点检测实验室。强化和发挥重点检测实验室在各专业领域引领和科研中坚作用，区域性中心实验室骨干作用和常规实验室的基础作用，在化矿、石油、天然气和鉴定实验室建设上拓宽领域、拓展能力。持续做好生物安全二级实验室建设，积极参与海关总署实验室联盟，加强与地方协同创新、资源共享。

（五）实施队伍能力提升工程。

1. 提升理论武装能力。

坚持把习近平新时代中国特色社会主义思想理论武装作为组织建设的首要任务。持续推动读原著、学原文、悟原理，推动理论武装走深走实走心。创新理论学习方式方法，健全落实常态化学习机制，结合巩固深化“不忘初心、牢记使命”主题教育成果，健全落实述学、评学、考学制度机制。

2. 提升政治能力。

努力在政治思想观点、政治立场态度、政治理想信念、政治纪律规矩方面自觉同党中央保持高度一致。努力提高政治领悟力，正确领会习近平新时代中国特色社会主义思想、党中央决策部署、国家大政方针和党纪国法的精神实质和内涵要求，不折不扣抓好党中央精神贯彻落实。

3. 提升业务能力。

开展务实管用的业务能力培训，学习深化全国通关一体化改革的新设计、新流程、新规范。开展总体国家安全观教育，学习海关风险整体管控业务和机制。开展业务执行岗位实训，系统学习各领域业务岗位知识和实操技能。

4. 提升执法能力。

结合依法把关、依法履职需要，组织干部深入系统学习法律法规和规章制度，增强依法行政本领。结合相关业务领域发生的典型案例，学习海关法律工作实务。开展执法资格和岗位资质培训，继续组织开展新入关人员执法资格考试、执法人员岗前培训与执法业务培训。

（六）打造特色业务品牌。

1. 推动互市贸易成为兴边富民有力支撑。

完善监管机制，出台监管制度。强化协同监管，推动建立互市贸易全链条协同监管模式。利用互市贸易落地加工试点政策，切实推动互市贸易进口商品，特别是生产性原料商品在边境地区落地加工。推动新贸易业态与边民互市贸易融合发展，实现政策优势叠加。

2. 支持边境小额贸易发展焕发新活力。

在有效监管的前提下，实行边境小额贸易出口商品简化申报措施。推动完善我省转移支付支持方式，引导边境地区企业进口毗邻国家商品更多适用边境小额贸易方式，充分释放国家政策优势。加大对边境小额贸易创新发展的支持力度，向上争取更多边境小额贸易支持政策。

3. 助力打造沿边自由贸易试验区（以下简称“自贸试验区”）龙江样板。

发挥“最北自贸试验区”的“沿边”特征优势，推动中国（黑龙江）自由贸易试验区（以下简称“龙江自贸试验区”）高质量发展，以贸易自由便利为重点，对标国际先进规则，打造一流口岸营商环境，建设以对俄罗斯及东北亚为重点的开放合作高地。加强制度创新，推出符合龙江开放特色、沿边开发需求、企业期盼的海关自贸创新举措。抓好集成式借鉴、首创性改革、差异化探索，为我国沿边地区对外开放形成可复制、可推广的海关制度创新经验。

4. 支持龙江口岸建设运行提档升级。

助力龙江从口岸大省向口岸强省转变，按照“岸产城”一体化融合发展模式要求，发挥口岸区位、资源比较优势，明确功能定位，支持稳步有序、持续推进全省口岸集群建设。高标准建设黑河公路口岸、同江铁路口岸，加快黑瞎子岛口岸规划和建设，支持哈尔滨综合保税区和绥芬河进境肉类指定监管场地建设，支持哈尔滨航空口岸申建进境食用水生动物、水果指定监管场地，支持同江、东宁、黑河申建进境肉类指定监管场地。

（七）打造优质服务品牌。

1. 以平台建设为抓手，服务保障更牢。

发挥龙江装备制造、能源加工、航空航天等产业基础优势，推动加工制造中心和检测维修中心建设；依托龙江丰富的科研和高校资源，利用保税研发特殊优惠政策，推动研发设计中心建设；利用龙江对俄开放区位和产业集散优势，推动物流分拨中心和销售服务中心建设。推动综合保税区保税展示功能与绥芬河整车进口口岸功能叠加，支持扩大整车进口。助力龙江自贸试验区、综合保税区、沿边重点开发开放试验区、跨境经济合作区和跨境电商综合试验区等多区联动，形成政策叠加效应。

2. 以机制建设为根本，服务模式更新。

建立营商环境长效机制，持续巩固“办理海关事项不求人”工作成效，推行“办好一件事”改革，进一步提高整体通关效率，巩固整体通关时间压缩成效。建立业务分析研究机制，服务宏观决策，服务海关发展，服务龙江经济。建立常规审核与重点审核、审核轮值与集中审核、日审核与月审核相结合的审核机制，发挥统计监督作用。建立理论政策研究机制，形成“一关一品”特色品牌，打通政策研究“最后一公里”。建立技术性贸易措施工作机制，强化技术性贸易措施影响研究与应用。健全知识产权保护机制，推进知识产权全链条保护。

3. 以方式创新为动力，服务质量更优。

完善信用管理体系建设，充分体现企业“守信激励”“失信惩戒”“守法便利”。加强企业信用培育力度，积极推动关区 AEO（经认证的经营者。其定义为“以任何一种方式参与货物国际流通，并被海关当局认定符合世界海关组织或相应供应链安全标准的一方”）认证工作。推动加工贸易改革创新，巩固“优化加工贸易料件消耗申报核销管理”创新举措实施成效，提升高端制造全球竞争力。支持地方结合城市特点打造特色跨境电商品牌，支持跨境电商海外仓建设。支持申请开展市场采购贸易试点建设。优化跨境班列通关监管，提升内贸货物跨境运输通关便利化水平。支持优质动植物种质资源引进，助力扩大国外优质农产品进口，支持建设大中动物隔离场，支持开展进口动植物及其产品指定监管场所建设。

（八）打造外事合作品牌。

1. 推进“三智”（智慧海关、智能边境、智享联通）建设与合作。

加强“智慧海关”建设，提升科技创新应用水平。推动“智能边境”建设，巩固和发展现有边境口岸合作机制，深化国门安全合作。积极参与“智享联通”建设，参与海关总署与“一带一路”沿线国家和地区的机制性国际合作，确保贸易畅通，保障国门安全。

2. 深化对外合作伙伴关系。

推动与欧亚经济联盟国家开展供应链互联互通合作，固化“中国—欧亚经济联盟国家海关合作对话会”会议机制，支持中俄博览会等展会提升国际化水平。加强中俄海关检验检疫国际合作，与俄方卫生监督、动植物检验检疫主管机关建立联系配合机制和农产品、食品、化妆品安全监管合作机制等。配合龙江对日本、韩国等东北亚国家经贸发展需要，探索与日韩相关地方海关及检验检疫部门建立合作关系。

3. 主动对接国际经贸新规则。

深入研究俄罗斯、欧亚经济联盟及国家法律法规、技术贸易措施、监管制度等。深入研究《区域全面经济伙伴关系协定》（RCEP）、《全面与进步跨太平洋伙伴关系协定》（CPTPP）和中欧投资协定等国际经贸新规则，引导企业对接国际经贸新规则。

（九）打造边关文化品牌。

1. 弘扬漠河海关精神。

持续总结提炼“战严寒、抗风险、耐寂寞、做奉献”的漠河海关精神和“最偏最远最放心，最北最冷最忠诚”的“六最誓言”，挖掘身边感人故事，充实漠河海关精神实质内容，在教育基地开设红色海关课堂，传承海关红色基因，教育广大党员干部坚定理想信念，做对党绝对忠诚的国门卫士。不断提升漠河海关精神知名度，将其打造成全国海关系统最北旗帜。

2. 开创精神文明新局面。

培育践行社会主义核心价值观，弘扬中华优秀传统文化和传统美德，弘扬革命文化和社会主义先进文化，深化群众性精神文明创建活动，培育社会文明新风，全面提高广大干部职工文化素质和文明程度。

3. 提升文化建设层次水平。

拓展关史展厅内容和展品，丰富文化内涵。组织开展系列读书活动，加强与中国海关出版社有限公司和黑龙江省图书馆合作与交流。进一步丰富群众性文化体育活动。评选廉洁勤政典型。

4. 当好“龙江作风建设排头兵”。

加强准军事化建设，落实海关内务规范，突出内涵式学军，严格落实海关内务规范，重点抓好日常养成和岗位练兵。积极开展争创党员先锋岗、巾帼文明岗、青年文明号等活动，不断加强窗口作风建设。

（十）打造示范党建品牌。

1. 思想政治工作更实。

坚持和加强党的全面领导，把思想政治工作与海关业务工作结合起来，提供有力的政治和思想保障。坚持守正创新，推进理念创新、手段创新、基层工作创新，使思想政治工作始终保持生机活力。

2. 党的组织建设更强。

巩固拓展“强基提质工程”成果，深化“四强”（政治功能强、支部班子强、党员队伍强、作用发挥强）支部建设，严肃政治生活。加强事业单位党建工作。挖掘基层热源，擦亮党建品牌。加强群团组织建设。做好群众思想政治工作。做好离退休干部工作。

3. 党风廉政建设更严。

深入推进全面从严治党向纵深发展，强化精准监督、全覆盖监督。完善海关权力运行监督制约机制，深化“制度+科技”运用评估，集中分析海关执法领域面临新风险新形势，提升制度运行成效。深化标本兼治，一体推进不敢腐、不能腐、不想腐，坚持不懈抓好管党治党责任落实。

4. 党建体系机制更优。

深入推进海关“好差评”系统应用工作，促进政务服务提质增效。以督察“四个清单”为核心，推进督察项目清单式管理。加强风险的源头防范，完善内控前置审核工作机制，优化审核和复核标准和流程。强化新海廉平台监督。形成各方监督合力，探索巡视（巡察）整改“四个融入”机制，堵塞漏洞和抵御风险。

五、实施保障——践行一张蓝图绘到底

（一）加强组织领导。

建立健全责任明确、各司其职、各负其责的高效工作机制，加大专题宣传力度，描绘发展蓝图，汇聚智慧力量，振奋精神，抓好规划实施的落地见效。

（二）推进内外协同。

加强行政运转综合保障，做好统筹和协调工作，同步推进政治建设、深化改革、依法履职、科技创新和从严治党。加强内部衔接和外部联系，形成工作合力。

（三）提升管理效能。

加强组织人事管理，提供人才保障。加强项目管理，推动重大项目早日落地。加强财务管理，积极争取政策和专项资金支持。

（四）强化督导落实。

将重点工作任务和推进措施列入年度重大专项督查，纳入年度政绩考核体系，加强跟踪问效。开展中期评估和总结评估，探索建立跟踪评价工作机制。将实施方案贯彻落实情况纳入常规巡察，以强有力的政治监督保障方案顺利实施。

哈尔滨海关工作会议、全面从严治党工作会议文件选辑

在2021年关区工作会议上的讲话

哈尔滨海关关长、党委书记　卢厚林

（2021年2月3日）

此次关区工作会议的主要任务是，贯彻落实全国海关工作会议和全国海关全面从严治党工作会议精神，总结关区2020年工作，分析面临形势，研究安排2021年工作。下面，我代表总关党委讲三点意见。

一、2020年和“十三五”时期关区工作回顾

2020年是极不平凡的一年。面对各种困难挑战特别是新冠肺炎疫情的严重冲击，关区上下坚持以习近平新时代中国特色社会主义思想为指导，全面贯彻党的十九大和十九届二中、三中、四中、五中全会精神，深入落实习近平总书记关于海关工作、龙江工作的重要指示批示精神，在海关总署党委的坚强领导下，在黑龙江省委省政府的关心支持下，我们主动应变、担当作为，马上就办、真抓实干，关区各项工作取得新成绩、实现新突破、迈上新台阶。

这一年，我们闻令而动、尽锐出战，打赢外防输入阻击战。把疫情防控作为压倒一切的头等大事，克服点多线长、低温严寒、分线作战等诸多困难，打赢航空及边境公路、铁路、水运口岸阻击战，查发全国边境口岸第一例入境旅客、第一例跨境运输货车司机、第一例铁路交接人员和全国海关保健中心第一例社会委托检测人员核酸阳性病例，我关在海关总署疫情防控专项考核中连续3个多月排名第一。

这一年，我们守正创新、精准发力，促进龙江自贸试验区建设发展。坚持问题导向、需求导向，出台支持龙江自贸试验区建设20条措施，摸索出海关制度创新滚

动发展模式，“优化进境俄罗斯粮食检疫流程”等5项监管创新措施通过海关总署备案并落地实施，在全国沿边自贸区创建中走在前面。

这一年，我们主动沟通、兴边富民，推动边境贸易创新发展。坚决落实习近平总书记“治国必治边”重要指示批示精神，结合龙江实际，推动建立我省边境贸易创新发展联席会议制度，形成互贸进口商品落地加工多部门全链条监管机制，开展落地加工试点，努力打造边贸发展龙江样板。

这一年，我们打防结合、社会共治，反走私工作再创佳绩。立案侦办走私犯罪案件33起，案值达44.2亿元，创历史新高；主要案件指标连续四年大幅增长，查办一批走私羚羊角、熊掌、虎骨等濒危物种及制品案件，查获28.8亿元走私贵重金属大案，有效维护国家经济社会安全。

这一年，我们内强素质、外树形象，精神文明创建成果丰硕。坚决落实倪岳峰署长提出的哈尔滨海关“争当龙江作风建设排头兵”要求，牢记“人民海关为人民”理念，将创建全国文明单位作为自身建设发展的崇高追求，打造“办理海关事项不求人”服务品牌。关区5个单位复评保持全国文明单位称号，9个隶属海关新晋全国文明单位，精神文明创建工作走在了全国直属海关和龙江中省直单位的前列。

这一年，我们直面问题、担当作为，夯实事业发展基础。主动沟通协调，积极争取海关总署、地方支持，全面解决历经四任领导班子、跨度超过10年的江北综合实验楼和绥芬河海关集资建房在资金缺口、矛盾纠纷、产权办理等方面存在的历史遗留问题。基本建设项目、查验监管装备和预算资金安排创近年新高，开建一批打基础、利长远的基础项目和暖心工程。事企业单位保障海关执法的技术支撑作用有效发挥，拓展市场能力不断增强。改造党建活动室，更新关史展厅，新建业务监控指挥中心、职工书屋投入使用，干部职工凝聚力、荣誉感、获得感显著增强。

一年来，我们攻坚克难、砥砺奋进，特色亮点工作成绩斐然。同时，我们压实责任、真抓实干，各项重点工作任务扎实推进。

一是党的领导全面加强。深入推进政治建关，政治机关意识不断增强，理论武装持续深化，政治站位不断提高，增强“四个意识”、坚定“四个自信”、做到“两个维护”。坚持把落实习近平总书记重要指示批示精神作为首要政治任务，以最坚决的态度、最迅速的行动、最有力的措施，一抓到底、落实到位。党的建设在“强基提质工程”中不断夯实，基层党组织政治功能和组织力作用发挥更加充分，关区单位获评全国海关基层党建示范品牌3个、培育品牌3个，获得我省基层党建三年全面提升工程表彰所有层级奖项。政治生态更为清明，忠诚干净担当的选人用人导向鲜明树立。党内监督更加严格，巡视巡察及审计整改扎实推进。

二是改革创新落地见效。“两步申报”（企业无须一次性提交全部申报信息及单证，第一步凭提单概要申报即可提货，第二步在规定时间内完成完整申报）应用比例提升至20%以上，“两轮驱动”（通过研究制订抽查方案、改进抽样标准及方法、建立科学随机抽查决策机制，推动实现科学随机抽查对安全风险防控整体面上的驱动；通过优化人工分析作业流程，实现精细化管理、拓展信息来源，扩大风险分析视角、强化关联性分析能力，科学评定风险等级、建立“大数据+智能分析”模式，用好智能分析手段等措施，提升精准布控对安全风险防控关键点上的驱动）全面推开，“两段准入”（将进口货物准予提离口岸监管作业场所视为口岸放行，以口岸放行为界，根据“是否允许货物入境”和“是否允许货物进入国内市场销售或使用”，分段实施“准许入境”“合格入市”监管）顺利启动。税收征管改革创新措施落地见效，智能审像、邮递物品监管改革加速推进。关区生物安全实验室布局更加完善，改造后的业务监控指挥中心功能更加强大，一线科技设备配备和应用比率大幅提升，科技创新引领支撑作用进一步发挥。

三是强化监管措施有力。综合监管能力大幅提升，风险管理更加精准，场所管理更加规范，实货监管得到强化，稽核查后续监管不断优化，知识产权保护力度加大，监管基石作用有效发挥。严密口岸非洲猪瘟疫情防控，截获来自疫区的猪肉及其制品 789 千克。加强国门生物安全监测和安全风险监控，设立 8 类重点项目监测点 120 个。持续提升口岸核心能力水平，对 15 个口岸开展自查、考核和评估，口岸捕获国际新型蠓种，病媒生物监测取得新突破。开展进口食品安全“国门守护”行动，强化互贸进口食品监管，确保人民群众“舌尖上的安全”。加强对原油、天然气、煤炭、医疗物资等重点敏感商品监管，严把进出口商品质量关。全年税收入库 113.02 亿元，全面完成税收预算目标。积极助力企业复产复工，共计减免税款 2.24 亿元。业务数据使用安全可控，统计监测预警分析数量质量实现新突破。2020 年，受疫情冲击和原油价格大幅下降影响，我省进出口总值 1,537 亿元，同比减少 17.7%，其中出口 360.9 亿元，同比增长 3.2%。扣除原油因素，进出口总值 837.8 亿元，同比增长 5%；关区监管进出口货物 4,415.1 万吨，同比增长 2.9%；监管进出境人员 40.9 万人次，同比减少 89.9%，监管进出境运输工具 37.7 万辆（艘、架）次，同比减少 32.8%。

四是优化服务精准发力。制定出台促进龙江外贸创新发展系列举措落地见效。促成我省综保区专题会议召开，推动省内综保区高质量发展。整体通关时间进一步压缩，2020 年关区进口整体通关时间

26.85小时，比2017年压缩69.74%；出口整体通关时间0.89小时，比2017年压缩63%。与省内外6个部门、单位签署合作协议，中俄海关“三智”合作取得新的进展，支持中俄黑河公路大桥、同江铁路大桥等跨境重点项目建设。服务大豆、玉米等粮食回运，推进海关总署批准试进口的俄罗斯中药材在自贸片区落地加工。推动加快搭建龙江跨境电商交易公共服务平台，跨境电商业务蓬勃发展。

五是从严治关凝心聚力。全面从严治党向纵深推进，一体推动不敢腐、不能腐、不想腐，压实主体责任和监督责任，派驻纪检组“探头”作用有效发挥，加大案件查办力度，清廉海关建设更加深入。完成年度审计任务，注重审计成果转化，内控机制不断健全。开展“内务规范强化月”活动，高标准开展队列训练和升国旗仪式，队伍风貌持续改进。组织集中调训、实操培训、岗位练兵，干部队伍素质不断提升。将脱贫攻坚作为重大政治任务，选派优秀干部驻村帮扶，坚持科技和产业脱贫，2个定点帮扶村脱贫攻坚成果显著。

与此同时，政务运行更加顺畅，办文、办会、办事效率提高，12360海关热线（中国海关于2012年10月1日对外公布的社会公益服务号码，用于受理海关业务咨询）接通率达到98.5%，创历史新高；《新闻联播》、新华社和中央广播电视总台等主流媒体报道我关稿件80余篇，对外宣传成效显著。法治保障进一步强化。后勤服务水平进一步提升。疫情防控志愿服务、支援社区管控，组织开展文体活动，群团作用有效发挥。工青妇、离退休干部工作进一步加强。海关学会工作取得新进展。

同志们，2020年是“十三五”收官之年，“十三五”期间，哈尔滨海关各项事业稳步推进、跨越发展。五年来，我们在习近平新时代中国特色社会主义思想的指引下，深入学习贯彻习近平总书记系列重要讲话精神，坚持把贯彻落实习近平总书记重要指示批示精神作为第一要务，扎实推进“政治建关、改革强关、依法把关、科技兴关、从严治关”，政治建设、业务建设、队伍建设水平不断提高。我们高效完成了关检机构改革任务，关检深度融合，真正实现“化学反应”。我们服务发展大局，主动对接国家“一带一路”倡议，服务中蒙俄经济走廊建设，支持“中俄博览会”常办常新，成功承办“中国—欧亚经济联盟国家海关合作对话会”，形成“六国七方”合作机制。全面推进“放管服”改革，落实减税降费任务，压缩整体通关时间，支持中欧班列开通运营和内贸货物跨境运输业务发展，跨境贸易便利化水平不断提升。我们维护“五大安全”，支持中俄原油管道复线、中俄东段天然气管线建设开通运营，建成国内首个管输能源产品“进出口商品质量安全风险一级监测点”，高效监管原油、天然气等能源进口。严防非洲猪瘟等疫病疫情输入。支持农业“走出去”和俄粮回运进口。保持打击“洋垃圾”等走私高压态势。推进扫黑除恶专项斗争。我们支持龙江振兴，积极建言献策，为龙江高水平开放贡献海关智慧和力量。支持“三桥一岛”、综合保税区、保税物流中心（B 型）、互市贸易区等重点项目建设。促进外贸稳增长创新举措不断推出，口岸营商环境持续优化。与省内外部门单位、科研机构协作更加紧密，海关影响力不断扩大。我们加强队伍建设，关区两级党委班子建立，党的领导不断加强。深化“三严三实”专题教育成果运用，认真开展“两学一做”学习教育、“不忘初心、牢记使命”主题教育。深入推进全面从严治党、从严治关，压紧压实各级责任，努力打造清廉海关。干部人事工作取得新进展，准军事化纪律部队建设不断深入。争当龙江作风建设排头兵，培树“战严寒、抗风险、耐寂寞、做奉献”的漠河海关精神，基层党组织品牌创建成效显著。

通过我们的辛勤耕耘和不懈努力，社会各界对哈尔滨海关的认可度进一步提升，海关在龙江的影响力、贡献度进一步增强，职能作用进一步发挥，相关工作得到各级领导的充分肯定，赢得广大企业和人民群众的广泛好评。

同志们，以上成绩的取得，是我们始终坚持以习近平新时代中国特色社会主义思想为引领，始终坚决贯彻落实习近平总书记重要指示批示精神的结果！得益于海关总署党委的坚强领导，得益于黑龙江省委省政府、各地市各单位、社会各界的大力支持，得益于哈尔滨海关历届领导班子一任接着一任干的艰苦奋斗！更归功于关区全体干部职工团结一心、顽强拼搏的辛勤付出！借此机会，我代表哈尔滨海关党委，向长期以来关心、支持哈尔滨海关工作的各级领导，向各地、各部门、社会各界和新闻媒体的朋友们，向关区全体干部职工和离退休老同志表示衷心的感谢，并致以崇高的敬意！

二、面临的形势和任务

当前和今后一个时期，我国发展仍然处于重要战略机遇期，但机遇与挑战都有新的发展变化。我们要保持战略定力，科学判断新形势。世界百年未有之大变局进入加速演变期，面临着前所未有的复杂环境，但我国发展总体态势向好，时与势在我们一边。从外部看，国际形势的不稳定性不确定性明显增加，新冠肺炎疫情影响广泛深远，经济全球化遭遇逆流，单边主义、保护主义、霸权主义对世界和平与发展构成威胁。个别西方国家将我国作为主要对手遏制打压。我们也要看到，和平与发展仍然是时代主题，新一轮科技革命和产业革命深入发展，人类命运共同体理念深入人心，国际力量对比正在深刻调整，世界经济有望恢复性增长，三大国际权威机构预测 2021 年全球经济增速接近或超过

5%。以习近平同志为核心的党中央保持战略定力，准确判断形势，精心谋划部署，果断采取行动，付出艰苦努力，我国在世界上率先控制住疫情，国内生产总值首次突破100万亿大关，是全球唯一实现经济正增长的主要经济体，三大攻坚战取得决定性成就，科技创新取得重大进展，改革开放实现重要突破，民生得到有力保障。我国坚定不移奉行对外开放战略，签署《区域全面经济伙伴关系协定》（RCEP），完成中欧投资协定谈判，正积极考虑加入《全面与进步跨太平洋伙伴关系协定》（CPTPP），将为高质量发展注入新的动力，为稳外贸稳外资提供有力支撑。同时，国内经济恢复基础尚不牢固，一些领域“卡脖子”问题依然突出，要素资源配置、对外开放布局仍需优化。从龙江看，2020年我省克服新冠肺炎疫情的严重冲击，完成了全年经济实现正增长的目标任务，虽然存在经济总量不大、发展速度不快、发展质量不高、内生动力不足的问题，但我省有保障国家粮食安全、能源安全的供给能力，有在国内相关领域占据重要地位的国之重器，有经受疫情考验坚韧稳定的产业链供应链，有向北开放窗口的地缘优势，有陆续投产的重点项目，龙江全面振兴全方位振兴的基础坚实、潜力巨大。

“十三五”实现圆满收官。自今年起，“十四五”规划及2035远景目标启动，我国进入了全面建设社会主义现代化国家、向第二个百年奋斗目标进军的新发展阶段。我们要认清历史方位，准确把握新要求。进入新发展阶段，要贯彻新发展理念。“创新、协调、绿色、开放、共享”的新发展理念，回答了关于发展的目的、动力、方式、路径等一系列理论和实践问题，是习近平新时代中国特色社会主义经济思想的主要内容，集中反映了党对经济社会规律认识的深化，是管全局、管根本、管长远的导向，必须完整、准确、全面贯彻新发展理念。进入新发展阶段，要构建新发展格局。构建以国内大循环为主体、国内国际双循环相互促进的新发展格局，是党中央根据我国发展阶段、环境、条件变化，审时度势作出的重大决策。既是对我国发展新机遇新挑战的深刻认识，也是对我国客观发展规律趋势的自觉把握。贯彻新发展理念，参与构建新发展格局，必须增强政治意识，善于从政治上看问题，善于把握政治大局，不断提高政治判断力、政治领悟力和政治执行力。必须践行宗旨意识，把人民利益作为一切工作的出发点和落脚点，坚持人民海关为人民，持续提高人民群众的获得感、幸福感、安全感。必须保持忧患意识，统筹发展和安全，坚持底线思维，强化风险意识，增强斗争本领，有效防范化解风险挑战。必须强化系统观念，要把工作放到协同推进强大国内市场和贸易强国建设的大局中去把握和落实，打通国内国际双循环堵点，助力国内国际双循环相互促进，服务内需和外需、进口和出口协调发展。

哈尔滨海关处于龙江对外开放最前沿，肩负着落实总体国家安全观、助力龙江维护“五大安全”和构建新发展格局、推动高质量发展的神圣使命。新时代新阶段新要求，机遇与挑战并存，要准确把握“时”与“势”，因时而变、因势而动。一是海关工作面临更多挑战与考验。当前和今后一个时期是我国各类矛盾和风险易发期，各种可预见和难以预见的风险因素明显增多，非传统安全威胁上升，与传统安全风险交织叠加。海关处在对外开放安全防控“第一线”，面对的各类风险挑战与日俱增，肩负的传统职能和非传统职能压力更大。同时，海关处在国内国际双循环的“交汇枢纽”，如何增强开放监管能力，提高监管效能；如何确保内外循环的高效畅通，推进国内外两个市场的有效对接；如何围绕服务外交外贸大局、“一带一路”建设和区域协调发展战略，推动贸易和投资自由化便利化；如何落实促进外贸创新发展措施，更好服务构建新发展格局，这些都是我们面临的新课题、新任务。二是龙江振兴发展为关区带来更多的机遇。龙江打造向北开放重要窗口，深度融入“一带一路”建设，转方式调结构发展势头良好；肩负建设国家粮食安全产业带，维护国家粮食安全“压舱石”的责任重大；龙江口岸大量进口原油、天然气、煤炭等产品，维护国家能源安全使命光荣；省内自贸试验区、综合保税区、跨境经济合作试验区等开放平台众多；绥芬河铁路、中俄黑河公路大桥、同江铁路大桥等跨境物流通道优势明显；黑龙江省委省政府进口抓落地加工、出口抓提档升级，提高进口粮食、木材、矿产品的加工转化能力，打造跨境产业链和产业集群的意愿强烈。三是关区各项事业发展具备了良好的条件和基础。新海关成立以来，哈尔滨海关呈现出加快发展的良好态势，机构设置更加完善，业务种类更加齐全，业务链条更加拓展，履职把关能力全面加强，改革创新成效显著，检验检测能力大幅增强，国际合作水平跨越提升，干部成长培养力度进一步加大，历史遗留问题得到解决，队伍呈现崭新面貌。

帆悬风正劲，大展宏图时！我们要抢抓机遇、乘势而上、自我加压、奋力前行，向更高的标准看齐，向更高的目标迈进。加强哈尔滨海关建设应当做到“五个强”。一是政治能力强。在强化习近平新时代中国特色社会主义思想理论武装上走在前列；贯彻落实习近平总书记重要指示批示精神和党中央决策部署上坚决有力；党建引领、推动党的建设高质量发展上成效显著。二是业务素质强。法治思维进一步强化，业务基础更加扎实，执法水平全面提升。涌现出一批专业能力强、特色业务精的专家骨干队伍，形成一批具有前瞻性、可行性的理论成果，部分业务领域在沿边直属海关站排头。三是创新引领强。各级干部推动事业发展的意识强烈，创新发展的路径办法丰富，具有敢闯敢试的气魄胆识，在相关业务领域改革中先行一步、敢为人先，先行先试取得实实在在的成绩效果。四是品牌影响强。条线部门特色业务拓展，隶属海关单位亮点工作丰富，争创氛围浓厚，示范引领作用突出，打造出一批在全省范围、全国海关系统叫得响、立得住的党建品牌、业务品牌、服务品牌、外事品牌、边关品牌。五是队伍建设强。准军部队建设成效明显，各级领导班子坚强有力，干部素质全面提升，干事创业认同感和向心力显著增强。队伍纪律作风更加严明，精神面貌更加振奋。清廉海关建设持续深化，政治生态风清气正。文明单位建设成果丰硕，漠河海关精神广为传扬，边关特有文化内涵挖掘提升。

三、2021 年工作安排

2021 年，是我国现代化建设进程中具有特殊重要意义的一年，“十四五”规划开局起步，“两个一百年”奋斗目标历史交汇，中国共产党成立 100 周年，做好 2021 年工作的意义重大。今年关区工作的总体思路是：以习近平新时代中国特色社会主义思想为指导，深入学习贯彻党的十九大和十九届二中、三中、四中、五中全会及中央经济工作会议精神，立足新发展阶段，贯彻新发展理念，构建新发展格局，落实“六稳”“六保”部署，坚持系统观念，树立底线思维，统筹发展和安全，认真落实全国海关工作会议部署，从维护“五大安全”的高度，以更高的标准深入推进政治建关、改革强关、依法把关、科技兴关、从严治关，强化监管优化服务，在提高政治站位做到“两个维护”上体现新担当，在落实总体国家安全观守护国门安全上展现新作为，在深化改革服务龙江高水平开放上作出新贡献，在推进全面从严治党保障事业发展上取得新成效，开启社会主义现代化海关建设新征程，努力打造沿边强关，以优异成绩庆祝建党 100 周年。

（一）加强党的领导，践行“两个维护”，坚定不移加强政治建设。

强化思想理论武装。深入学习贯彻习近平新时代中国特色社会主义思想，党的十九大和十九届二中、三中、四中、五中全会精神。发挥党委理论学习中心组示范引领作用，带动关区党员干部强化理论武装、打牢思想基础。强化政治机关意识教育，落实意识形态工作责任制，引导党员干部增强政治意识、保持政治定力、把握政治方向、承担政治责任、提高政治能力。组织好各级领导干部专题培训，开展好青年干部理论学习提升工程，自觉主动学、及时跟进学、联系实际学、笃信笃行学，通过学习不断提升政治素养，提高政治判断力、政治领悟力、政治执行力，增强“四个意识”、坚定“四个自信”、做到“两个维护”。

贯彻重大决策部署。坚决落实好月度

形势分析及工作督查例会制度，坚持例会“第一议题”制度，督办问效、狠抓落地，以高度的政治自觉和迅速有力的行动，贯彻落实习近平总书记重要指示批示精神。对习近平总书记关心关注的落实总体国家安全观、严打象牙等濒危物种和“洋垃圾”走私、统筹口岸疫情防控和促进外贸稳增长、落实食品安全“四个最严”措施等重点工作，以钉钉子精神持续用力、常抓不懈。

加强政治机关建设。加强两级党委班子和基层党组织建设，严肃党内政治生活，进一步提升规范化管理水平。巩固拓展“强基提质工程”成果，深化“四强”党支部建设，强化党建品牌培树。根据机关、事业、企业不同情况，加强对不同类型单位党建工作的指导，探索建立具有关区特点的党建工作机制。深入开展“让党中央放心、让人民群众满意的模范机关”创建活动，培树先进机关模范单位和标兵单位。完善党员领导干部基层联系点制度。组织开展好“党旗在基层一线高高飘扬——以实际行动庆祝中国共产党成立100周年”及“我为群众办实事”等活动。

（二）提升把关能力，落实总体国家安全观，有力维护“五大安全”。

抓好常态化疫情防控。坚决扛起筑牢外防输入“第一道防线”的政治使命和担当，慎终如始、再接再厉，毫不放松做好口岸疫情防控工作。严格落实好闭环管控措施，进一步严格入境人员、进境交通工具检疫，动态调整出境检疫措施。加强口岸风险分析布控，严格实施进口冷链食品和高风险非冷链货物采样检测和预防性消毒工作。严格内部防控，全面做好疫苗接种、安全防护和轮班作业，确保“打胜仗、零感染”。压实“四方责任”（属地、部门、单位、个人责任），支持配合地方联防联控机制，厘清进出口岸区域人员管控责任。严防埃博拉、鼠疫等重大传染病传入。

强化正面实际监管。紧盯高风险业务领域和监管环节，推进关区一体化风险防控，深化口岸安全风险联合研判、协同处置，实现风险整体防控、精准防控。优化查验作业模式，提高查验规范性、有效性，扩大“智能审图”覆盖范围。拓展业务监控指挥中心功能，发挥智能平台作用。规范监管场所建设运营，做好监管设施设备管理，推动完善口岸基础设施。严格进出口贸易禁限管控，加强口岸环节反恐维稳，持续推进安全生产专项整治三年行动。巩固和提升关区口岸核心能力建设和考核质量，督促地方政府落实主体责任，支持重点口岸创建“国际卫生港”。加强稽核查后续管理，落实关区属地查检任务，强化关区企业认证等信用管理工作。

提升综合治税质量。贯彻国家税收决策部署，认真执行减免税政策，加强税收监控分析，筑牢税收风险防控安全网，着力提升税收征管质量与效能，全力完成税收预算目标。强化旅检、邮寄、快件、跨境电商、互市贸易等渠道的税收征管工作，深入推广关税保证保险、汇总征税、原产地签证自助打印等便利措施。加强归类、审价、税收风险防控等工作，不断提升专业技术能力和水平。加强税政调研，积极引导企业用足用好税收政策。积极开展《区域全面经济伙伴关系协定》（RCEP）关税减让和享惠规则研究，做好协定落地实施准备工作。

严厉打击走私违法。坚决贯彻党中央关于海关缉私管理体制调整重大决策，落实海关总署进一步加强打击走私工作“1+6”（1是指坚决贯彻落实党中央关于海关缉私部门管理体制调整重大决策部署进一步加强打击走私工作的意见，6个配套文件）文件精神，加强对打私工作的组织领导，海关关长要切实履行辖区打私第一责任人职责，加强全员打私、专业打击，构建防控、监管、打击一体化的海关打私体系。突出打击重点，组织开展好“国门利剑2021”等专项行动，严厉打击象牙等濒危物种及其制品、“洋垃圾”、涉枪涉毒、重点涉税商品、医疗用品、农产品等走私。坚持综合治理，推动地方政府落实打私主体责任，巩固与地方相关部门单位协作配合，形成多元共治打私格局。

维护国门生物安全。贯彻《中华人民共和国生物安全法》，加强国门生物安全监测和风险监控，严防非洲猪瘟、高致病性禽流感等重大动植物疫病疫情传入传出，落实海关总署进口动物疫情监测计划，持续开展有害生物监测，做好有害生物远程鉴定工作，加强食用农产品和饲料安全风险监控。加快推进关区5+N检疫处理中心建设，推广智能查验电子犬、多模式喷淋消杀系统等先进设备应用。

严守检验安全底线。落实食品安全“四个最严”要求，持续推进进口食品“国门守护”行动。承接好海关总署调整下放的进境食品检疫审批事项。组织实施进出口食品化妆品安全监督抽检和风险监测，制订省级抽样检验及食品专项抽检计划，加强输俄干调制品、水果蔬菜的安全风险监测，建立边民互市贸易食品安全风险防护网。加快推进进出口商品风险预警体系建设，积极参加海关总署进出口资源能源生态安全监控应用项目，牵头建立管输能源检验工作协作组。拓宽风险信息采集渠道，发挥质量安全风险监测点作用。做好进口原油、天然气、煤炭、矿产品等重点能源、资源商品检验监管，提升机电产品等工业品检验能力水平，严格进出口危险货物及其包装检验监管。

发挥统计分析作用。对照海关总署、我省“十四五”发展规划方案，制订关区“十四五”规划实施方案。提升统计监测分析预警能力，重点加强龙江外贸形势和关区业务运行分析，高质量开展政策研究工作，提供有价值的决策参考。严格业务数据安全管理，确保数据“零风险”“零泄漏”。加强数据质量审核，做到统计基础数据完整准确。

（三）深化改革创新，贯彻新发展理念，服务龙江对外开放新格局。

深入落实改革创新举措。全面落实海关总署深化改革重点任务，紧扣高质量发展推进海关全业务领域一体化，以“五项创新”为指引，优化监管资源配置，提高监管精准性、有效性。提高系统集成水平，强化业务结合部协调联动，整合优化出口货物海关监管流程，规范检疫处理。进一步推动边境贸易创新发展和转型升级，扩大边民互市贸易进口商品来源国和落地加工的种类及试点范围，完善多部门全链条监管机制，努力打造边贸发展龙江样板。创新种质资源检疫监管举措，支持龙江引进优质种质资源。

全力支持省内开放平台建设。发挥海关职能和处于双循环交汇点的优势，支持龙江深度融入“一带一路”建设，千方百计稳住龙江产业链供应链。发挥自贸试验区、跨境经济合作区、综合保税区、保税物流中心（B型）、互市贸易区等多区优势叠加作用。做好成熟制度经验复制推广，坚持海关制度创新滚动发展模式，推出符合龙江开放特色、沿边开发需求、企业期盼的海关自贸创新举措。落实我省综合保税区高质量发展专题会议精神，提升省内综合保税区发展质量，推动区内产业培育和区外产业配套联动。支持我省优化完善口岸开放布局，推动“岸产城”融合发展。畅通龙江国际物流大通道，支持中俄黑河公路大桥开通运营，助力推动同江铁路口岸和黑瞎子岛公路口岸规划建设，提前介入东宁界河桥前期工作。开展铁路快速通关改革，积极服务中欧班列、内贸货物跨境运输发展。高效服务中俄原油、天然气、电力能源大通道运营，保障国家能源供应链安全。

持续优化口岸营商环境。深化“放管服”改革，精简行政许可事项，拓展“多证合一”“双随机、一公开”监管。推动落实2021年跨境贸易便利化专项行动部署，深化“单一窗口”（参与国际贸易和运输的各方，通过单一的平台提交标准化的信息和单证以满足相关法律法规及管理的要求）建设，进一步简化通关手续，优化作业流程。深入打造“办理海关事项不求人”服务品牌，明确关区“办好一件事”事项清单，推出特色服务举措。继续压缩整体通关时间，降低进出口环节合规成本。持续抓好我关已出台的多批次利民惠企、促进龙江外贸创新发展措施落地见效。落实支持龙江邮政业高质量发展措施。推动龙江跨境电商交易公共服务平台运行，支持跨境电商产业发展。

积极推进海关国际合作。发挥我关俄语人才优势，推进以对俄及欧亚经济联盟国家为重点的全方位合作，以中俄海关协同监管等重点合作项目为抓手，推进“三智”项目落地见效。巩固与俄远东、乌拉尔、伏尔加河流域海关局合作，升级项目、拓展领域。加强与俄毗邻州区消费者权益保护和公益监督局合作，建立疫情信息共享机制、远程会晤磋商机制。加强与俄毗邻州区兽医和植物卫生监督局沟通联络，探索建立农产品、食品、化妆品安全监管合作机制。承办好第七届“中俄博览会”期间海关系列活动、“中俄海关三智研讨会”。加强外事队伍建设，开展中俄海关检验检疫制度比较研究。

（四）强化准军建设，推进全面从严治党，筑牢强关建设坚实基础。

持续推进准军纪律建设。认真贯彻中央关于新时代加强和改进思想政治工作的意见，定期开展干部队伍思想动态分析。深化“准军”内涵，继续开展“内务规范强化月”活动，提升标准、加严要求落实《海关内务规范》。持之以恒落实中央八项规定及其实施细则精神，深化整治形式主义、官僚主义顽瘴痼疾，完善为基层减负常态化工作机制。巩固脱贫攻坚成果，助力乡村振兴建设。争当龙江作风建设排头兵，扩大应用政务服务“好差评”系统，定期分析企业和群众反映集中的问题，持续改进工作作风。严禁酒驾醉驾情况发生。

加快推进高素质队伍建设。贯彻新时代党的组织路线，坚持正确选人用人导向，突出政治标准，拿成绩单说话，选优配强领导班子，科学精准识别考察干部，大力培养选拔优秀年轻干部，加强执法一线科长队伍建设。统筹用好职级职数，深入推进公务员分类管理，优化专业技术岗位设置。完善海关专家制度，推进事业单位竞聘和绩效管理。抓好干部教育培训，推动“一体化”实训模式。持续推进新关员教育实践基地建设。创新岗位练兵方式方法，开展多业务条线的练兵竞赛，力争在海关总署比赛中取得好成绩。

深入推进清廉海关建设。认真落实十九届中央纪委五次全会精神和海关总署全面从严治党工作会议精神，坚定不移深化反腐败斗争，一体推进不敢腐、不能腐、不想腐。严格落实党委全面从严治党主体责任和纪检组监督责任，完善关区全面从严治党主体责任检查考核机制和党建述职评议制度。统筹推进巡视整改、党委巡察，完善制度机制建设，巩固深化整改成果。突出政治监督，做深日常监督，强化派驻监督，着力提升监督效能。加强廉政文化建设，增强廉政教育实效，筑牢拒腐防变的思想防线。深化运用监督执纪“四种形态”，抓早抓小、防微杜渐，涵养风清气正的政治生态。落实“一案双查”（外查走私案件与内查违纪违法问题同步进行），严肃查处违法违纪案件，保持反腐败高压态势。

（五）打牢基层基础，提升治理能力水平，提供事业发展有力保障。

夯实关区法治基础。以习近平法治思想引领关区法治建设，将依法行政作为推进各项工作的基本准则，发挥法治的规范、服务、保障作用，以法治思维推进关区各项制度建设。积极参与《中华人民共和国海关法》《中华人民共和国国境卫生检疫法》《中华人民共和国进出境动植物检疫法》等法律法规修订工作。严格落实“谁执法谁普法”责任制，提升普法工作质量。加强公职律师队伍建设，发挥海关公职律师和法律顾问作用。落实好知识产权海关保护工作。

提高政务运行效能。加强政务保障，进一步改进文风会风，精简文件会议，严格公文审核把关。做好新闻宣传、舆情处置、政务公开、信访工作，提升海关形象，营造良好发展环境。加强应急值班、安全保密、档案管理。提高政务信息报送质量水平。认真做好人大建议政协提案办理工作。

提升科技应用水平。完善关区生物安全二级实验室建设布局，加快推进密山、牡丹江、大庆实验室建设，加强实验室安全管理。推进业务科技一体化，应用H2018新一代通关管理系统，推广“哈尔滨海关电子政务审批信息化系统”，开展移动5G、智能审图、机房监控等方面应用技术探索创新。推进信息化基础建设，维护和完善监管移动单兵、智能卡口接入等系统，优化跨网数据交换平台功能，加快关区网络升级改造。加强网络安全建设，保障业务监控指挥中心、视频会议系统、核心机房安全稳定运行。

发挥督察审计作用。持续聚焦重大决策部署的落实落地，参照海关总署督察项目清单拟定关区督察计划，统筹开展经济责任审计、重大决策跟踪审计、专项审计。抓好督察审计整改，完善制度机制。深化内控机制建设，加强内控管理与新海廉平台（HLS2017）的有机融合，有序推进执法评估工作。

提高综合保障能力。严格落实“过紧日子”要求，量入为出、开源节流。巩固多元化保障渠道，优先保民生，重点保运转，精准保发展。进一步落实海关总署支持边关22条措施。以绩效管理为核心，发挥预算统筹保障作用，加强对预算执行和基本建设项目进度和质量管理。优化资产配置，提高关区资产使用率。规范政府采购、涉案财物管理，降低检验检疫环节收费。加强食堂、物业等后勤保障工作，厉行节约，反对餐饮浪费，推进关区闲置资产处置和优化利用。落实好事企业单位岗位设置、薪酬绩效管理、奖励激励等制度，有效发挥事企业单位保障海关执法的技术支撑作用，支持事企业单位积极拓展市场，增强发展后劲。用心用情做好离退休干部工作。发挥好海关学会、工会、共青团等群团组织作用。

同志们，征途漫漫，唯有奋斗！2021年的工作思路和重点任务已经明确，一分部署，九分落实。关区上下要以坚如磐石的必胜信念、一往无前的精神状态、求真务实的工作作风，勇于拼搏、敢开新局，担当实干、砥砺前行，奋进新征程，书写新业绩，努力完成全年工作目标任务，向海关总署党委和龙江人民交上一份满意答卷，以优异成绩向建党100周年献礼！

在2021年关区全面从严治党工作会议上的讲话

哈尔滨海关党委书记、关长 卢厚林

（2021年2月3日）

这次会议的主要任务是，深入学习贯彻习近平总书记在十九届中央纪委五次全会上的重要讲话精神，认真落实十九届中央纪委五次全会精神和全国海关全面从严治党工作会议部署，总结关区2020年全面从严治党、党风廉政建设和反腐败工作，安排2021年工作任务。下面，我代表哈尔滨海关党委，讲三方面意见。

一、2020年工作回顾

过去一年，关区各级党组织深入贯彻党中央全面从严治党方针，以党的政治建设为统领，一以贯之、坚定不移全面从严治党，深入推进清廉海关建设，全面提升党建质量，工作取得了新的成效。

（一）让党旗在疫情防控斗争中高高飘扬。

坚决听从习近平总书记和党中央号令，不惧风险、迎难而上，坚决筑牢口岸检疫防线。两级党委主要领导和班子同志靠前指挥，深入一线带班督导。严格落实“三查三排一转运”（在筛查环节要100%查验健康申报、开展体温筛查、实施医学巡查；在排查环节要严格实施流行病学排查、医学排查、实验室检测排查；在处置环节要对疑似病例和阳性病例一律转运地方卫生健康部门妥善处置）检疫要求，严格执行闭环管控措施。设立安全防护保障监督专班，以“闭环监督”促“闭环管控”落实，着力加强疫情防控一线关员安全防护。对防疫物资进出口，设立专门受理窗口和绿色通道，实行7×24小时预约通关。统筹推进疫情防控和促进外贸稳增长工作，出台2批次共22条支持龙江稳外贸发展措施，推出5项海关首创制度措施支持龙江自贸试验区发展。出台30条措施激励关爱疫情防控一线党员干部担当作为，在疫情防控一线考察提拔使用51名干部，640名志愿者主动到疫情防控一线支援。圆满完成海关总署党委交办我关的支援指导西藏外防输入工作任务。1名同志获得全国抗击疫情先进个人，5个集体和18名同志获得海关总署表彰，3个集体和4名同志获得省级表彰。

（二）政治建设扎实推进。

开展强化政治机关意识教育，自觉对表对标、认真纠正偏差，争当“三个表率”。将贯彻落实习近平总书记重要指示批示精神作为月度形势分析及工作督查例会“第一议题”，建立督促检查工作制度。

认真学习宣传贯彻党的十九届五中全会精神，组织专题培训班，积极参加海关总署线上培训，在关区掀起学习全会精神的热潮。发挥党委理论学习中心组引领作用，开展6次集体学习研讨。坚持将政治建设作为两级党委中心组学习、干部教育培训、“三会一课”重要内容，着力提高党员干部把握方向、大势和全局的能力。

（三）纪律作风建设走心走实。

认真落实倪岳峰署长对我关提出的“争当龙江作风建设排头兵”要求，持续打造“办理海关事项不求人”服务品牌。推进海关政务服务“好差评”系统应用，已上线运行的八个评价事项，企业参评率、好评率目前为100%。坚决制止餐饮浪费行为，召开党支部专题组织生活会，增强崇尚勤俭节约、反对餐饮浪费的政治自觉。扎实开展内务规范强化月活动，加强内务督察，从严抓好纪律作风视频检查。持续整治酒驾醉驾行为，节假日督促提醒，线上观看醉驾案庭审，全年未发生酒驾醉驾情事。持续纠治“四风”，制定改进文风会风克服形式主义17条具体措施。聚焦重要时间节点，开展5次专项监督。用好监督执纪“四种形态”，全年提醒谈话46人次，工作约谈31人次，诫勉4人次。

（四）权力运行更加规范。

结合进出口贸易新兴业态发展，明确管理模式和业务流程，扎紧制度笼子。着力推进行政执法公示制度、执法全过程记录制度、重大执法决定法制审核制度，保证严格规范公正文明执法。加大“新海廉”平台的预警监控应用力度，将高风险参数转化为布控指令，实现“事后”监督到“事中”预警转化。完善非执法领域风险防控机制，开展加强海关业务数据安全专项行动，推进10家未经批准设立事业单位清算和“僵尸企业”清理工作，对事业单位及所属企业开展成本核算，对所属企业财务决算开展审计，开展耗材试剂等经营成本分析。选派5名执法一线科长到东部沿海直属海关挂职锻炼，不断提升执法一线科长履职能力和防控风险能力。对关区298名处级、561名科级领导干部配偶、子女及其配偶从业情况进行排查，未发现违规情事。

（五）巡察利剑作用有效发挥。

对中央巡视整改落实情况和海关总署专项巡视整改情况开展“回头看”，没有出现问题反弹，整改措施得到巩固深化并纳入常态化整改。牢牢把握政治巡察职责定位，修订完善巡察工作实施细则，关党委定期听取巡察工作汇报，压紧压实巡察整改责任，开展经常性监督检查。注重加强巡察队伍建设，着力提高巡察干部的政治站位和专业素质。2020年，哈尔滨海关党委共对关区10个单位开展巡察，其中常规巡察6个单位，专项巡察3个单位，巡察“回头看”1个单位。

（六）查办案件保持高压态势。

坚持以案促改，查找制度漏洞、管理

漏洞，掌握风险规律、研判政治生态。扎实开展“警示教育月”活动，组织学习海关总署党委关于乌鲁木齐海关赛铁尔汗严重违纪违法案件的通报。修订关区“一案双查”制度，健全完善“一案双查”工作联系配合机制，形成相关业务执法部门共同参与、齐抓共管工作格局。规范和强化问责工作，切实把制度的刚性立起来，确保问责不虚不空不偏。全年给予党政纪处分4人，给予组织处理4人，开展问责工作3起。

（七）全面从严治党责任不断强化。

制定总关党委全面从严治党主体责任清单，明确班子和成员35项具体责任。推动隶属海关党委建立主体责任清单，明晰任务，压实责任。召开党组织书记党建述职评议暨推进党建工作高质量发展会议，7名党组织书记现场述职接受点评。开展机关“灯下黑”问题专项整治，敢于刀刃向内，全面排查出机关存在“灯下黑”4个方面17项具体问题，认真抓好整改。严格落实监督责任，党委纪检组专项调研13次，提出建议27条。派驻纪检组“探头”作用有效发挥，监督检查270次，提出建议26条，使监督形成常态。

二、2021年主要任务

2021年工作的总体要求是：以习近平新时代中国特色社会主义思想为指导，深入贯彻党的十九大和十九届二中、三中、四中、五中全会精神，认真落实十九届中央纪委第五次全会部署和全国海关全面从严治党工作会议要求，增强“四个意识”、坚定“四个自信”、做到“两个维护”，坚持稳中求进，立足新发展阶段，贯彻新发展理念，构建新发展格局，深入贯彻全面从严治党方针，充分发挥全面从严治党引领保障作用，把严的主基调长期坚持下去，以高质量发展为主题，坚持系统观念，一体推进不敢腐、不能腐、不想腐，持续深化清廉海关建设，锻造准军事化纪律部队，深入推进政治建关、改革强关、依法把关、科技兴关、从严治关，为开启社会主义现代化海关新征程努力打造沿边强关提供坚强保证，以优异成绩庆祝中国共产党成立100周年。

重点做好以下7个方面工作。

一是扎实推动政治建关，保障关区“十四五”发展起好步开好局。海关作为国家机关首先是政治机关，关区各级领导班子、领导干部，必须把做到“两个维护”作为履职第一要务，不断提高政治判断力、政治领悟力、政治执行力。要巩固深化“不忘初心、牢记使命”主题教育成果，以庆祝建党100周年为契机，在关区组织好今年全党开展的中共党史学习教育。要持续抓好党的十九届五中全会精神学习和专题培训，提高政治站位，学会从政治高度思考问题、理解政策，建立完善可评估、可检查机制。毫不放松抓好常态化疫情防控、严厉打击“洋垃圾”和象牙等濒危物种走私、推动外贸高质量发展等各项重点工作，巩固拓展脱贫攻坚成果。要坚持党的全面领导，在促进国内国际双循环、全面筑牢国家安全屏障、推进海关全面深化改革等各项工作上实现新作为，健全关区两级党委体制，完善上下贯通、执行有力的组织体系，全力做好关区“十四五”开局工作。

二是深化标本兼治，一体推进不敢腐、不能腐、不想腐。坚持把惩治震慑、制度约束、提高觉悟结合起来，贯彻落实到正风肃纪反腐各方面。要保持高压态势，用力削减存量，坚决遏制增量，既要紧盯“关键少数”、重点领域和关键岗位，对受贿索贿、以权谋私、放纵走私等腐败问题严惩不贷，也要聚焦“小微权力”，坚决整治推诿扯皮、吃拿卡要等群众身边腐败和作风问题，对顶风违纪、不收敛不收手的严肃处理。要拓展打私反腐“一案双查”，深化问题线索移交、案件办理反馈等工作机制。开展案件审查同步启动以案促改，分析案发原因，查找深层次问题，做到查处一案、警示一片、治理一域。要强化廉政教育，继续开展警示教育月活动，充分利用典型案例和身边的违纪违法案例作为警示教材，引导党员干部知敬畏、存戒惧、守底线，警钟长鸣、防微杜渐。

三是持之以恒纠治“四风”，巩固拓展作风建设成效。作风建设永远在路上，必须真管真严、敢管敢严，抓出常态、抓出长效。要持续落实中央八项规定精神，坚决纠正“四风”，紧盯形式主义官僚主义老问题和新表现，切实加强教育管理、监督检查和制度建设，加大监督执纪问责力度，坚决防止问题反弹回潮。要全面贯彻落实“过紧日子”要求，开展节约型机关创建行动。要坚决反对特权思想和特权现象，严家教正家风。要进一步精文简会，深化拓展基层减负工作，开展“指尖上的形式主义”排查。要继续深化关区“放管服”改革，推进“单一窗口”应用，抓好涉企收费管理，做好优化口岸营商环境促进跨境贸易便利化专项工作。要进一步发挥12360海关服务热线作用，深化关区海关政务服务“好差评”系统应用，持续打造“办理海关事项不求人”服务品牌，按照海关总署统一部署，扎实开展“我为群众办实事”主题实践活动。

四是不断深化准军建设，锻造高素质专业化干部队伍。按照“政治坚定、业务精通、令行禁止、担当奉献”的要求，锻造一支让党中央放心、让人民群众满意的准军事化纪律部队。要严明纪律规矩，强化纪律作风日常养成，持续开展视频检查，组织好内务规范强化月活动，抓好仪式教育。要严格干部管理监督，精准规范运用“四种形态”特别是第一种形态，加强选人用人巡察检查，加大领导干部个人有关事项申报核实力度，继续从严规范领导干部配偶、子女及其配偶从业行为，重点加强对干部“八小时”以外的监督。要大力弘扬和践行伟大抗疫精神，积极培育新时代海关职业精神，继续培树“漠河海关精神”，持续深入抓好精神文明建设。要充分调动干部职工积极性，定期开展“两优一先”（在党的系列中，指“优秀共产党员”“优秀党务工作者”和“先进基层党组织”；在团的系列中，指“优秀共青团员”“优秀共青团干部”和“先进基层团组织”）表彰活动，发挥典型引领作用，树立“重实绩、重实干”的选人用人导向，在严峻斗争实践中、重大考验面前考察识别干部，大力培养选拔优秀年轻干部，用好各年龄段干部。要深入开展岗位练兵，增强业务本领，突出实战实训，全面提升干部职工的业务素质和能力。

五是发挥巡察“利剑”作用，不断提高监督质量和效果。抓好巡视巡察工作是履行全面从严治党主体责任的具体化。要准确把握巡视工作方针和政治巡视要求，重点聚焦“四个落实”开展政治监督。要强化巡视巡察整改落实和成果运用，压紧压实主体责任。强化纪检监察、组织人事部门监督责任，完善监督检查机制，细化整改评估标准，推动巡视巡察成果落地见效。要创新巡察方式方法，把常规巡察与专项巡察、机动巡察和巡察“回头看”有机贯通、相互协调，提高全覆盖质量。要推动巡察与纪律监督、派驻监督、组织监督、审计监督等统筹衔接，发挥监督合力。要加强巡视巡察上下联动，建立完善相关工作机制，同向发力、同频共振。探索与兄弟海关巡察机构建立互查互学机制，促进关区巡察工作规范化水平不断提升。

六是坚持风险意识底线思维，强化对权力运行的制约和监督。积极应对海关工作职能新变化，切实增强风险防控意识，提高风险防控能力。要提升法治化水平，深入学习贯彻习近平法治思想，结合《中华人民共和国海关法》修订和海关规章立改废工作，修订完善关区配套制度办法。要加强“制度+科技”应用，深化“双随机、一公开”，推进信息系统向邮递、旅检、边民互市等领域拓展，优化跨境电商领域风险信息化防控，加强智能审图管理平台应用。要推进网络安全建设，健全数据安全保护技术体系，确保海关数据安全。要高度重视非执法领域风险，加强对财务管理、招标采购、信息化建设、基建工程等重点环节的管控，整合优化闲置资产，加强实验室建设项目、疫情防控卫生检疫物资购置等监督，进一步规范企事业单位管理。要提高风险防控协同性、有效性，推进海关大数据智慧风控，建立健全风险情报信息网络，加强跨部门风险联合研判，提高精准识别和处置风险能力。要深化海关内控机制建设，充分发挥“新海廉”平台监督功能，防范执法风险向廉政风险转化。

七是坚决扛起政治责任，坚持不懈抓好管党治党责任落实。持续增强“两个维护”的政治自觉，不折不扣地落实全面从严治党主体责任。要强化责任担当，各级党委坚决扛起责任，党委书记认真履行第一责任人职责，坚持党建工作与业务工作同谋划、同部署、同推进、同考核。党委班子成员要履行“一岗双责”，落实好分管领域全面从严治党责任。纪检机构要切实承担党内监督专责，协助党委推进全面从严治党，推进党风廉政建设。要认真落实《海关总署党委加强各级党委“一把手”和领导班子监督的意见》，加强对隶属海关党委书记和领导班子的监督，开展检查考核。要精准开展问责，着力提高问责工作的政治性、精准性、实效性，坚决防止泛化、简单化。

同志们，全面从严治党只有进行时，没有完成时，让我们以习近平新时代中国特色社会主义思想为指导，认真贯彻全面从严治党方针，真抓实干、狠抓落实、锐意进取，不断推动关区全面从严治党、党风廉政建设和反腐败斗争向纵深发展，为开启社会主义现代化海关新征程努力打造沿边直属强关提供坚强政治保证，以优异的成绩为建党100周年献礼！

第二篇

专记

庆祝中国共产党成立 100 周年系列活动和党史学习教育

2021 年，哈尔滨海关党委坚决贯彻习近平总书记在党史学习教育动员大会上和“七一”重要讲话精神，认真落实庆祝中国共产党成立 100 周年实施方案，组织关区开展形式多样、内容丰富的庆祝活动，夯实党员干部思想根基，进一步推进关区党史学习教育走深走实。以丰富多彩的系列活动凝心聚力，激发党员干部爱党爱国热情，引导党员干部不忘初心、牢记使命，以昂扬姿态迈入第二个百年奋斗新征程。

一、庆祝中国共产党成立 100 周年

（一）强化责任，担当使命。

哈尔滨海关党委将庆祝中国共产党成立 100 周年、开展党史学习教育作为一项重大政治任务，认真学习习近平总书记重要讲话精神，严格按照党中央部署、海关总署（以下简称“总署”）党委要求，对关区庆祝中国共产党成立 100 周年、开展党史学习教育进行专题研究。按照坚持党的全面领导、坚持鲜明政治导向、坚持上下联动整体推进的原则，制订实施方案，明确组织领导和活动内容，确立十项重点工作，积极推进开展。

（二）丰富载体，营造氛围。

哈尔滨海关充分运用网络资源，创新活动载体，开辟“云课堂”，每日通过微信向党员推送学习内容共 145 期。在“龙青畅谈”微信公众号开辟党史学习教育专栏，打造学习教育新阵地。用好龙江本土红色资源“活教材”，丰富学习内容，关党委带头参观革命领袖视察黑龙江纪念馆、中共黑龙江历史纪念馆，重温入党誓词。举办专题读书班，邀请黑龙江省（以下简称“省”或者“全省”）委宣讲团成员、东北烈士纪念馆馆长等专家学者进行专题授课，引导党员干部传承“龙江四大精神”，激发爱党爱国爱民情怀。组织关区青年理论学习小组学习红色历史，聆听海关老前辈讲述不怕牺牲、艰苦奋斗英雄事迹，激励新时代海关青年更加坚定跟党走的信念。举办“学史·铸魂”红色故事分享会，将红色精神与时代价值相结

合，融合地域特点，深入挖掘龙江红色故事，传递正能量。党委书记、关长卢厚林同志以《从党的奋斗历史中汲取前进力量奋力开创关区事业发展新局面》为题带头讲授专题党课，关区各级党委书记在“七一”前围绕学党史谈体会讲授党课，大力弘扬党的优良作风和光荣传统，引导广大党员干部以实际行动为海关事业贡献力量。

▲2021 年 6 月 28 日，哈尔滨海关开展“学史·铸魂”党史故事分享会

（三）开展系列活动，传承红色基因。

2021 年“七一”前夕，哈尔滨海关举行庆祝建党 100 周年系列表彰大会，为 21 名老党员颁发“光荣在党 50 年”纪念章，为获评关区“两优一先”的 20 个基层党组织、100 名党员、50 名党务工作者颁发荣誉证书，激励党员干部履职尽责。走访慰问关区老党员、困难党员 66 人，将组织关怀和温暖送到党员心中。组织开展党史知识竞赛、诵读红色家书、观看红色电影、建党百年书画摄影作品展、“颂歌献给党 心系海关情”主题征文等特色活动，教育引导党员干部不断锤炼政治品格、主动担当作为。组织干部职工参加省直机关工委举办的“颂歌献给党，启航新征程”全省文艺会演，取得良好社会效果。组织开展“同唱一首歌”活动，关党委班子成员与关区干部职工同时“线上合唱”，实现隔空同唱一首歌，在传唱经典歌曲中增强各基层党组织的凝聚力和干部职工对党对国家的热爱。拍摄《不忘初心》MV，录制的视频在黑龙江卫视全省《新闻联播》栏目播出，关区多部门集体参演的 MV 在“极光新闻”App 展播。

（四）丰富形式，推动落实。

以邀请专家授课、党委理论学习中心组扩大学习、主题党日、微党课等多种形式，组织关区党员干部第一时间学习贯彻习近平总书记“七一”重要讲话精神。绥芬河海关《把初心写在国门“疫”线》微党课，被总署作为首批优秀课程在全国海关展播，获得最佳组织奖，并纳入全国海关培训课程。在基层党建设置专栏，组织学习先进典型事迹。在“龙青畅谈”微信公众号开设“红歌接力”“为党庆生”“支部建设成果展”“学史·铸魂”“精品党课”“我想对党说”等专栏，刊发稿件 77 篇，在总署《金钥匙》杂志、《中国国门时报》和“中国海关”学习强国号、黑龙江电视台等多家媒体平台发稿 15 篇，全方位展示哈尔滨海关党史学习教育及庆祝中国共产党成立 100 周年活动成果，在关区上下掀起“庆七一，感党恩”热潮，激发党员干部爱党爱国热情。

二、党史学习教育

党史学习教育开展以来，哈尔滨海关党委按照总署党委工作部署，认真抓好工作落实，持续用力将党史学习教育推向深入。

（一）党史学习教育开展情况。

哈尔滨海关党委将开展党史学习教育作为一项重大政治任务，认真落实总署党委工作要求，持续用力、抓紧抓实。召开党委会专题研究，印发工作实施方案，成立领导小组，由党委书记、关长卢厚林同志任组长，亲自督办、重点推进。党委委员认真履行“一岗双责”，负责抓好分管部门单位相关工作，全年党委委员带队开展实地调研指导50余次。设立6个巡回指导组，对关区所有部门单位进行全覆盖式督导。压紧压实各部门单位领导班子责任，隶属海关单位均制订工作方案或推进计划。

哈尔滨海关党委坚持领学促学，组织党委理论学习中心组学习10次，其中9次研讨交流，8次扩大学习。党委委员带头参观红色教育基地，重温入党誓词。举办专题读书班，邀请专家学者专题授课。推进青年理论学习提升工程，组织青年干部开展“跟着总书记读好书”“精讲五分钟”等活动。关区两级班子成员讲党课110次，党组织书记、先进典型讲党课230次，录制播出微党课15部。举办专题培训班，对206名副处级以上领导干部实现全覆盖培训。在编关警员和事业编制人员1,758人参加党史学习教育网上专题培训班，全员通过专题考试。

自2021年3月至6月，分四个阶段，通过理论学习中心组扩大学习和主题党日活动，引导党员干部树立正确党史观，做到学史明理、学史增信、学史崇德、学史力行。通过开辟“云课堂”、设立关网专栏、举办专题展览等多种途径推动“学党史、悟思想、办实事、开新局”。结合庆祝中国共产党成立100周年，广泛开展“学史·铸魂”党史故事分享会、“党在我心中”党史知识竞赛、“永远跟党走”宣讲、专题理论文章征文活动等学习活动，营造“比学赶帮超”的良好氛围。关区各部门单位创新推出30余种喜闻乐见的学教形式，如冰城海关“星火”晨读、太平机场海关“党史微宣”、密山海关“扫码知党史”和抚远海关“关海留声”楼道党史广播等，及时做好典型学习宣传推广，大力倡导互学互助。5月中旬，总署党委委员、办公厅主任黄冠胜到哈尔滨海关实地调研期间，对哈尔滨海关党史学习教育工作给予充分肯定。7月下旬，总署署长、党委书记倪岳峰到哈尔滨海关调研期间，对所属黑河海关的党史学习教育工作给予现场指导和充分认可。全年，各部门单位、基层党组织累计组织党史学习教育934次，开展活动300余场，密度之高、力度之大、效果之好前所未有。

哈尔滨海关党委坚持把“我为群众办实事”实践活动作为践行初心使命、强化惠企惠民担当的具体行动贯穿党史学习教育始终，坚持“三个走进”，广泛开展实地调研，主动认领任务，研究形成包括26个办实事项目的责任清单，并与关区“我为群众办实事”方案一同印发，力争解决一批进出口企业和群众最急最忧最盼的问题。关区各部门单位主动担起责任，总计整理上报320个办实事项目。关党委和各部门单位办实事项目已全部完成预定任务，“我为群众办实事”实践活动取得良好反响，所属鹤岗海关、绥化海关的事例分别被《黑龙江日报》、黑龙江卫视作为典型案例宣传报道，企管稽查处帮扶兔肉生产企业获得全省首个欧盟官方注册以及所属太平机场海关、冰城海关接力服务日本锦鲤进口等多个案例被省内媒体竞相报道。“破解种源‘卡脖子’难题”和“解决群众进境邮件信息不畅烦心事”2个项目成功入选全国海关“我为群众办实事”百佳项目。

党史学习教育进入第二阶段后，哈尔滨海关党委将学习贯彻习近平总书记“七一”重要讲话精神作为当前和今后一个时期的重大政治任务，先后组织理论学习中心组专题学习2次，引导党员干部砥砺初心、勇担使命。党委书记、关长卢厚林以《从党的奋斗历史中汲取前进力量 奋力开创关区事业发展新局面》为题，面向关区讲授专题党课，鼓舞全关上下奋勇拼搏、建功新时代。关党委委员均以普通党员身份参加了基层党支部的专题组织生活会，分享心得体会，讲授专题党课。关区40个部门单位的198个基层党支部全部按时完成党史学习教育专题组织生活会，1,700余名党员在批评与自我批评中不断进步提高。8月2日，总署第二巡回指导组以视频连线方式全程指导哈尔滨海关办公室党支部第一党小组的专题组织生活会。8月底，组织评选典型实例，表彰优秀代表，建立和巩固办实事长效机制。

（二）特色亮点工作。

一是覆盖全员“云课堂”。哈尔滨海关党委以全面学习党史为重点，把党史学习阵地从“线下”搬到“云端”，每日推送一期“云课堂”，累计推送147期，实现关区党员、在编干部职工党史学习教育每日学习全覆盖，真正做到潜移默化、入脑入心。“云课堂”设置“党史大事记”“百年瞬间”“云端读书班”“党的十九届六中全会精神专题辅导”等模块，引导关区党员干部深刻铭记中国共产党百年奋斗的光辉历程，深刻感悟中国共产党始终不渝为人民的初心宗旨，用党的创新理论武装头脑、指导实践。各隶属海关单位结合实际，采取灵活形式开展“每日一读”“早班晨读”“午学十分”，将“云课堂”的内容以集体学习、个人自学、交流研讨等方式进一步学深吃透。

二是细分阶段贯通学。哈尔滨海关党委以细分阶段、明确主题、贯通学习的方式，引导干部职工学深一层、多思一步，融会贯通，务求实效。关党委分别以学史明理、学史增信、学史崇德、学史力行为主题，组织开展党委理论学习中心组（扩大）学习4次，举办专题读书班，邀请专家授课，组织参观学习。哈尔滨海关直属机关党委同步以“学史明理，以史鉴今不忘初心”“学史增信，坚定信仰担使命”“学史崇德，赓续共产党人精神血脉”“学史力行，为人民办实事谋福祉”为主题，组织关区基层党组织开展主题党日活动。

三是将心比心办实事。哈尔滨海关党委以“将心比心办实事、全心全意解难题”为题，深入进出口企业和基层一线走访调研、座谈交流。党委书记、关长卢厚林带头调查研究，倾听真意见、敢啃“硬骨头”，集众智、聚合力，聚焦群众急难和历史遗留等各类棘手问题，推进解决措施落地见效。通过与省内相关厅局、部门、重点企业签订合作备忘录强化协作、到基层联系地方党政现场办公解决难题和责令隶属海关单位限时改进工作优化服务等实际行动，推动破解种源“卡脖子”难题、解决群众进境邮件信息不畅、高效监管能源进口、开创“水铁联运”物流新模式、助力绥芬河口岸进口俄粮等多个项目落地见效。

（供稿人：尹雄生　孙广庆　何旭一　张　宇）

学习宣传贯彻党的十九届六中全会精神

党的十九届六中全会是在中国共产党成立100周年的重要历史节点、在“两个一百年”奋斗目标的历史交汇期召开的一次十分重要的会议。全会召开后，哈尔滨海关党委迅速行动，把学习宣传贯彻党的十九届六中全会精神作为当前和今后一个时期的重大政治任务，组织专题学习研讨、研究贯彻落实措施，在关区迅速掀起学习宣传贯彻党的十九届六中全会精神热潮，推动学习走深走实、入脑入心。

一、跟进扎实学

2021年11月15日，哈尔滨海关党委组织全员学习黑龙江省委书记许勤在全省领导干部会议上的讲话精神，从党的百年奋斗重大成就和历史经验中汲取磅礴力量，振奋精神鼓足干劲奋力推动龙江实现全面振兴发展。11月25日上午，组织全体干部职工参加总署党委理论学习中心组（扩大）学习暨党的十九届六中全会精神专题学习班，引导干部职工以全会精神武装头脑、指导实践、推动工作，强化监管优化服务，确保全会精神在哈尔滨海关坚决落实。

二、党委示范学

2021年11月16日上午，哈尔滨海关党委召开会议传达学习党的十九届六中全会精神，全面系统学习领会全会精神的丰富内涵与核心要义，牢牢把握正确的政治方向。党委书记、关长卢厚林带头学思践悟、谈学习体会，与会党委委员分别作交流发言，以“关键少数”带动“绝大多数”，以“头雁效应”带动关区学习活动往深里走、往心里走、往实里走。11月25日下午，党委书记、关长卢厚林前往所属冰城海关驻邮局办事处业务现场，向一线关员宣讲解读党的十九届六中全会精神，分享交流学习心得。

三、专家指导学

2021年11月22日上午，哈尔滨海关邀请省委党校教授通过视频连线方式，面向关区1,800余名干部职工进行党的十九届六中全会精神专题授课，围绕全面了解全会基本情况、深刻领会全会重要论断、深入贯彻全会精神的实践要求三个方面，进行系统阐释和深入解读。对全体干部职工深入学习贯彻党的十九届六中全会精神具有很强的启发性和指导性。

四、党委理论学习中心组扩大学

2021年11月22日下午，哈尔滨海关党委召开理论学习中心组（扩大）学习会议，充分发挥党委理论学习中心组示范带动作用和领导干部领学促学作用，认真组织传达学习，在关区范围开展视频学习研讨，组织党委委员代表、机关代表、基层代表、青年代表分别结合工作实际，深入思考，充分交流，从不同维度学深悟透党的十九届六中全会精神，切实用全会精神统一思想、凝聚共识、坚定信心、增强斗志。

五、青年集中学

组织40余个青年理论学习小组对全会公报及决议原文进行学习，集中读原文、悟原理，开展学习成果交流。利用“龙青畅谈”微信公众号向关区征集学习体会，专题宣传青年干部职工结合岗位工作学习全会精神感悟。

六、基层跟进学

组织关区198个基层党组织，收听收看中共中央新闻发布会直播报道，通过“三会一课”等途径开展集中学习。积极探索新方式和新渠道，依托“互联网+”信息技术，充分利用红色资源，通过党史学习教育云课堂、微党课、座谈研讨、撰写心得体会、读书班、宣讲报告会等线上线下多种学习模式，推动学深悟透、学以致用。

七、全员覆盖学

将学习贯彻党的十九届六中全会精神作为干部教育培训的必修课，纳入教育培训课程体系，制定24学时、12学分的网上培训课程，并将其作为年度干部考核重要内容，实现对关区1,777名党员干部多形式、分层次、全覆盖的教育培训，引导关区党员干部原原本本学、全员参与学、结合实际学、融会贯通学。

（供稿人：尹雄生　张　宇）

统筹口岸疫情防控和促进外贸稳增长工作

2021年，哈尔滨海关坚决贯彻落实习近平总书记关于统筹推进新冠肺炎疫情防控和经济社会发展工作的重要讲话、重要指示批示精神，关长履行第一责任人职责，其他关领导履行分管领域工作职责，坚持深入一线，靠前指挥，精准科学规范抓好疫情防控和促进外贸稳增长工作。动态调整完善哈尔滨海关统筹口岸疫情防控和促进外贸稳增长工作指挥部组织架构，在指挥部原有采样检测专班、医疗物资监管专班、促进外贸稳增长工作专班、进口商品风险监测专班等工作专班基础上，增设安全防护保障监督专班和口岸疫情防控岗位工作人员封闭管理工作专班。全年共组织召开哈尔滨海关统筹口岸疫情防控和促进外贸稳增长工作指挥部会议11次、关区疫情防控专题电视电话会议4次，及时分析研判形势，调整防控策略和重心。

一、跟踪研判疫情信息

持续关注毗邻国家和重点国家疫情及管控措施等情况，重点搜集俄罗斯、日本、韩国等疫情最新动态信息，编写《俄罗斯境外疫情和输入风险研判监测日报》《哈尔滨海关新型冠状病毒肺炎疫情境内外信息汇编》《哈尔滨海关传染病疫情信息动态分析》等专报。参加总署陆上邻国风险研判工作组，每周形成分析报告，为科学调整防控策略提供依据。加强疫情防控风险预警，针对防疫物资、冷链食品、野生动物及其产品等疫情风险领域，发布、转发提示告知类风险预警11个。加强对流感等冬春季高发传染病和不明原因肺炎的监测、分析、预警，对其他传染病指征进行相应排查和检测，严防重大传染病传入，坚决防止疫情叠加。

二、科学精准做好口岸疫情防控

（一）严格落实各项“人防”措施。

做实做细航空口岸疫情防控工作，严格入境人员“三查三排一转运”等闭环管控措施，规范开展健康申明卡核验、两次测温、医学排查、流行病学调查、采样检测、分类移交等工作，对异常人员及时按要求进行排查，全力做好复工复产包机和重大活动卫生检疫保障。探索创新陆路口岸疫情防控举措，严格做好跨境运输司机检疫，做好健康申明卡审核、体温监测、周期性采样检测、核酸检测证明核验，通过新一代风险作业子系统在入境环节对新冠病毒核酸检测阳性俄籍运服人员实施精准布控，此举作为自贸创新举措在总署备案；根据疫情形势及时调整防控策略，7月19日开始实行“人不见面”查验模式，实行甩挂作业区闭环管理，指导外籍司机提前进行电子健康申报，优化体温监测流程，确保人员全程不下车，减少一线工作人员与跨境运输货车司机接触，避免交叉感染。分类做好水运口岸明水期疫情防控工作，中俄双方船员均不上岸，俄籍船员原则上不登陆，中籍船员在船上生活工作，严格审核入境船员健康申明卡，规范开展体温监测；对有异常的人员按要求进行流行病学调查、医学排查、抗体和血常规检测等工作，有其他传染病嫌疑的，开展相关排查和检测；明水期结束上岸的中方船员全部采样检测，并移交联防联控机制有关部门实行封闭管理，做好后续追踪。

（二）严格落实各项“物防”措施。

按照国务院联防联控机制部署，落实总署相关检查指令和操作要求，结合检查放行流程，严格实施进口冷链食品、高风险非冷链集装箱货物检测和预防性消毒监督工作。压实查验场地经营单位、进口企业和消毒单位等各方主体责任，指导、监督相关企业严格按照技术标准、规范和检疫处理方案做好预防性消毒。高质量开展出入境检疫处理单位资质核准和监督管理工作，严格执行相关标准要求，强化自主承诺，开展以质量管控和规范落实为核心的监督检查，压实消毒处理单位质量安全主体责任。协调地方政府加快对采样消毒场所改造升级，持续完善进口冷链食品追溯体系。按照布控指令和终末消毒监督作业指南要求做好入境客运航空器终末消毒监督工作，累计开展入境客运航空器终末消毒监督64架次。组织开展卫生检疫监管场所作业区域管理自查，进一步梳理现场作业流程，按要求调整相关旅检现场入境卫生检疫区设置。

三、提升关区疫情防控能力建设

（一）强化联防联控长效机制。

积极参与省应对新型冠状病毒感染肺炎疫情指挥部工作，共上报指挥部工作简报18篇、疫情防控工作动态70份。协调推动完善“外防输入”工作机制，与省外事、卫健、民航、公安等部门动态共享数据信息，与省疾控机构签订合作备忘录，对口岸检出的阳性样本联合开展基因测序。牵头开展五关区（哈尔滨、大连、沈阳、长春、青岛海关）区域信息交换，累计共享进境旅客舱单信息7万余条。动态调整“一口岸一方案”，相关职能处室联合指导口岸开通隶属海关对入境运输工具、人员、货物、物品涉及检疫、采样检测、防疫消毒监督、隔离管控等全流程内容进行梳理完善，对方案、预案多轮审核，确保流程严谨合规、职责清晰明确、机制畅通有效。

（二）加强疫情防控设施设备配备和物资储备。

成立口岸应对重大疫情卫生检疫基础设施项目总验收工作专班，加强关区口岸卫生检疫设施建设指导和管理，做好防护物资保障工作，建立以地方联防联控机制保障为主，海关总署、哈尔滨海关调配和隶属海关自行采购为辅的防护物资保障机制。

（三）提升检测能力。

在关区形成黑龙江国际旅行卫生保健中心、绥芬河综合技术中心、黑河综合技术中心、佳木斯国际旅行卫生保健中心、东宁国际旅行卫生保健中心5个核酸检测实验室，1个密山移动P2+核酸检测实验室“5+1”模式布局，并规划建设牡丹江保健中心和大庆医学实验室的新冠病毒检测实验室。关区新冠病毒核酸检测能力最高可达3,300例/日；新冠病毒抗体检测能力最高可达120例/日。

四、强化监督检查和培训指导

（一）监督检查。

组建“挑毛病”专家组，对关区口岸开展“人防+物防”专项监控检查。开展安全防护等实地检查，采取“四不两直”（不发通知、不打招呼、不听汇报、不用陪同接待，直奔基层、直插现场）方式下沉口岸一线检查81次，通过二级、三级监控指挥中心视频监督352次，组织关区纪检监察部门列席会议监督135次，电话督促提醒159次，制发监督建议书16份，发现并处置安全防护、采样作业、医废污染控制等问题167个，制发监督检查工作联系单113份。作为省外事外经口岸组成员单位，对开通运行口岸开展常态化督导检查。组成7个督导组和咨询指导组开展水运口岸开关前督导检查，全面指导做好恢复开关疫情防控各项准备工作，对发现问题指导整改。

（二）培训指导。

制订培训和演练计划，组织开展出入境人员和交通工具检疫、个人安全防护、入境客运航空器新冠病毒终末消毒监督等专业培训，以及标本溢洒、职业暴露、口岸拥堵等应急处置演练，提升一线人员和卫生检疫专业队伍常态化疫情防控能力和突发事件应急处置能力。开展技能实操考核3次，共113人通过考核。印制并在口岸现场统一张贴防护服穿脱程序、安全防护“六严禁”和“十必须”、鹅颈结封扎挂图，指导一线人员规范操作。

五、严格口岸一线关员安全防护和封闭管理

（一）安全防护。

成立新冠肺炎疫情防控工作人员安全

防护领导小组、安全防护专家组和安全防护保障监督专班，严格安全防护监督员制度和“岗前检查、工作巡查、全程督查”等安全防护监督措施，不断健全安全防护责任体系。召开专题工作会议，开展综合分析研判，形成专题报告，提出整改意见和建议，推动易发多发问题有效整改，做到业务工作和安全防护工作“同研究、同部署、同督促”。推进关区全员新冠疫苗全程接种和加强免疫，做到“应接尽接”，满足加强免疫条件的人员接种第三针新冠疫苗。

（二）封闭管理。

严格口岸疫情防控岗位工作人员封闭管理，印发口岸疫情防控岗位工作人员封闭管理工作实施方案，对入境人员卫生检疫岗位和进口冷链食品安全监管岗位工作人员实施集中封闭管理，地方防控指挥部有更严格规定的按属地标准执行。在岗和离岗集中封闭管理期间，严格落实核酸检测和人员封闭集中管理要求，有效避免关员感染，保障关区干部职工身心健康。

六、打赢疫情防控阻击战

强化政治责任担当，坚决筑牢口岸疫情防线。坚持“外防输入、内防反弹”总策略和“动态清零”总方针，严格落实海关总署和黑龙江省应对新型冠状病毒感染肺炎疫情指挥部部署要求，全面履行口岸疫情防控职责，从严从细落实各项疫情防控措施。坚持“人、物、环境”同防，加强风险分析布控，落实对进口冷链食品和高风险非冷链集装箱货物采样检测和预防性消毒工作。注重压实“四方责任”，落实“九早”（早储备、早演练、早发现、早响应、早流调、早筛查、早隔离、早救治、早发布）要求，积极参与并配合地方联防联控机制开展工作。严格内部防控，做好疫苗接种、安全防护和轮班作业，实现“打胜仗、零感染”。

（供稿人：马　婷　王思哲）

优化口岸营商环境促进跨境贸易便利化

2021年，哈尔滨海关结合职能定位，主动思考，多措并举，以实际行动优化口岸营商环境，推动跨境贸易便利化，支持龙江更高水平对外开放。

一、主要工作情况

（一）加强宣传，提高站位。

组织学习《黑龙江省优化营商环境条例》，关区各隶属海关、各部门分别通过集中培训、组织宣讲、专题辅导等方式开展学习，把握条例核心要义，切实增强对贯彻条例、推动优化营商环境工作重要性的认识。利用哈尔滨海关门户网站、微信公众号等媒体，将条例宣传作为“8·8”海关法治宣传日的重要内容。组织召开“优化营商环境，海关在行动”等专题新闻发布会，宣传解读海关在贯彻条例、优化口岸营商环境促进跨境贸易便利化方面采取的具体措施，取得了较好的社会效果。

（二）深入调研，找准方向。

关领导多次就优化口岸营商环境工作深入基层一线，先后到俄速通国际物流有限公司、中国一重集团公司、牡丹江恒丰纸业有限公司、北大荒农垦集团、交投集团等多家企业实地调研，了解企业需求和实际困难，征求地方政府意见建议，找准工作切入点，有针对性地研究解决问题。

（三）强化机制，组织推动。

将优化口岸营商环境工作列为党委会和关区形势分析及工作督查例会的重要议题，及时学习传达海关总署和黑龙江省委省政府相关部署要求。成立工作专班，根据形势任务需要，紧紧围绕涉及优化口岸营商环境的重点和难点问题，包括海关业务改革、边境贸易创新发展、自由贸易试验区建设、综合保税区建设、中俄国际大通道、“办理海关事项不求人”等开展专题研究，提出解决方案措施，积极推进落实。主动加强部门协作，与省商务厅、农业农村厅、税务局、市场监管局、知识产权局、邮政管理局等部门单位建立协作机制，签署合作备忘录，形成工作合力。

二、主要做法

（一）突出法治保障。

严格落实行政执法资格上岗制度，在执法实践中坚持依法办事，统一规范执法。在直属海关和隶属海关两个层面分别建立由公职律师和外聘律师组成的法律顾问团队，加强对执法领域和非执法领域重大事项的法制审核把关，强化对行政争议、行政复议和行政诉讼案件的规范管理，有效防范和化解风险，保证海关工作在法治轨道上运行。

（二）突出精准施策。

围绕推动建设市场化、法治化、国际化的营商环境，聚焦地方政府和进出口企业、人民群众的实际需求，有针对性地制定一系列工作措施，主要包括：围绕加速通关、优化监管、精简审批、提升服务等4个方面，出台关于优化口岸营商环境促进跨境贸易便利化的16条措施；围绕促进贸易便利、培育新兴业态、助推综合保税区升级发展等3个方面，出台促进综合保税区高水平开放高质量发展的措施；围绕加强政策沟通促进睦邻安边、加快设施联通推进产业兴边、加速贸易畅通实现开放富边等3个方面，出台深入推进兴边富民行动措施；落实省委、省政府组织开展的“办事不求人”活动要求，围绕“咨询业务不求人、办理审批不求人、办理通关不求人、检验检测不求人”等4个方面，研究制定持续优化口岸营商环境推进“办理海关事项不求人”工作方案；围绕统筹疫情防控和稳外贸稳外资增长工作，出台做好疫情防控促进龙江外贸创新发展和支持稳外贸稳外资的具体措施；出台支持黑龙江省邮政行业高质量发展专项措施。

（三）突出改革创新。

立足海关职能优势，以改革创新推动口岸营商环境的不断优化。包括：创新工作理念，将风险管理理念贯穿到海关工作全过程，实现精准监管和服务；创新工作手段，通过完善国际贸易“单一窗口”“互联网+海关”等信息化管理系统，加大各类先进监管技术设备投入使用，实现海关业务网上办、指尖办、一网通办，实现不见面审批和非侵入式查验；创新工作模式，建立“中心-现场”管理构架，对重点业务实现集约化办理，推动“通关一体化”“两步申报”“两段准入”“关税保证保险”等多项业务改革，为进出口企业提供更加多元化、高效便捷的通关服务，以海关稽查和核查为重点，加强事中和事后监管，探索开展“网上远程稽查核查”；创新监管制度，发挥龙江自贸试验区先行先试优势，争取总署批准试行“优化进境俄罗斯粮食检疫流程”“俄罗斯低风险植物源性中药材试进口”“跨境运输车辆监管信息一站式备案”“优化加工贸易料件消耗申报核销管理”“跨境运输高风险司乘人员精准检疫拦截”等5项创新举措，落实包容审慎监管原则，推行企业“主动披露”制度，对于企业发现问题主动向海关报告的，减轻处罚或者不予处罚。

（四）突出监督制约。

加强内部监督，落实行政执法公示制度、执法全过程记录制度、重大执法决定法制审核制度，推行“双随机、一公开”改革。建立覆盖关区各业务现场的监控指挥中心，采取实体化运作模式，对海关基层一线业务执法进行实时指挥、监控、检查和指导。运用海关廉政和风险预警信息化管理系统，对一线业务具体办理情况进行监控和预警提示。将优化口岸营商环境工作列为海关审计、执法检查和巡察的重点内容，及时发现问题，解决问题，改进工作。重视外部监督，在隶属海关业务现场设立协调专员，通过调研、召开关企座谈会、发放调查问卷等方式主动征求意见建议，畅通信访投诉举报渠道，建立企业和群众满意度评价监督机制。引入第三方专业评估机构开展评估，积极配合并参与国家部委和地方政府组织的优化营商环境监测评估及绩效考核工作。

三、主要成效

（一）口岸通关便利。

企业通过国际贸易“单一窗口”办理进出口货物报关业务覆盖率达到100%，货物通关实现系统申报一点接入、办理过程可追踪、可查询。现有“通关一体化”“互联网+24小时预约通关”“提前申报”（在进出口货物的品名、规格、数量等已确定无误的情况下，经海关批准的企业可以在进口货物启运后、抵港前或出口货物运抵海关监管场所前3日内，提前向海关办理报关手续，并按照海关的要求交验有关随附单证、进出口货物批准文件及其他需提供的证明文件）“两步申报”“两段准入”等各类通关模式可供企业根据需要自主选择，通过担保验放、先放行后检测、采信第三方机构检验结果等方式，提高企业通关效率。特事特办，建立新冠肺炎疫情防控物资进口通关专用窗口和“绿色通道”，实现对进口防疫物资随到随放，通关“零延时”。在黑龙江省保冬季供暖的关键时刻，积极调配力量，提高检验效率，保障保供进口煤炭快速通关。

（二）推进“放管服”改革。

取消行政许可5项，由审批改为备案2项，施行告知承诺1项，优化业务办理程序、缩短业务办理时限12项，精简办理业务所需证明材料96项。进出口环节海关需验核的监管证件由原来的86种减少至41种，除保密要求等3种特殊情况外，其余38种均实现联网核查。业务审批和备案事项实现线下政务服务大厅“一个窗口”办理，线上“一网通办”，并实现印章、证照电子化，打通了网上办理业务的“最后一厘米”。通过海关政务服务“好差评”评价系统反馈结果，企业对海关办理审批业务的服务满意度达到100%。“双随机、一公开”改革已拓展到海关全业务领域。积极参与“多证合一”“证照分离”“企业注销便利化”等项改革，与地方市场监督管理、税务部门协作开展跨部门联合监管取得新成效。

（三）边贸创新发展。

不断扩大边民互市贸易规模，有序推进边民互市贸易进口商品落地加工试点，形成了龙江边民互市贸易进口商品落地加工多部门全链条监管新模式。以黑龙江自贸试验区绥芬河片区、黑河片区为依托，稳步推进进口粮食检疫审批改革与中药材试进口。积极配合省商务厅建立跨境电商公共服务平台，引进跨境电商平台龙头企业，拓展邮运对俄罗斯跨境电商物流通道，简化跨境电商进出口通关程序，促进龙江跨境电商新业务发展。积极支持省内综合保税区、保税物流中心（B型）建设和发挥功能，服务跨境大通道建设，推动黑河公路大桥口岸通过国家验收，加快同江铁路大桥口岸配套设施建设。

（四）助企纾困解难。

落实减税降费政策措施，通过免收企业担保金、延长业务办理核销期限等方式，降低企业运营成本。优化出口果蔬检验检疫措施，支持企业对俄罗斯出口果蔬。建立为重点企业服务的首席协调联络员制度，施行“一企一策”和“问题清零”制度，及时了解企业需求，有针对性地提供个性化服务，帮助企业解决实际困难，助力企业发展。目前，全省适用“一企一策”的重点企业达到45家。

（五）增强品牌影响。

打造“办理海关事项不求人”服务品牌，该工作得到省委省政府以及社会各界充分肯定。哈尔滨海关被列为全省“办事不求人”1（哈尔滨市）+8（省直、中直部门）示范单位，省委深化作风整顿优化营商环境工作领导小组办公室编发简报介绍哈尔滨海关工作经验，在2021年全省优化营商环境大会上作为书面经验交流单位，接受新闻媒体专题采访。

（供稿人：马　婷）

深刻领会“三智”理念　务实推动对俄边境海关合作

2021年，哈尔滨海关认真贯彻落实习近平外交思想，深刻领会“三智”理念的丰富内涵和指导意义，统筹安排、协同推进，服务“一带一路”建设高质量发展，构建龙江高水平对外开放新格局。

一、加强对俄合作，发挥边境海关作用

持续推进与俄罗斯远东海关局机制化合作，全年共举行关局长工作会谈1次、工作组会议2次、隶属边境海关会晤5次，通过视频会议和信函往来等形式互通政策改革信息，解决口岸通关环节中存在的问题。做好与毗邻海关检验检疫机构联系沟通，配合推进黑河公路大桥口岸通过国家验收。发挥通关事务救助作用，同俄罗斯滨海边疆区消费者权益保护与监督局、俄罗斯远东海关局及俄罗斯驻哈尔滨总领事馆多渠道沟通，第一时间解决企业反映的出口果蔬在俄罗斯通关受阻问题。与俄罗斯毗邻州区消费者权益保护与监督局通报入境司乘人员新冠病毒核酸检测阳性信息，提请关注疫情变化情况，共筑口岸疫情防线。与俄罗斯乌拉尔海关局密切协作，按季度交换邮递渠道查扣商品信息共300余条，有效规范跨境电商商品出口。

二、深挖特色项目，推进“三智”项目落地见效

（一）提升“三智”早期收获项目。

在黑河自贸试验片区探索开展运输工具协同监管先行先试，开展“跨境车辆监管信息一站式备案”，由口岸海关、公安、交通部门对进出境车辆实行联网备案审批和数据查询，实现“一次提交、后台分发、各自审核”。

（二）发展“三智”先行先试项目。

继续推进“中俄海关特定商品监管结果互认智能升级版”项目。中俄两国海关在载货清单信息交换的前提下，对特定商品互认监管结果，免于重复查验并直接放行，缩短通关时间，减少果蔬腐烂、伤冻损失，降低企业出口成本。推进“管输能源智慧监管”，立足于龙江维护国家能源

安全实际，建立管输能源监管数据自动分析评估模型，对管输能源流量计量、品质分析、视频监控、查验情况等全链条监管信息进行自动比对、异常报警和合格评定建议发送，推动实现管输能源监管集约化、自动化、智能化，确保国家能源大通道安全稳定运行。

三、加强统筹谋划，探索“三智”创新项目

哈尔滨海关将“三智”理念融入各业务领域工作，纳入贯彻落实《“十四五”海关发展规划》实施方案和各级单位年度工作计划中，推动形成更多高质量“三智”项目。

（一）开展“跨境运输高风险司乘人员精准检疫拦截”。

在全国首创利用新一代风险防控系统针对健康申明卡申报信息下达布控指令，在多口岸实施精准布控，实现了在入境第一监管环节对高风险运服人员的精准识别和拦截。

（二）推动“智能审图”应用。

根据总署统一部署开展濒危野生动植物特色制图，分别开展象牙、虎骨、熊掌、羚羊角、犀牛角、海参等野生动植物样品现场制图工作，共制图4,899幅，其中H986制图440幅、CT机制图2,049幅、X光机制图2,410幅，有效提高设备自动化比对质量和效率。

（三）强化“人工智能”应用。

在航空口岸现场使用海关查验机器人，收集毒品、爆炸物线索，应用低温监测、核辐射监测、水果检测等查验手段，对现有海关查验工作起到重要辅助作用；在报关大厅设置“人机交互”智能机器人，承担语音咨询、办事流程引导、政策宣传等工作，提供更加高效便民服务。

（四）支持中欧班列高质量发展。

推动“进出境铁路运输工具管理系统和舱单管理系统”上线运行，推行“预约通关、舱单归并、快检快放”等便利措施，实现进境列车动态和货物舱单数据电子化传输，提升海关信息化监管水平。

（供稿人：邱　琳　高伟娜）

推动解决关区基建项目和房产资产类历史遗留问题

2021 年，哈尔滨海关党委坚持“新官敢理旧账”，将 2021 年确定为关区“历史遗留问题解决攻坚年”，集中力量解决关区基本建设项目和房产资产类历史遗留问题。全年，178 个基本建设项目和房产资产类历史遗留问题中，已解决 172 个，占问题总数的 96.63%。其中，7 个基建历史存量项目有 5 个彻底解决、2 个进入决算审核阶段，16 个隶属海关单位房产资产类历史遗留问题实现彻底“清零”，58 处房产取得产权证，49 处房产作入账或调账等账务处理，21 处房产变更产权证。

一、坚持担当思维，直面矛盾敢于攻坚

哈尔滨海关党委高度重视推进历年审计未整改问题和长期未决算基建项目解决工作，将其作为防范化解重大风险的重要内容列为关区年度重点工作，成立由主要负责同志任组长的领导小组，定期召开专题会议研究推进工作。成立工作专班，全面梳理 2018 年以来总署及哈尔滨海关审计发现的未整改房产资产类问题和长期未决算基建项目，共梳理出 9 大类 178 个问题，通过查阅档案资料、实地走访及现场集中工作，详细了解问题背景和发展过程，为推动问题解决提供基础保障。按照“属地管理、分级负责”“谁主管、谁负责”的原则，明确责任，加强指导，细化分工。采取“一事一策”工作模式，倒排工期，层层传导压力。关党委、职能部门和工作专班以“两带头一落实”的方式，推动工作开展。

二、坚持底线思维，科学施策精确发力

哈尔滨海关查找历史遗留问题成因及制约因素，通过函询、谈话、调阅存档资料和实地调研等方式梳理形成问题清单，针对存在的共性和个性问题，分别制定解决方案。对平均立项时间超过七年以上的 7 个基建项目实施挂牌督办，全面彻底解决历经四任领导班子、跨度超过 10 年的“哈尔滨海关江北综合实验楼”和“绥芬

河海关职工住宅小区”两个项目在竣工验收、矛盾纠纷、产权办理等方面的历史遗留问题，顺利取得房屋不动产权证书，为解决其他同类问题提供了范例。发挥“海关公职律师团队+社会化法律机构”作用，对合同签订、产权归属、纠纷争议等提供法律咨询服务和法律支持，确保依法合规。所属饶河、鹤岗、佳木斯海关等单位与当地政府建立沟通联动机制，与当地自然资源、住房和城乡建设等部门召开联席会议，协调推动、妥善解决房产权属证办理问题。

三、坚持系统思维，优化机制标本兼治

哈尔滨海关完善奖惩考评机制，对积极主动作为、提前完成任务、取得突破进展的 4 个单位给予表扬，对推进较慢的 10 个单位约谈主要负责同志。充分发挥督审、监察部门监督效能，制发审计整改联系单，全过程跟踪监督问题解决，及时纠正政策理解和执行方面存在的偏差。坚持“治已病与防未病”两手抓，针对历史遗留问题成因和在解决过程中发现的新问题，梳理编印常发易发问题手册，防止老问题重复出现和变相发生。修订基本建设管理办法实施细则等管理制度，推进关区 20 个在建项目加快执行进度。制定工程项目审计办法，规范项目建设。引入工程咨询、资产评估等“外脑”机构，提升专业化管理水平。牢牢抓住建设项目招投标、施工及财务管理等关键环节和重点岗位，深入开展廉政警示教育，确保关区在建项目成为精品工程、安全工程。

（供稿人：刁文静　姜　洪）

第三篇

党的建设

党建工作

概况

2021年，哈尔滨海关党建工作坚持以习近平新时代中国特色社会主义思想为指导，认真贯彻落实新时代党的建设总要求，党委班子坚决扛起政治责任，认真落实"一岗双责"，深入基层党建联系点调研，关区共设置198个基层党支部，实现党的组织和党的工作全覆盖。巩固扩大"强基提质工程"成果，持续推进支部规范化标准化建设，择优评选"四强"党支部60个，"四强"红旗党支部10个。坚持把党建品牌建设纳入基层组织建设整体工作，把书记抓品牌建设纳入党建述职评议考核。大力弘扬"战严寒、抗风险、耐寂寞、做奉献"漠河海关精神，树立标杆，持续推进"一支部一品牌"建设。举办先进支部品牌建设成果展，制作"庆建党百年支部建设成果交流"微信推送20余期，宣传先进支部品牌内涵，推动品牌建设工作再上新台阶。年内，哈尔滨关区在全国海关党建示范品牌增至4个，3个基层党组织获评省直机关工委"先进基层党组织"荣誉称号，漠河海关支部工作法入选全国海关基层党建创新典型案例。组织开展先优表彰，评选20个优秀基层党组织、100名优秀党员和50名优秀党务工作者。

宣传思想文化

【政治机关建设】2021年，哈尔滨海关党委深入学习习近平新时代中国特色社会主义思想，以党的创新理论指导工作实践，做到学以致用、学思践悟，切实增强"四个意识"、坚定"四个自信"、做到"两个维护"。学习党的十九大及十九届历次全会精神，掀起学习宣传贯彻党的十九届六中全会精神热潮，坚定捍卫"两个确立"，坚决做到"两个维护"。以庆祝中国共产党成立100周年为契机，开展党史学习教育。

【意识形态工作】2021年，哈尔滨海关党委坚决履行意识形态主体责任，2次召开党委专题会议作出工作部署，及时向总署党委报告工作。印发《哈尔滨海关隶属海关单位党委意识形态工作责任清单》，明确各部门单位工作责任，巩固关区意识形态领域斗争阵地。党委委员对分管部门和联系单位的意识形态工作常抓不懈，结合组织生活会和一线调研工作，广泛开展谈心谈话，了解掌握干部职工思想状况。开展覆盖关区干部职工思想动态分析调查，形成分析报告，服务关党委决策参考。

【庆祝中国共产党成立 100 周年】2021 年，哈尔滨海关党委制订庆祝中国共产党成立 100 周年活动实施方案，确定多项重点活动。开展系列表彰活动，为老党员颁发“光荣在党 50 年”纪念章，评选关区“两优一先”，开展“党在我心中”党史知识竞赛，举办党史故事分享会，组织“同唱一首歌”活动。拍摄《不忘初心》音乐短片，展示海关干部职工爱党爱国爱关的良好形象。选取 20 个基层党建品牌设计制作专题展览，集中展示关区基层党建成果。举办庆祝建党百年书画摄影展，征集展出作品 187 幅。在办公区内外张贴庆祝横幅、宣传标语，组织升国旗仪式，组织集中收看庆祝中国共产党成立 100 周年大会实况。

【党史学习教育】2021 年，哈尔滨海关党委成立党史学习教育领导小组，印发党史学习教育实施方案。党委书记带头讲授专题党课，党委委员带队开展实地调研指导 50 余次。开辟网络“云课堂”、关网专栏，每个工作日推送一期学习内容，累计推送 160 期，将党史学习教育覆盖至关区全体干部职工。举办党史学习教育专题展览，系统展示关区党史学习教育工作成果。推动“我为群众办实事”实践活动走深走实，关党委制定包含 26 个办实事项目的责任清单，与关区“我为群众办实事”方案一同印发，解决进出口企业和人民群众期盼的问题。各部门单位总结上报 320 个办实事项目，其中 2 个办实事典型案例被总署政工办列入全国海关办实事“百佳项目”，多个事例被“学习强国”、黑龙江卫视、《黑龙江日报》等媒体报道。

【理论学习研讨】2021 年，哈尔滨海关党委领学促学。党委书记带头开展学习交流，党委委员赴一线指导隶属海关党委理论学习中心组学习活动，在联系点和党支部讲授专题党课、分享学习心得。全年，组织开展党委理论学习中心组学习 10 次，邀请专家授课 3 次，组织交流研讨 9 次。举办党史学习教育专题读书班，组织外出参观和现场交流，通过视频会议系统连线不同层级、不同年龄段的关员代表交流学习心得。丰富学习形式，加强同省委宣讲团、省委党校及爱国主义教育基地联系，开辟、畅通常态化理论学习交流渠道，邀请各领域专家进行系统辅导和细致解读，提高关区党员干部政治理论水平。

【典型宣传教育】2021 年，哈尔滨海关培树全国海关党建示范品牌增至 4 个，2 个培育品牌通过复核。巩固基层党建品牌创建成果，继续培树漠河海关精神，成立工作专班，创新设置“1+M+N”（即紧紧围绕党性教育这“1”核心，突出漠河海关精神教育主题模块，根据培训对象类别匹配不同培训内容）培训体系，精心编排160余项特色课程，指导漠河海关争创全国海关基层党建实训点，打造最北边关精神高地，相关工作得到总署政工办充分肯定。组织召开关区精神文明工作会议，选定8个创建先进单位交流发言，指导推动关区6个单位晋升新一届省级文明单位标兵，分阶段、有步骤系统宣传关区创建全国文明单位、全国青年文明号先进事迹。

基层组织建设

【学习教育】2021年，哈尔滨海关党委以开展党史学习教育为契机，激发学习热情，强化政治功能，丰富载体形式，提升质量效果，营造浓厚氛围。组织“学史·铸魂”党史故事分享会、“党在我心中”党史知识竞赛、专题征文等特色活动，总结推广个人自学读原文、领学导学悟精髓、集中研讨谈体会、凝聚共识抓贯彻等有效学习方式，通过党委理论学习中心组（扩大）学习、开辟“云课堂”、设立关网专栏、举办专题讲座等多种方式，推动关区干部职工用党的创新理论武装头脑、指导实践。发挥“智慧党建”平台作用，全年录入“三会一课”、主题党日学习活动信息3,000余条，全面展示各基层党组织在学习方面的创新务实举措，持续营造“比学赶帮超”的浓厚氛围，提高学习型党组织建设成效。

【规范化建设】2021年，哈尔滨海关巩固拓展合格支部成果，开展基层党组织规范化标准化建设，提升组织能力。根据党内法规和总署有关文件规定，对原有党建工作规章制度进行全面修订和完善，规范理论学习、民主评议、党费收缴、党员发展、党务工作者职责等工作流程，实现各项工作规范化推进。开展基层党建书面调研，自查梳理4方面共性问题，制定12条整改措施。改进党建工作考核监督机制，根据单位性质、工作职能定位，结合“组织设置规范、阵地建设规范、组织生活规范、工作运行规范、制度建设规范”要求，加强对基层党组织分类指导，开展针对性的考核监督工作，帮助解决共性、基本问题，提升组织建设规范化标准化水平。

▲2021年4月，哈尔滨太平机场海关开展党支部党建成果展

【“四强”党支部建设和党建品牌创建】2021年，哈尔滨海关直属机关党委监督指导各基层党组织认真落实总署关于争创“四强”党支部工作要求，推进以对照

标准、逐级争创、打造样板、树立标杆为主线的常态化工作。实行动态管理，将争创“四强”党支部列入党建工作考核和巡察工作重点。截至2021年年底，在已完成达标验收考核的198个党支部中，择优评选“四强”党支部60个，“四强”红旗党支部10个。开展支部品牌创建活动，持续推进“一支部一品牌”，大力宣传“北极星”“江畔星火”“惠风之旅”等关区特色党建品牌。举办支部品牌创建成果展，制作“庆建党百年支部建设成果交流”微信推送20余期，宣传先进支部品牌内涵、创建理念及工作法。为先进基层党支部与其他支部“结对子”搭建平台，组织开展“联学共建”，实现1+1>2的共建效果。成立工作专班，指导漠河海关争创全国海关基层党建实训点，创新设置“1+M+N”培训体系，精心编排特色课程。全年，关区全国海关党建示范品牌增至4个，2个培育品牌通过总署复核，3个基层党组织获评省直机关工委“先进基层党组织”荣誉称号，漠河海关支部工作法入选全国海关基层党建创新典型案例。

【发挥基层党组织作用】2021年，哈尔滨海关党委凝聚党建工作合力，坚持党建与业务工作同谋划、同部署、同推进、同考核。推进落实黑龙江省基层党建“质量提升系统推进年”各项任务。选优配强基层一线业务科室党支部书记，充分发挥一线党员先锋模范带头作用和党支部战斗堡垒作用，在航空口岸、边境陆路口岸、水运口岸，持续与省内有关部门密切配合，实现从“国门”到“家门”全链条疫情闭环管控，坚决筑牢口岸国门检疫防线。设立党员示范岗，积极推行“预约通关、舱单归并、快检快放”等便利措施，优化海关监管服务，支持中俄跨境重点项目建设，助力龙江加快融入“一带一路”。

▲2021年6月8日，黑河海关在疫情防控期间成立货检防控组党员突击队

党风廉政建设

【管党治党】2021年，哈尔滨海关党委贯彻落实总署党委关于加强对“一把手”和领导班子监督的实施意见，制定实施办法，推动关区各级“一把手”和领导班子严格自律、严格监督。关区两级党委严格落实全面从严治党主体责任，逐项抓好清单任务。修订哈尔滨海关贯彻落实“三重一大”决策制度实施办法和党委议事清单，完善领导班子内部监督制约机制，增强关区两级党委班子的责任意识和科学民主决策水平。

【纪律作风建设】2021年，哈尔滨海

关党委落实中央八项规定及其实施细则精神，制定关区持续解决形式主义问题为基层减负6方面20条细化措施，开展自查自纠和实地检查。落实总署党委关于深入治理违反中央八项规定精神突出问题、进一步推进清廉海关建设的17条措施，紧盯形式主义、官僚主义老问题和新表现，推动作风建设向纵深发展。争当龙江作风建设排头兵，按照省委省政府组织开展的“办事不求人”活动要求，打造“办理海关事项不求人”服务品牌。持续开展业务窗口纪律作风视频集中检查和内务督察，常态化纠治酒驾醉驾问题，开展内务规范强化月活动，进一步严纪律、展形象、强作风。

【规范权力运行】2021年，哈尔滨海关党委推进“谁执法谁普法”责任制，加大普法宣传力度，增强普法实效。深化“制度+科技”应用，推进执法行为“标准化、进系统、留痕迹、可追溯”，规范应用查验异常结果处置、稽核查业务管理等系统，强化信息系统在关区邮递、旅检、进境动植物境外预检等领域拓展应用，优化跨境电商领域风险信息化防控，加强智能审图管理平台应用。加强对财务管理、招标采购、信息化建设、基建工程等重点环节的监管，整合优化闲置资产，加强对实验室项目建设、疫情防控卫生检疫物资购置等方面的监督。深化关区内控机制建设，强化大数据信息化平台应用，提高精准识别和处置风险能力，提升内控实效。

【一体推进“三不腐”】2021年，哈尔滨海关党委准确把握关区反腐败工作新的阶段性特点，有效推动“不敢腐、不能腐、不想腐”工作。开展“现场监管与外勤执法权力寻租”专项整治，并将其作为推进全面从严治党向纵深发展的重要任务，强化统筹兼顾，突出常态长效，加强综合治理，整治一线执法领域廉政风险。聚焦政治巡察定位，全年开展常规巡察2轮，巡察“回头看”1轮。开展警示教育月活动，组织学习总署集中通报的典型案例，警钟长鸣、防微杜渐，增强干部职工廉洁自律意识，筑牢拒腐防变思想防线。

团委工作

【坚持政治方向】2021年，哈尔滨海关直属机关团委对党中央决策部署第一时间学习落实，组织关区青年干部深入学习党的十九届六中全会精神，引导青年干部深刻领会“两个确立”的决定性意义。参加“不忘初心、牢记使命”等党内集中教育，开展强化政治机关意识专项教育，增强青年干部政治、思想和行动自觉。发挥团组织带动引领作用，广大青年干部认真落实上级部署的各项重要工作事项。

【强化理论武装】2021年，哈尔滨海关直属机关团委调整设置覆盖关区的48个青年理论学习小组，建立“机关党委—机关团委—理论学习小组—团支部”四级联动学习模式和“帮学带教”、评价激励学习机制，制定相关学习制度。开展“牢记嘱托·勇担重任”活动，召开学习习近平总书记在中央党校中青班开班式上的三次重要讲话精神交流会。参加全省“跟着总书记读好书”青年理论学习交流分享会和中省直机关“传承‘五四’精神·在疫情战场书写无悔青春——青年理论学习小组在行动”活动，获优秀组织奖。编报新媒体稿件，向海关总署、共青团黑龙江省委和各级网络媒体平台投稿40余篇。所属绥芬河海关、太平机场海关3名青年同志撰写的征文分别获得省直机关工委主题活动一等奖、三等奖和优秀奖，并在龙江机关党建网发布。

【组织建设】2021年，哈尔滨海关直属机关团委严肃组织生活，坚持民主集中制，定期召开团委会议，运用智慧团建平台对各团支部工作进行自评和规范。量化共青团工作行为规范考核指标，组织“五四”青年节系列活动，开展“号声嘹亮·青年文明号向祖国汇报”开放周系列活动。

【作风建设】2021年，哈尔滨海关直属机关团委组织哈尔滨海关各局处室、在哈直属事业单位全员在黑龙江省文明网参与志愿服务活动注册登记。组织爱心捐助、城乡美化、环保普及、普法沙龙等系列活动。推荐先进典型参加各类评选表彰，3个集体获得“全国青年文明号”称号。

【从严治团】2021年，哈尔滨海关直属机关团委组织团员青年学习党章党规、团章团规，学习《中国共产主义青年团纪律处分条例》。团委与各部门单位基层党支部、党委派驻纪检组建立沟通联系机制，开展青年思想动态调研，协助解决青年遇到的实际问题。组织青年参观东北烈士纪念馆、廉政教育基地等。团委选派青年干部承担部门单位内务规范监督检查员，并参与经常性内务规范检查。

工会工作

2021年，哈尔滨海关直属机关工会适应新形势新任务，加强和改进职工思想政治工作，多做组织群众、宣传群众、教育群众、引导群众的工作，多做统一思想、凝聚人心、化解矛盾、增进感情、激发动力的工作，引领广大职工听党话、跟党走，切实把关党委的要求落实到职工群众中去。

【组织建设】2021年11月19日，哈尔滨海关直属机关工会召开届中调整会议，选举机关工会主席、副主席，经费审查委员会主任、委员，女职工委员会主任、委员。工会负责同志向与会34名职工代表作2020—2021年度机关工会工作情况报告，谋划工会下一步工作。职工代表会议结束后，分别召开工会全体委员会议、经费审查委员会会议、女职工委员会会议，安排相关工作。

【开展活动】2021年，哈尔滨海关直属机关工会为庆祝中国共产党成立100周年，举办以“颂歌献给党 心系海关情”

为主题的书法绘画摄影作品展及主题征文活动，共展出书法绘画摄影作品180余幅，评出佳作奖20名、优秀奖20名、纪念奖30名，收到包括自由体新诗、散文诗、散文、随笔、小说等稿件150多篇，编辑成作品集印发关区。参加省直机关工委组织的“颂歌献给党，启航新征程”全省文艺会演，演出现代京剧《迎来春色换人间》。

【关心职工生活】2021年，哈尔滨海关直属机关工会制定职工之家使用管理制度，在职工书屋开设“党史党建读书汇”，为机关各党支部、党小组学习党史、开展党建活动提供保障。与省图书馆联系沟通，定时流转更换图书，及时维护网络图书馆，方便关警员阅读学习。关心职工生活，按时发放福利，对生病住院或者家庭发生变故的干部职工进行慰问，加强日常关心，体现组织的关怀和温暖。完成哈尔滨海关机关2021年度健康体检工作。组织参加省直机关工委举办的“救在身边”急救培训活动，18人参加学习培训，取得良好效果。

（供稿人：王贺菲　尹雄生　刘展豪　张　宇　张佐峰　张国斌　罗皓文）

巡察工作

概况

2021年，哈尔滨海关党委深入学习习近平总书记关于巡视工作重要论述精神，全面落实总署党委关于巡视巡察工作的部署要求，把巡察工作作为落实关党委全面从严治党政治责任的重要抓手，健全完善领导体制和工作机制，高质量推进巡察工作向纵深发展，为关区改革发展和各项事业建设提供坚强政治保障。

政治监督

2021年，哈尔滨海关党委学习贯彻《中共海关总署委员会关于直属海关党委开展巡察工作的指导意见》，围绕指导意见具体内容开展研讨，提高思想认识，增强学习效果，指导实际工作。修订《哈尔滨海关党委巡察工作实施细则》。在选取每轮巡察对象时，充分考虑体量和业务类型相似、距离远近、疫情防控等因素合理规划，提高巡察的针对性和实效性。巡察前，分别与办公室、人事处、政工办、监察室等部门就巡察对象的相关情况进行充分沟通了解，确保巡察工作顺利开展。

落实责任

2021年，哈尔滨海关党委把有效传导压力、压紧压实巡察整改主体责任、做好“后半篇文章”作为巡察工作的落脚点。强化巡察整改和成果运用，印发《哈尔滨海关党委对被巡察党组织巡察整改情况监督检查工作办法（试行）》。巡察整改期间，组建巡察组“原班人马”对被巡察单位的整改情况进行量化评估。巡察反馈后，将发现的共性问题进行梳理汇总，报送相关职能部门，督促履行巡察整改监督职责。注重强化日常监督，开展经常性检查，持续跟踪督办，确保问题整改件件有着落、事事有回音。

创新方法

2021年，哈尔滨海关党委不断创新巡察方式方法，加强工作研究，注重经验总结，提高政治监督效能和巡察成效，提升巡察准度、广度、力度、深度，彰显震慑效应。探索将巡察工作与党史学习教育、专项教育、审计、选人用人专项检查、专项整治工作贯通融合模式，实现巡察与其他监督协同配合、整体推进。全年共开展常规巡察2轮、巡察“回头看”1轮。其中，对7个隶属海关、11个内设部门和2个事业单位开展常规巡察，对1个隶属海关和1个事业单位开展巡察“回头看”，关区常规巡察覆盖率达到81%。

队伍建设

2021年，哈尔滨海关党委印发巡察干部选派管理考核办法（试行）。组织参加总署巡视办组织的全国海关网上专题培训，日常注重对巡察干部队伍库成员开展培训，在巡察前开展针对性培训。每轮巡察后，撰写巡察工作总结，量化工作成绩，并由巡察组组长对每位组员的实际表现进行评定，将表现优秀的通报所在单位或部门，调动巡察干部工作积极性。

（供稿人：信　希）

纪检监察

概况

2021年，哈尔滨海关党委纪检组以习近平新时代中国特色社会主义思想为指导，深入学习贯彻党的十九大和十九届历次全会精神，增强“四个意识”、坚定“四个自信”、做到“两个维护”，紧紧围绕中央纪委国家监委驻海关总署纪检监察组（以下简称“驻署纪检监察组”）部署要求，聚焦高质量发展，突出政治监督，持续正风肃纪反腐，发挥监督保障执行、促进完善发展作用，扎实推进清廉海关建设，推动哈尔滨海关全面从严治党、党风廉政建设和反腐败斗争向纵深发展。

监督检查

【政治监督】2021年，哈尔滨海关党委纪检组围绕习近平总书记重要指示批示精神和党中央重大决策部署，强化政治监督。监督关区两级党委始终将学习贯彻习近平总书记重要讲话和重要指示批示精神列为党委会、形势分析及工作督查例会的第一议题，第一时间抓好学习宣传和贯彻落实。组织开展专项监督检查6次，通过参加各类会议、实地调研督导等方式监督推动各级党委班子将疫情防控、促外贸稳增长、全面禁止“洋垃圾”入境、严厉打击象牙等濒危物种走私、打击出口疫苗走私等重点工作落实落细。

【“一把手”和领导班子监督】2021年，哈尔滨海关党委纪检组全面掌握关区党风廉政建设和反腐败斗争形势，定期向“一把手”和党委委员通报有关情况，推动党委召开上半年党风廉政建设和反腐败工作会议。梳理制定纪检监察部门贯彻落实“一把手”和领导班子监督工作任务清单，细化31项工作任务，逐项抓好工作落实。加强廉政意见审核把关，进行廉政审核33次，对833人次、10个集体出具廉政审核意见书，1人因有问题线索仍在初核中而暂缓回复廉政审核意见。积极推进电子廉政档案系统建设，建立健全350名党员领导干部廉政档案。

【疫情防控监督】2021年，哈尔滨海关党委纪检组牵头开展关区疫情防控安全防护月度自查和季度督查，对疫情防控工作开展常态化监督，召开疫情防控专题工作会议 12 次，实施全覆盖实地检查 1 次。组织关区纪检监察部门列席会议监督 135 次，采取“四不两直”方式下沉口岸一线检查 81 次，通过二级、三级监控指挥中心视频监督 352 次，电话督促提醒 159 次，制发监督建议书 16 份，发现并推动整改问题 142 项。开展综合分析研判，形成专题报告，提出整改意见建议，推动易发多发问题整改。

▲2021 年 10 月 19 日，哈尔滨海关监察室深入口岸一线开展疫情防控监督检查

【“现场监管与外勤执法权力寻租”专项整治】2021 年，哈尔滨海关党委纪检组按照驻署纪检监察组部署要求，扎实推动动员部署、全面自查、问题整改等各阶段工作任务，召开专项整治工作会议 27 次、专题推进会 4 次、专题汇报会 1 次，及时研究情况、通报问题。畅通信访举报渠道、问题线索起底、违规事项个人申报、逐一谈话、心得体会撰写、纪法和警示教育、廉政风险排查等各环节工作，从严从快处置问题线索，配合实地检查，推动问题整改。深化监督制约长效机制建设，将边查边改边治贯穿专项整治始终，推动关区各单位、各相关业务职能部门对专项整治发现的问题和排查出的廉政风险进行深入剖析，认真查找问题和风险背后的深层次原因，推动完善业务管理类制度 4 项，建立健全纪检监察管理类制度 1 项。

▲2021 年 4 月 23 日，哈尔滨海关召开“现场监管与外勤执法权力寻租”专项整治企业座谈会

执纪办案

【查处违纪案件】2021 年，哈尔滨海关党委纪检组树立“注重办案”工作理念，深挖细查紧盯“现场监管与外勤执法权力寻租”问题线索，加大各类问题线索的处置力度。全年，共收到纪检监察类信访件 16 件；通过日常监督和执纪审查发现问题线索 4 件；处置问题线索 35 件，同比增长 94%；初核 26 件，同比增长 160%；立案 6 起，同比增长 100%，创历史新高。坚持以案为鉴、以案促治，及时开展案件分析和警示通报，深化“查处一案、警示一片、治理一域”的综合效能。

【坚持精准问责】2021 年，哈尔滨海

关党委纪检组认真贯彻落实《中国共产党问责条例》，推动形成党委重视问责、纪检组推动问责、案发单位主动问责、相关职能部门配合问责的工作格局。在违纪案件查办过程中，同步启动问责，做到“四个听取”（听取党委意见，听取责任部门自查意见，听取职能部门专业认定意见，听取责任人申诉意见）。全年，共开展问责5起，追究4个领导班子、14名处科级领导干部责任，对5名干部进行提醒和诫勉谈话。7月底，在全国海关系统纪检机构“精准规范问责、强化政治责任”视频会议上，就开展问责工作进行交流发言。

【整治党风政风】2021年，哈尔滨海关党委纪检组聚焦“春节”“五一”“国庆”等关键节点，制发深化落实中央八项规定精神、纠治“四风”工作相关方案，紧盯“四风”问题易发关键领域、重点岗位、薄弱环节，密切关注公车私用、公款吃喝、违规发放津补贴、酒驾醉驾等重点问题开展常态化监督检查。严肃查处处级领导干部违反中央八项规定精神典型问题2起，并在关区范围内进行通报，形成从严查处违反中央八项规定精神、纠治“四风”问题的高压态势。

【警示教育】2021年，哈尔滨海关党委纪检组综合运用点名道姓通报曝光、印发案例汇编资料等多种方式，加大典型案例通报曝光力度。制发关于关区近期3起违纪案件情况的通报，坚持“一案一警示、一案一整改、一案一剖析”，推动关区各单位、各部门对照每一起违纪违法案例分析根源、举一反三。将《海关总署政治部 驻署纪检监察组关于15起违纪违法和问责典型案例的通报》《驻署纪检监察组关于3起落实“自查从宽、被查从严”政策典型案例的通报》及时转发关区，组织学习和交流研讨，深入分析违纪违法特点和问题产生根源，以案释纪明纪开展警示教育。

（供稿人：于长明　张　丹　隋　冰　魏东彪）

干部队伍建设

概况

2021年，哈尔滨海关党委深入践行新时代党的组织路线，认真学习贯彻习近平总书记对干部人事工作和人才工作的重要指示批示精神，统筹推进领导班子和干部队伍建设，持续深化干部素质培养、知事识人、选拔任用、从严管理、正向激励“五大体系”建设，坚持“信念坚定、为民服务、勤政务实、敢于担当、清正廉洁”的好干部标准，树立重基层、重实绩导向，努力提高选人用人制度化、规范化、科学化水平，建设忠诚干净担当的高素质海关干部队伍。用好职级职数，激励干部干事创业。加强选人用人工作监督检查，从严干部队伍管理。关心关爱疫情防控一线干部职工，不断优化调整一线、预备、应急三级梯队。优化职能配置，支持国家重点工程建设，调整设立关区相关机构、编制。

机构编制管理

2021年，哈尔滨海关党委严格落实《中国共产党机构编制工作条例》，坚持党对机构编制工作的集中统一领导，强化机构编制法治理念和刚性约束。制定绥化海关“三定”方案，调整佳木斯海关、饶河海关业务管辖范围，设立黑河海关驻黑河公路口岸办事处，撤销嘉荫海关驻伊春机场办事处，调整黑河海关、嘉荫海关、饶河海关内设机构和人员编制，推进哈尔滨海关所属事业单位岗位设置，持续优化机构编制资源配置。

干部选拔任用

2021年，哈尔滨海关党委坚持新时期好干部标准，突出干事创业鲜明导向，全面加强干部培育、选拔、管理、使用、激励，干部队伍建设取得新进展。

【把牢选人用人第一关口】2021年，哈尔滨海关党委严格落实“第一议题”制度，认真学习贯彻习近平总书记在全国组织工作会议、中央党校中青班开班式、中央人才工作会议上关于选人用人工作的重要论述，学习领会《中国共产党组织工作条例》《党政领导干部选拔任用工作条例》

等党内制度法规。坚持党管干部和民主集中制原则，强化党委领导和把关作用，规范议事规则，细化议事清单，严格议事程序，确保党要管党、从严治党的政治责任落到实处。坚持“凡提四必”（即讨论决定前，对拟提拔或进一步使用人选的干部档案必审、个人有关事项报告必核、纪检监察机关意见必听、线索具体的信访举报必查）“三个不上会”（即讨论决定时，没有按规定进行酝酿动议、民主推荐、组织考察的不上会，没有按规定核实清楚有关问题的不上会，没有按规定向上级报告或报告后未经批复同意的干部任免事项不上会）“一票否决”（党风廉政“一票否决制”）和“一把手”末位表态，严格落实干部选任规定，做到坚持原则不动摇、执行标准不走样、履行程序不变通、严守纪律不放松。积极发挥干部监督与纪检监察、巡察、督查的监督合力，提高监督效果，从严查处违规用人问题和选人用人中的不正之风，严肃追究失职失察责任，形成风清气正的良好用人生态。

【提升领导班子整体效能】为支持中俄黑河公路大桥、同江铁路大桥等跨境重点工程建设需要，2021年，哈尔滨海关党委选配懂业务善管理的干部充实重点口岸海关领导班子，加大干部交流力度，优化调整各级领导班子，及时补充“新鲜血液”，形成年龄层次、知识结构、管理能力合理匹配的班子梯队。深入开展分析研判，加大培养选拔优秀年轻干部力度，年内提拔2名40岁的正处级领导干部，提拔1名35岁基层执法一线优秀女科长担任哈尔滨海关机关副处级领导干部。

▲2021年8月31日，哈尔滨海关举行新任职领导干部宪法宣誓仪式

【树立鲜明选人用人导向】2021年，哈尔滨海关党委坚持拿成绩单说话，向年度考核优秀的班子和个人倾斜。年内，向总署党委推荐提拔总署直属事业单位班子副职1人，提拔处级领导干部31人，其中来自优秀班子或者三年内获得个人优秀的28人，占比为90.32%。坚持选人用人向一线、基层倾斜，提拔5名执法一线科长，选任2名执法一线科长担任隶属海关党委委员，执法一线科长平均年龄从上一年度的49.09岁降至本年度的43.99岁。

【激励干部担当作为】2021年，哈尔滨海关党委用好职级职数，激励干部干事创业，突出职级晋升“激励”“择优”作用，配合做好晋升一级巡视员（一级总监）、二级巡视员（二级总监、督办）及一至四级调研员（高级主管、高级主办）职级晋升工作，高职级职数总体使用率达到71.92%。打通职级公务员转任领导职务渠道，激励职级公务员担当作为，选拔5名优秀职级公务员担任副处级领导干部。用好各年龄段干部，不搞任职年龄一刀切，突出工作实绩，将7名任职年限较长的副处级领导干部晋升为二级调研员（高级主管、高级主办）。关爱疫情防控一线人员，严格执行总署各项部署要求，细化分解《海关总署关于建立保护关心爱护疫情防控一线人员长效机制的工作措施》，制定41条具体措施，确保把总署各项保护关心爱护措施落实到位，激发疫情防控一线人员工作热情。完善人力资源保障，形成“一线、预备、应急”3个梯队551人的支援保障体系，补充医学背景人员，组建应急保障队伍，对做出突出贡献的5个集体和17名个人予以表彰奖励，及时发放疫情防控临时性工作补助。加大艰苦地区边关支持保障力度，隶属海关按照25%比例评优，执法一线科长考核优秀比例达到43.17%。积极向总署推荐表现优秀、实绩突出的干部到发达地区海关任职，1名执法一线科长调转到其他直属海关。积极解决夫妻两地分居，遴选13名优秀基层干部充实哈尔滨海关机关。

【干部管理监督】2021年，哈尔滨海关党委综合运用专项检查、关区巡察等方式，对隶属海关党委选人用人工作进行监督检查，组织开展隶属海关选人用人工作自查，推进问题整改。严格个人有关事项报告管理，加大培训力度，开展“两项法规”宣传教育。强化制约，将个人有关事项如实报告率纳入关区客观指标考核体系。严肃问题处理，盯紧关键少数，核查领导干部个人有关事项，2021年度如实报告率为98.57%，较上一年度提升1.35个百分点。认真落实提醒函询诫勉制度，对苗头性、倾向性问题及时提醒。开展“裸官”专项整治，清理领导干部在企业、社团违规兼职，加强因私出国（境）管理，实行全员备案制度，收缴未及时上交的因私出入境证件。

（供稿人：平　波　孙胜男　张昀迪
邵丽楠　鲍　艳）

干部教育培训

概况

2021年，哈尔滨海关始终把学习贯彻习近平新时代中国特色社会主义思想作为干部教育培训工作的重中之重，深入开展党的十九大和十九届历次全会精神教育培训，认真贯彻落实《干部教育培训工作条例》《公务员培训规定》《2018—2022年全国干部教育培训规划》等要求，以人才培养为目标，围绕保障、支持、服务海关中心工作一体推进重点培训项目。结合疫情防控形势精准施教，注重抓好制度建设，盘活学习培训资源，提升干部教育培训规范化、科学化、系统化水平。

干部教育培训

2021年，哈尔滨海关贯彻落实总署《“十四五”海关干部教育培训规划》，构建横向到边、纵向到底的干部教育培训网络。严格落实疫情防控及“过紧日子”工作要求，分级分类制订培训计划。采取线上线下相结合的培训方式，科学组织实施初任培训、任职培训、晋衔培训等工作，重点开展206名处级领导干部学习贯彻党的十九届五中全会精神暨党史学习教育专题培训班，组织全员参加学习贯彻党的十九届五中全会精神、党史学习教育、习近平法治思想3个网上培训班，举办学习贯彻党的十九届六中全会精神网上培训班。组织中俄边境水运口岸明水期一线防控人员培训班等疫情防控专业技术培训，制定8项措施助力各业务条线岗位练兵活动，为5个哈尔滨海关首批“业务实训点”揭牌。全年，参加各类培训18,300人次，自主举办培训51期，其中集中调训27期，参训3,918人次。组织岗位资质考试4批

▲2021年4月13日，哈尔滨海关举办学习贯彻党的十九届五中全会精神暨党史学习教育专题培训班开班式

次，各类专项测试3批次。关区参训1,634人，培训覆盖率100%，实现全员达标。

培训发展规划

2021年，哈尔滨海关加强师资队伍建设，建立开放式交流平台，提升教师教学水平，年内聘任关区兼职教师6人，外聘专家教授13人。选派4名兼职教师为总署重点培训项目授课，组织推荐一线关员主讲的《把初心写在国门“疫”线》《国门风采》课程在总署平台展播，编印《党建工作专题培训学习资料》。开展海关年轻干部教育培训需求及解决对策研究，完成总署优秀教学成果推荐申报。提升教育培训信息化水平，研发推广干部教育培训网上审批流程，建立培训电子档案。

（供稿人：刘正国　李　想）

第四篇

业务建设

法治建设

概况

2021年，哈尔滨海关深入学习宣传贯彻习近平法治思想，贯彻落实中央全面依法治国工作会议精神，准确把握新发展阶段，深入贯彻新发展理念，扎实推进关区法治建设，高质量提供制度供给，高效率保障海关改革，高水平规范海关执法，高起点培塑海关法治理念，高标准打造法治队伍。在协助海关总署和地方立法、加强海关法治宣传、规范关区行政执法、加强关区法治队伍建设等方面取得了较好成绩。年内，对19部规章提出立法评估意见；1家所属单位获得“黑龙江省‘七五’普法先进单位”称号；1名关员获得“全国海关优秀公职律师”称号；新增公职律师3人；继续保持行政案件零复议和零诉讼，为海关建设提供坚实的法治保障。

法规管理

2021年，哈尔滨海关配合海关总署和黑龙江省立法工作。积极参与《中华人民共和国海上交通安全法》《进境木材检疫监督管理办法》《海关企业信用管理办法》《海关报关单位备案管理规定》《黑龙江省促进旅游业发展条例》《黑龙江省促进中小企业发展条例》等10余部法律法规规章的修订工作，统筹协调关区各单位、各部门，密切结合海关工作和执法实际，提出相关修改意见16条。运用法治思维和法治方式推动海关业务改革，适时将成熟的改革经验和举措固化为制度规范，为自贸区“边民互市贸易进口商品落地加工多部门全链条监管创新举措”“出境低风险竹木草制品检疫监管新模式”提供法制审核意见。积极参与立法后评估工作，结合关区执法实际，提出评估意见40余条。

行政执法

【行政许可制度改革】2021年，哈尔滨海关落实国务院“证照分离”改革全覆盖工作要求，分类推进行政审批改革，其中审批改为备案的行政许可2项，实行告知承诺的行政许可1项，优化审批服务的行政许可10项，通过精简许可条件和审批材料，优化审批流程，压缩审批时间，进一步优化口岸营商环境。

【行政执法案例指导】2021 年，哈尔滨海关按照总署要求，积极报送海关行政执法案例并入选“典型案例”。深入推进关区案例指导工作，在关区内网主页“以案说法”中公布指导案例 10 个，为关警员提供执法参考。

【畅通执法解决渠道】2021 年，哈尔滨海关与总署复议应诉第六协作区各单位举办“破解法治疑难问题”研讨活动，将有关研讨成果在关区发布，进一步规范一线执法行为。

法治监督

【发挥行政复议作用】2021 年，哈尔滨海关坚持复议为民，增强行政复议的专业性、透明度。办理的“李某某不服东宁海关政府信息公开申请复议案”，保障了行政相对人合法权益，入选总署典型案例。

【化解行政争议】2021 年，哈尔滨海关法制部门积极参与办理信访案件，就总署转来的四平某公司信访案件等提出专业意见，化解争议，实现案结事了。在 3 起行政相对人不服海关一线行政执法案件中，积极做好行政相对人的普法宣传和解释工作，争取其理解和支持，将行政争议化解在初始阶段。

【与司法机关互动】2021 年，哈尔滨海关走访哈尔滨市中级人民法院行政庭，主动介绍海关立法、执法、业务改革等情况，认真听取人民法院关于行政执法的意见建议。

法治宣传

2021 年，哈尔滨海关学习宣传贯彻习近平法治思想，召开党委理论学习中心组集体（扩大）学习会议，邀请黑龙江省委党校教授作《深入领会习近平法治思想》专题辅导。关区各单位采取多种形式，以“书记领学”等方式吃透基本精神、把握核心要义。组织全体关警员参加总署举办的学习宣传贯彻习近平法治思想网上专题培训班，参训人员全部通过考试。组织学习《中华人民共和国保守国家秘密法》《中国共产党统一战线工作条例》等法律和党内法规。落实“谁执法谁普法”责任制，印发关区《2021 年法治宣传教育工作计划》《普法责任清单》，统筹规划关区普法工作，压紧压实责任，将执法过程与普法过程有机融合。创新宣传手段，以 LED 屏滚动、播放 PPT、制作专题展板、悬挂标语、张贴海报、发放宣传资料等多种方式开展线下法治宣传活动，利用微信、微博、关企联络群等新媒体优势，提高法治宣传的感染力和吸引力，营造良好的法治氛围。利用法治宣传节点集中发力，在“12・4”国家宪法日暨宪法宣传周、“8・8”海关法治宣传日等宣传活动中广泛动员，形成宣传声势，采取有奖竞答等方式提升公众参与度。宣传贯彻《中华人民共和国民法典》等法律法规，组织参加总署民法典线上主题宣讲活动，开展关区“美好生活 民法典相伴”主题宣传活动。

▲2021 年 8 月 10 日，哈尔滨海关党委理论学习中心组（扩大）学习习近平法治思想

法治培训

2021 年，哈尔滨海关加强“以案释法”，在关区内网主页更新“以案说法”典型案例 10 期，提高法治教育的有效性。加强“普法讲师团”建设，建立精品课程库，实现点单式培训，开展专题讲座 4 期，就《中华人民共和国行政处罚法》《中华人民共和国政府信息公开条例》等法律法规进行授课。落实“国家工作人员旁听庭审”制度，组织开展旁听庭审活动，选取部分行政、民事、刑事等类型的典型案例 5 起，供关区各单位、各部门线上旁听。强化公职律师管理，发挥公职律师专业优势，选派 1 名优秀公职律师赴总署参加轮值工作。扩大公职律师队伍，新增公职律师 3 名，发挥第三方法律顾问作用，实现关区法律顾问的全覆盖。在基本建设、劳务用工、合同审核等工作中发挥社会律师专业作用，规避法律风险。

▲2021 年 8 月 6 日，哈尔滨海关开展普法讲师团集中授课

（供稿人：罗志为）

风险管理

概况

2021年，哈尔滨海关落实总体国家安全观，以推动业务风险协同治理、建设全领域、全过程业务风险防控体系为目标，以发挥业务运行平台作用为着力点，以拓宽风险信息渠道、创新风险防控手段、提升风险管控能力为突破口，加强风险信息资源管理和风险信息监测预警，强化风险分析处置，深化大数据海关应用，提高口岸安全风险联合防控能力，推进关区业务风险防控一体化建设。

风险信息资源

【收集信息资源】2021年，哈尔滨海关收集整理新冠肺炎疫情、濒危动植物、固体废物、毒品等安全准入领域风险信息。结合关区入境人员来源国分布和有关特征，重点搜集俄罗斯、日本、韩国等疫情最新动态信息及最新疫情管控措施调整情况，全年共采集报送专题外部疫情信息1,510条；紧盯固体废物、濒危及野生动植物等重点领域和敏感商品风险动态，采集报送相关风险信息240条，其中，被《全国海关风险信息周报》采用4条；被转化为提示告知类风险预警1个，编报《东北地区海关风险信息协作简报》12期。

【拓宽信息渠道】2021年，哈尔滨海关建立风险信息点对点联系机制，多渠道拓宽信息来源。组织风险防控业务骨干与监管现场开展双向跟班学习交流，掌握现场一手资料；畅通与各业务职能部门协同联系，召开风险联合研判会议，多角度收集信息；发挥口岸安全风险联合防控机制作用，强化与边防、公安等部门的联系配合，完善重点旅客数据交换机制，与航空公司开展座谈，完善入境旅客中转信息共享机制。

风险信息监测预警

【风险信息预警发布】2021年，哈尔滨海关及时转发总署预警信息，并做好跟踪反馈。结合关区实际，定期开展风险态势分析，对倾向性、苗头性、潜在性的风险及时发布预警。全年，发布、接收、转发贸易渠道风险预警67个，其中涉固体废物风险16个，涉濒危物种风险3个；发布、接收、转发非贸渠道风险预警39个，其中涉濒危物种风险2个，涉枪爆风险1个，涉毒品风险1个。

【预警成果转化】2021年，哈尔滨海关发挥风险信息预警辅助领导决策、服务现场监管、支撑精准布控的实战作用。贸易渠道针对温州某企业进出口报关数据异常风险，向总署风险防控局（上海）报告风险预警事项1个，首次被转化为全国海关一级布控规则2条，非贸渠道风险预警转化为布控指令13条。

风险分析处置

【疫情风险分析处置】2021年，哈尔滨海关针对俄籍司机在省内多口岸入境且无旅客舱单的情况，为防范已检出新冠病毒核酸阳性的俄籍司机复入境风险，组织开展精准布控，有效命中相关阳性运服人员，实现在入境现场拦截，作为自贸创新举措获总署备案。

【贸易渠道分析处置】2021年，哈尔滨海关落实“蓝天行动”工作部署，梳理排查出进口江砂、沸石原石、铁精矿等一批重点“影子商品”名单，制作加载人工分析布控规则23条，布控报关单25票，布控查获固体废物案件1起，货重8.2吨，申报货值7万元，移交缉私部门立案处理。以“清风行动”为契机，深挖象牙、虎骨、红松等濒危物种及其制品走私风险，重点加强运输工具夹藏、旅客和跨境司乘人员携带藏匿、货物物品夹藏伪瞒报风险分析布控，布控查获伪报情事4票，重量84.6吨，货值4.99万美元。

【邮递物品分析处置】2021年，哈尔滨海关开展“清邮”行动，结合地域季节特点，对进出境邮递物品进行分析、筛选，实现科学风险分析、精准布控查发。行动期间共查获违规邮件29批次，包括毒品、濒危物种及野生动物、政治类有害宣传品等，共行政立案8起。对来自相关地区的进境邮件开展重点分析，查发冰毒9.61克，已转缉私部门刑事立案。

【运输工具分析处置】2021年，哈尔滨海关针对边境公路口岸运输工具夹藏走私风险开展专项风险防控，强化数据筛查及人工分析，形成频繁进出境车辆、非同一口岸进出车辆数据库，依托云擎等系统形成长期未进境车辆数据库，全年通过布控查发重车伪报空车情事3起。

▲2021年11月24日，哈尔滨海关风险防控分局对运输工具开展风险分析处置

【后续风险分析处置】2021年，哈尔滨海关进一步强化风险防控部门与稽查、缉私部门的联系配合，加强对重点商品风

险研判分析，充分发挥风险部门在后续监管工作中的积极作用。

大数据海关应用

【云擎应用】2021年，哈尔滨海关将大数据发展规划纳入《哈尔滨海关贯彻落实海关风险管理高质量发展实施方案》，制定关区大数据应用中长期发展目标。细化关区大数据通用分析平台使用、安全管理、绩效评估等工作。组织参加总署线上培训，根据关区业务及用户特点开展线下专题培训。全年授权用户36人，覆盖海关业务全领域。大数据系统应用效率显著提高，全年登录超3,000次，累计操作6万余次，发布全国级模型12个、关区级模型40余个。

【安全体系建设】2021年，哈尔滨海关根据用户数据应用场景区分授权角色与使用范围，严格审核拟授权用户申请信息。加强数据使用情况监控，不定期开展后台监督，实现事前防御、事中发现、事后追溯的数据资源安全管理。科学评估系统应用成效，对关区授权用户进行全周期管理。

口岸安全风险联合防控

【深化联合防控机制】2021年，哈尔滨海关与黑龙江省安全厅、税务局、邮政管理局等部门密切配合，推动建立多部门协同共治新格局；与黑龙江省税务局、邮政管理局、市场监督管理局、药品监督管理局、知识产权局、农业农村厅等单位分别签署合作备忘录，形成工作合力。关领导带队分别走访黑龙江省药品监督管理局、哈尔滨市卫健委等部门，就做好自贸试验区中药材试进口创新举措落地实施开展深度分析研判，推进落实落细疫情防控工作要求。

▲2021年9月15日，哈尔滨海关与黑龙江省税务局开展联合研判

【发挥联合防控机制作用】2021年，哈尔滨海关向黑龙江省林业和草原局、公安厅等22个成员单位征集口岸安全联合防控风险，与黑龙江省税务局就“对港手机出口”开展联合研判，并通过总署加载一级风险布控指令。新冠肺炎疫情期间积极参与黑龙江省疫情防控指挥部工作，选派专人常驻指挥部，报送工作简报18篇、疫情防控工作动态70余条。与黑龙江省禁毒总队密切配合，开展风险分析研判4次，移送风险情报信息2条，抓获犯罪嫌疑人1名，缴获冰毒1克，共享境外高风险旅客名单85人、入境旅客信息6万余条。

（供稿人：丁　丁　吴瑞雪　徐一坤　黎明昱）

关税征管与特殊监管区域管理

概况

2021 年，哈尔滨海关全面发挥关税职能作用，深化综合治税和税收征管改革，着力推进税收工作提质增效。认真落实中央关于做好 RCEP 生效实施有关工作部署，全面做好原产地规则和关税减让落地生效准备。服务国家开放大局，落实支持科技创新、重大技术装备、集成电路和新型显示器件等国家进口税收优惠、跨境电商零售进口减税政策，以及天然气政策性退税，激发市场活力，助力高质量发展。统筹推进自贸试验区和特殊监管区域发展，积极探索自贸试验区创新举措，全力促进外贸稳增长。全年，哈尔滨海关征收关税和进口环节税净入库 139.99 亿元，比去年同期增加 26.97 亿元，增长 23.86%。其中，征收关税累计 4.93 亿元，增长 22.94%；征收进口环节税 135.06 亿元，增长 23.9%。

关税征管

【税政调研】2021 年，哈尔滨海关深入哈飞、凯斯纽荷兰、沃尔沃、中石油等黑龙江省重点进出口企业开展实地调研，了解企业发展需求和政策诉求，向国家有关部门反馈政策执行效果，提交的 72 条税收政策调整建议被总署采纳，报送的 4 条优势产业条目建议被国家发展改革委和商务部采纳，2 条税则调整建议和提交的《新增集成电路用真空泵进口暂定税率的建议》被国务院关税税则委员会采纳。参与总署组织开展的专题研究，担任“粮食、能源等战略资源保护相关税收政策研究课题”组长单位。

【税收征管】2021 年，哈尔滨海关全面落实国家重大决策部署，全力保障“十四五”税收优惠政策落地见效，加强税收进度监控分析，有效发挥归类、价格、原产地等专业技术的支持服务作用。向总署税管局提交税收风险参数 133 条，执行并反馈处置事中验估报关单 7,124 份；处置并反馈事后验估指令 89 笔；发现企业申报异常数据 1,300 余条；邮件征税率为 29.6%，增长 67.2%；快件征税率为 13.5%，增长 33.7 %；为 19 家企业办理汇总征税，为13家企业办理关税保证保险，为54家企业出具预裁定决定书65份，累计担保税款13.45亿元。将30家重点纳税企业纳入属地纳税人管理，量身打造“规范申报体检”“建立归类数据库”“税收享惠评估”等个性化、专业化服务。

▲2021年12月30日，哈尔滨海关关员向企业人员宣讲税款担保新政策

【原产地管理】2021年，哈尔滨海关针对我国已实施的19个自贸协定，协调解决企业在原产地政策享惠时遇到的各类问题。围绕《区域全面经济伙伴关系协定》（RCEP）等自贸协定关税政策和原产地规则，开展业务培训，提升一线签证机构服务能力。全面摸底黑龙江省与RCEP成员国有进出口业务的企业数量、产品结构等情况，开展定向培训，精准助力企业享惠。在管理网设立RCEP专栏普及RCEP知识，利用新媒体宣传推送原产地知识。全年，发布宣传稿件13篇，撰写《哈尔滨海关关于我省抢抓RCEP合作机遇建议的报告》报省政府。

【创新自贸试验区制度】2021年，哈尔滨海关坚持“申报一批、落地一批、储备一批”的自贸制度创新滚动工作模式，受到黑龙江省委省政府、海关总署的肯定。在总署指导下，牵头南宁、昆明海关，聚焦边贸创新、重点产业、新业态新模式、疫情防控、口岸监管、保税监管、税收征管、“三智”海关建设等领域开展协同创新。“跨境运输高风险司乘人员精准检疫拦截”“边民互市贸易进出口商品落地加工多部门全链条监管”等2项创新举措获总署审核备案。截至年底，累计备案6项创新举措落地实施。全年，全省自由贸易试验区进出口总值269.3亿元，同比增长48.7%。

▲2021年8月27日，哈尔滨海关关领导参加中国（黑龙江）自由贸易试验区成立两周年新闻发布会

特殊监管区域管理

2021年，哈尔滨海关持续发力支持综合保税区高质量发展，推动黑龙江省再次召开综合保税区发展专题会议，进一步捋顺管理体制机制，指导哈尔滨综合保税区二期建设顺利进行；提交专题报告，从督促综合保税区建设、支持综合保税区发展、吸引外资、促进外贸发展等多方面向黑龙江省政府报送促进自贸试验区、综合保税区高质量发展的意见建议。全年，报送报告3个，获省委省政府领导批示5次。指导综合保税区内企业落实各项优惠政策，量体裁衣式做好监管服务。先后出台促进综合保税区高质量发展措施19项、支持综合保税区发展细化措施任务15项以及支持中欧班列发展等具体措施，持续提升综合保税区贸易便利化水平。支持指导跨境电商、保税加工、保税物流、保税研发、保税维修等新业态在综合保税区落地，支持哈尔滨综合保税区建设跨境电商展示中心，哈尔滨综合保税区累计新引进企业60家，绥芬河综合保税区累计新引进企业10家。利用多种平台多维度宣讲综合保税区政策，引导企业尽享政策红利，绥芬河综合保税区保税加工业务增长1.8倍。

全年，全省综合保税区进出口总值55.82亿元，同比增长1.34倍，其中，哈尔滨进出口总值23.98亿元，增长229.4%，绥芬河综合保税区进出口总值31.84亿元，增长83.3%。全省保税物流中心（B型）进出口总值6.41亿元，增长7.3倍，其中，牡丹江物流中心（B型）进出口总值6.01亿元，增长5.8倍，黑河物流中心（B型）进出口总值0.4亿元，增长436倍，均创历史新高。

（供稿人：苍　璠　杨娇一　杨德鑫
佟妍妍　张鑫鑫　赵嘉麟）

卫生检疫

概况

2021年，哈尔滨海关各口岸出入境检疫人员12.1万人次，同比减少67.2%，检出传染病1种54例。其中，入境检疫43,511人次，同比减少51.52%。涉及传染病1种，为新冠肺炎；来自3个国家和地区，为俄罗斯、日本、韩国；从4个口岸入境，为哈尔滨太平国际机场、绥芬河公路口岸和东宁、密山口岸。检出传染病同比下降的原因主要是入境人员减少和陆路口岸货检通道实行“人不见面”查验模式。共检疫各类出入境交通工具33.4万架（辆、艘、节）次，未发现各类卫生学问题。

全年，哈尔滨海关开展出入境人员传染病监测体检5,814人次，同比增加112.03%，检出传染病32例，与上一年持平；开展艾滋病监测5,716人次，同比增加128.18%，检出艾滋病阳性3例，与上一年持平；开展预防接种4,726人次，同比上升40.65%。检出传染病主要是乙肝、丙肝、梅毒等。全年出入境人员体检和艾滋病监测人员上升与境外放宽防疫政策、人员出入境数量增加有关。检出传染病中，出境检出27例，占比84.36%；入境检出5例，占比15.64%；分别来自中国（26例）、俄罗斯（2例）、韩国（1例）、日本（1例）、越南（1例）；乙肝18例，占比56.25%；梅毒6例，占比18.75%；丙肝5例，占比15.63%；HIV3例，占比9.37%。接种黄热病疫苗822人次，同比上升32.79%；接种霍乱疫苗2,303人次，接种数量最多。

全年，哈尔滨海关开展口岸区域病媒生物本底监测605次，同比减少8.8%；捕获病媒生物16,818只，同比减少7.4%，其中蜚蠊9只、蚊14,761只、鼠729只、蜱1,319只；检出病原体325例，同比减少48.6%。从蜱中检出123例，主要为斑点热群立克次体、嗜吞噬细胞无形体、巴尔通体、伯氏疏螺旋体；从鼠中检出202例，主要为斑点热群立克次体、巴尔通体、钩端螺旋体、嗜吞噬细胞无形体、汉坦病毒。

全年，哈尔滨海关对口岸106家食品生产经营、饮用水供应、公共场所、储存场地经营单位实施卫生监督185次，同比增加12.1%，发现不合格4次，同比减少69.2%；开展快速检测234次，同比持平，全部合格；开展实验室采样检测170次，同比上升26.8%，发现不合格5次，同比上升150%。针对不合格情况，要求相应单位现场整改，无法现场整改的责令限期整改。

口岸公共卫生核心能力建设

2021年，哈尔滨海关持续巩固提升口岸公共卫生核心能力，印发工作方案。配合总署对哈尔滨太平国际机场、齐齐哈尔国际机场、佳木斯国际机场3个口岸进行复核考核，对哈尔滨铁路口岸进行达标考核，以上口岸均通过考核。组建口岸核心能力建设和动态管理专家组，发挥专家队伍辐射带动作用，建设关区专业人才队伍。成立口岸应对重大疫情卫生检疫基础设施项目总验收工作专班，关区11个口岸完成应对重大疫情卫生检疫基础设施建设项目施工，维修改造规模2,128.2平方米，大幅提高了口岸卫生检疫设施配置水平。按照黑龙江省质量强省工作要求，对各市（地）政府（行署）口岸公共卫生核心能力建设情况进行质量工作考核，健全完善口岸核心能力动态管理长效机制，巩固提升口岸公共卫生核心能力。

▲2021年1月13日，哈尔滨太平机场海关关员对入境旅客进行卫生检疫

检疫管理

【入境人员、交通工具检疫查验】

2021年，全省仅哈尔滨太平国际机场口岸有客运、货运业务，规范开展对入境旅客健康申明卡核验、两次体温监测、医学排查、流行病学调查、采样检测、信息通报和分类移交等工作，“手递手”移交地方联防联控机制闭环管理，入境航空器司乘人员不下机，严格健康申明卡核验和体温监测。绥芬河公路、绥芬河铁路、东宁公路、密山公路4个陆路口岸处于“客停货通”状态，科学调整陆路口岸货检通道检疫模式，从7月19日开始实行“人不见面”查验模式，优化体温监测流程，外籍司机提前进行电子健康申报，确保人员全程不下车，当日入境，当日出境。水运口岸明水期运行期间，抚远、同江、萝北、嘉荫、逊克、黑河口岸开关，只保留货运通道，中籍船员明水期期间不上岸，有特殊原因需要登陆上岸的，按要求开展检疫

工作，俄籍船员原则上不登陆上岸，按要求开展健康申明卡核验和体温监测。

【检疫查验能力和水平】 2021 年，哈尔滨海关积极开展口岸重点防控传染病风险信息收集和分析研判，强化多病共防。结合新冠肺炎疫情防控需要，组织开展出入境人员和交通工具检疫、个人安全防护、入境客运航空器新冠肺炎疫情终末消毒监督等专业培训，开展标本溢洒、职业暴露、口岸拥堵等应急处置演练 3 次，提升卫生检疫专业队伍及一线人员常态化疫情防控能力和突发事件应急处置能力。强化与省卫健部门、疾控机构合作，签订合作备忘录，对口岸检出的阳性样本联合开展基因测序。

【建立常态化监督检查机制】 2021 年，哈尔滨海关对 6 个隶属海关、7 个实验室的疫情防控安全防护情况开展专项督查；通过业务监控指挥中心实时监控、现场督导检查对各开关口岸作业现场进行监督检查；协调组成 7 个督导组赴水运口岸进行开关前督导检查，全面指导做好恢复开关前疫情防控各项准备工作。

生物安全管理

2021 年，哈尔滨海关宣传贯彻《中华人民共和国生物安全法》，联合哈尔滨医科大学组织开展知识培训。严格做好特殊物品监管，印发出入境特殊物品卫生检疫管理工作规程，规范做好卫生检疫审批、查验、监督管理工作，为自贸区特殊物品企业量身定制就近报关、即报即检、分级管理、现场查验等便利化措施，共完成特殊物品检疫审批 19 批次。提升特殊物品信息化管理水平，推动“海关出入境特殊物品卫生检疫审批与分析系统”在关区上线应用。修订更新特殊物品出入境审批办事指南，在互联网对外发布。

疾病监测

2021 年，哈尔滨海关按照总署防止传染病传入传出公告，搜集、整理国内外传染病疫情及与黑龙江省接壤和直航的国家或地区的传染病情况，形成传染病疫情信息动态分析月报。成立全球疫情监测组，每日关注俄罗斯疫情形势，分析疫情发展态势，收集俄罗斯防控措施变化，实施监测预警。参与总署陆上邻国风险研判工作组，每周形成分析报告并报总署，为科学调整防控策略提供依据。加强对流感等冬春季高发传染病和不明原因肺炎的监测、分析、预警，对有其他传染病指征进行相应排查和检测，积极开展疟疾、艾滋病等传染病健康宣传教育，严防重大传染病传入，坚决防止疫情叠加。

卫生监督

2021 年，哈尔滨海关严格做好口岸环节集装箱货物新冠病毒监测检测和预防性消毒监督工作，印发实施方案，按照布控指令和终末消毒监督作业指南要求做好入境客运航空器终末消毒监督工作，压紧压实航空公司主体责任，如实、准确、完整填写终末消毒现场监督检查记录。制订年度国境口岸卫生监督工作计划，加强新冠肺炎疫情期间国境口岸食品安全及卫生监督工作，强化国境口岸运营者、交通工具运营者和口岸相关经营单位的公共卫生安全主体责任，有效防控疫情传播，保障公众健康安全。在关区13个边境口岸开展边境重点病媒生物（鼠、蚊、蜱）专项监测，并积极参与总署“一带一路”沿线重点口岸病媒生物及其携带病原体专项监测工作。

卫生检疫课题研究

2021年，哈尔滨海关牵头开展《俄罗斯卫生检疫制度体系研究》署级课题研究，搜集翻译俄文资料50余万字，撰写完成近2万字论文，在总署外事参阅件发布1篇；完成关级课题《哈尔滨海关常态化疫情防控机制构建的对策和建议》；在《中国口岸科学技术》发表《黑龙江省中俄边境口岸2019年—2020年蜱类及其携带病原体监测》《黑龙江省边境口岸2019年—2020年鼠形动物专项监测分析》2篇论文。

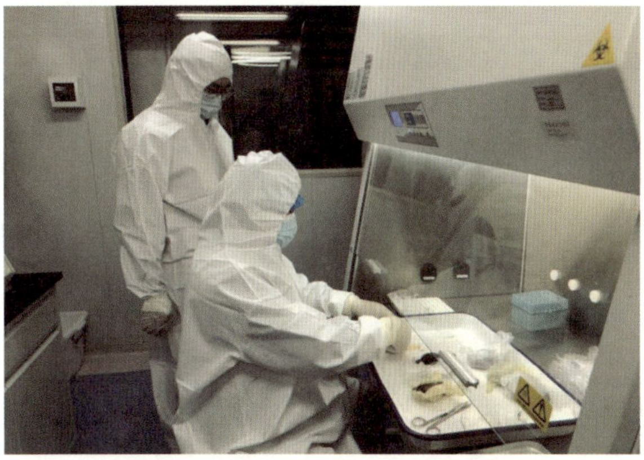

▲2021年11月18日，哈尔滨海关关员开展病媒生物鉴定工作

（供稿人：王玉梅　王思哲　佟国忠　尚天舒　侯　爽）

动植物检疫

概况

2021年，哈尔滨海关切实担负起筑牢口岸动植物检疫防线职责，有效维护国门生物安全。坚持服务国家粮食安全战略，支持动植物种质资源引进，加强检疫准入工作，保障国家粮食安全。持续推进与地方政府在国门生物安全监测、外来入侵物种口岸防控等多方面合作。积极探索更加科学高效的监管作业模式，加强对出入境检疫处理单位监督管理。推进动植检能力提升工程专项建设，全面夯实国门生物安全执法基础。

进出境动物检疫

【严防重大动物疫情】2021年，哈尔滨海关坚决贯彻落实习近平总书记关于“加强入境检疫，强化潜在风险分析和违规违法行为处罚，坚决守牢国门关口”的重要讲话精神。结合关区口岸特点，收集并分析周边国家疫情形势，研究防控对策，明晰口岸防控主体责任，密切关注境外重大动物疫情发展态势，强化动物疫情口岸防控，严防非洲猪瘟、高致病性禽流感等重大动物疫情经口岸传入。

【引进优良种质资源】2021年，哈尔滨海关积极化解疫情对稳产保供的不利影响，保障国内种业产业链、供应链安全稳定。强化监管，优化服务，采取“一对一”帮扶方式指导进境活动物指定隔离场建设，指导企业做好活动物进境准备工作，首次实现进境种鸡雏远距离安全运输，为地方农业转型升级提供支持。

【推进企业扩大出口】2021年，哈尔滨海关积极与总署相关司局、省农业农村部门、韩国驻华大使馆沟通，确定国内及韩国对东北林蛙的分类及监管方式，帮扶关区内企业向韩国出口东北林蛙。

【优化进境动物检疫】2021年，哈尔滨海关优化进境非食用动物产品目的地检疫，严格落实非食用动物产品指定加工企业兽医卫生要求。开展进境非食用动物产品指定加工企业整顿行动，厘清检疫要求，压实监管措施。

【加强生物安全管理】2021年，哈尔滨海关为关区20个隶属海关配备生物安全转运箱、防护服、口罩等动物疫病疫情防疫物资，指导各检疫监管现场遵守生物安全管理要求和操作规程，做好检疫人员个人防护。

进出境植物检疫

2021 年，哈尔滨海关有序推进市场准入磋商谈判，积极拓宽多元化进口来源，进一步优化进口检疫流程，在确保安全的前提下，高水平高质量引进符合国家发展、百姓需要的优质农产品，守护好老百姓“菜篮子、米袋子”安全。

【推进农产品准入进程】2021 年，哈尔滨海关协助总署加快进境俄罗斯大麦、小麦、苜蓿草准入进程，参与总署与俄方就输华议定书磋商的准备工作。将俄罗斯输华大麦、小麦产区扩大至全境，完成对俄方提供技术资料的风险评估。

【助力国家粮食安全】2021 年，哈尔滨海关落实粮食安全责任，积极向总署申请自贸试验区创新举措复制推广到全省，力争俄罗斯粮食进口举措再创新、再优化，弥补国内非转基因粮食缺口，为国家粮食安全作贡献。

【打好种业翻身仗】2021 年，哈尔滨海关解决进口种苗“卡脖子”难题，推动国际优良种质资源引进。服务企业扩大进出口贸易，助推地方特色农产品出口，协助总署推动输俄核果类、仁果类、柑橘类水果恢复出口。

▲2021 年 3 月 12 日，北大荒垦丰种业股份有限公司向哈尔滨海关赠送锦旗

【支持自贸区发展】2021 年，哈尔滨海关推动“优化黑龙江边境自贸片区进境俄罗斯粮食检疫流程”海关监管创新制度落地。与南宁海关、昆明海关联合开展“出境竹木草制品检疫监管模式改革”协同创新。

国门生物安全

2021 年，哈尔滨海关深入贯彻习近平总书记关于加强国家生物安全风险防控和治理体系建设的重要指示精神，全面分析掌握海关动植物检疫国门生物安全风险点和风险状况，筑牢织密动植物检疫国门生物安全屏障，坚持多病同防，加强人病兽防，严防疫情叠加。

【口岸新冠疫情防控】2021 年，哈尔滨海关指导、协调做好冷链农产品、高风险非冷链集装箱农产品口岸新冠病毒检测和预防性消毒及检出阳性的处置工作。做好应急保障，制订进口动植物及其产品检出新冠病毒核酸阳性结果应急处置预案。

落实本业务领域安全防护管理主体责任，将业务工作与安全防护工作“同研究、同部署、同督促”。

【外来物种入侵防控】2021 年，哈尔滨海关密切关注境外重大动植物疫情发展态势，强化动植物疫情口岸防控，严防马铃薯甲虫、检疫性实蝇等重大动植物疫情口岸传入。成立领导小组，发挥牵头、抓总、协调、监督作用。组织实施“国门绿盾 2021”行动，全面打击非法携带、寄递、夹带外来物种和种子苗木进境行为，有效堵截外来物种非法入境。

【疫情监测风险监控】2021 年，哈尔滨海关健全动植物疫情监测体系，做好口岸有害生物监测工作。组织实施关区进出口食用农产品和饲料安全风险监控和疫病疫情监测工作。加大违规通报力度，及时开展重大动植物疫病疫情应急处置，提高疫情截获率和检出率。

【检疫处理监督管理】2021 年，哈尔滨海关规范资质核准管理，压实出入境检疫处理单位质量安全主体责任。完善定期监督检查和动态管理机制，建立监督档案，强化问题整改跟踪，确保出入境检疫处理作业规范、效果安全有效，顺利通过总署出入境检疫处理单位专项督导检查。

【能力提升工程建设】2021 年，哈尔滨海关提升动植检基础设施装备水平，结合业务发展实际做好项目调研，在 14 个口岸升级改造有害生物和外来物种初筛鉴定室，更新口岸现场查验执法装备，项目投资 550 万元。加强采购设施设备管理，充分发挥使用效能，提高使用率。

【岗位资质培训管理】2021 年，哈尔滨海关强化动植检人员专业培训和岗位资质管理，全年组织参加岗位资质培训 657 人，新增岗位资质人员 190 人。规范动植检岗位资质人员使用，加强岗位分级管理、动态管理，明确查验和签证范围，强化现场查验作业规范性，提高签证工作质量，保证官方证书的权威性和严肃性。

【部门协作多元共治】2021 年，哈尔滨海关牵头起草《哈尔滨海关 黑龙江省农业农村厅 黑龙江省林业和草原局关于共同推进境外种质资源引进工作的通知》《哈尔滨海关 黑龙江省农业农村厅促进农业对外开放高质量发展合作备忘录》，并积极推进落实。

（供稿人：王玉珏　戎　卉　刘　晖　张金栋　赵　亮）

进出口食品检验检疫

概况

2021年，哈尔滨海关坚决贯彻落实习近平总书记关于食品安全“四个最严”重要指示批示精神和《中共中央 国务院关于深化改革加强食品安全工作的意见》等重大决策部署，组织开展进口冷链食品监管，承担动植物源性食品检疫审批，协助总署开展俄罗斯杂粮杂豆和中药材输华准入，实施安全监督风险监测，宣传贯彻落实《中华人民共和国进出口食品安全管理办法》《中华人民共和国进口食品境外生产企业注册管理规定》。进一步强化风险防控，严格食品安全监管，完善监管体系，服务扩大开放，全力提升关区进出口食品安全现代化治理能力和水平，多措并举促进外贸稳增长。

进口检验检疫

【进口冷链食品监管】2021年，哈尔滨海关扎实开展进口冷链食品风险监测和进口冷链食品口岸环节预防性消毒工作，规范采样、检测、消毒作业流程，形成闭环管理。梳理新冠肺炎疫情通过进口冷链食品输入的风险点，对进口食品的重点品种、环节流程进行研判。制定进口食品检出新冠病毒核酸阳性结果应急处置预案，开展应急处置观摩演练，组织消毒督查“回头看”，通过视频监控指挥中心进行远程视频检查，加强业务指导。举办中俄边境水运口岸明水期疫情防控专题培训班，提高现场实际操作和应对能力。在关网开设“进出口食品安全”专栏，将进出口商品预防性消毒文件进行汇编，供关区相关业务条线人员研究学习。

▲2021年4月15日，哈尔滨海关组织开展进口冷链食品新冠病毒核酸检测阳性应急处置视频演练

【完善追溯平台建设】2021年，哈尔滨海关在关区各口岸海关指定专人负责，通过“黑龙江冷链”平台督促、指导进口商进行注册和录入相关食品信息，并针对平台改版升级，第一时间告知进口商更新和补充信息。开展监督检查，组织监管人员以“四不两直”方式对黑龙江省冷链食品进口商疫情防控工作进行暗访，并将暗访结果形成报表报送黑龙江省进口冷链食品追溯平台建设专班。

【落实检疫审批制度】2021年，哈尔滨海关做好总署调整下放的进境食品检疫审批承接工作，做到随报随批，审批周期由20天缩短至5天。针对关区进境动植物源性食品检疫审批产品进行分析汇总，制定审批工作规范，组织开展业务培训，在哈尔滨海关12360平台、哈尔滨国际经济贸易洽谈会线上进出口食品安全监管栏目，发布和推送如何办理进境动植物源性食品检疫审批相关信息，对企业咨询热点问题进行详细解读，扩大宣传推广范围。

【监管体系建设】2021年，哈尔滨海关探索俄罗斯巴氏杀菌乳检验监管模式改革试点，推广应用进口乳品“检测报告证明事项告知承诺制”改革措施，积极促进俄罗斯短保质期乳品回运。严格食品安全监管，加强对跨境电商渠道的安全监管，严防相关疫情通过未经准入的肉制品、含肉产品等动物源性产品传入。

【助力自贸区建设】2021年，哈尔滨海关推动“俄罗斯低风险植物源性中药材试进口”自贸试验区海关监管创新举措落地实施，开展自贸区试验进口中药材加工企业审核，助推中药材进口量逐步增加，进口品种由防风扩展到槲寄生和白鲜皮3种。推动中俄边境地区中药材外向型加工产业规模化发展，吸引加工企业在自贸试验区内投资建厂，为黑龙江自贸试验区高质量发展注入新动力。

【推进产品准入进程】2021年，哈尔滨海关协助总署完善俄罗斯豌豆和面粉、白俄罗斯小麦粉等品种输华风险分析，确定相关入境植物检疫要求，对俄方提供的议定书文本进行研究、确认和翻译，修订中方议定书草案，完成议定书确认工作。研究俄罗斯输华中药材评估问卷，完成俄罗斯7种植物源性中药材输华议定书草案和俄罗斯鹿茸输华议定书草案的修订工作。

出口检验检疫

【安全监督风险监测】2021年，哈尔滨海关落实总署进出口食品化妆品安全监督抽检和风险监测计划，制订《2021年度黑龙江省进出口食品化妆品安全监督抽检计划实施方案》《2021年度出口动物源性食品安全风险监测计划》并组织实施。按照总署要求对输韩国泡菜和腌制白菜进行风险监测，督促有出口业务的企业开展专项抽检工作。跟踪关注俄罗斯兽医和植物卫生监督局关于输俄蔬菜检出有害生物的官方通报及采取的措施，结合关区出口蔬菜实际进行风险评估，以俄方通报的番茄、生菜、香菜等品种疫情疫病项目为重点开展针对性监督抽检，首次检出俄方关注的检疫性有害生物。采取关区预警、不合格批次不准出口、强化源头管控、推动实施产地检验检疫等措施，防止疫情传出。稳步推进口岸边民互市贸易区开展“快速检测”，联系厂家技术人员对所属同江、萝北、饶河、密山海关等4个隶属海关进行线上培训。

【技术贸易措施研究】2021年，哈尔滨海关加强进出口食品安全国际合作，与俄罗斯毗邻州区兽医和植物卫生监督局沟通联系，探索建立农产品、食品、化妆品安全监管合作机制，对欧亚经济联盟等国家（地区）食品安全管理体系、法律法规标准进行跟踪研究。协助总署完成法规文本查询系统数据库内俄罗斯及欧亚经济联盟法律法规的信息字段完善工作。完成23家俄罗斯输华水产品生产企业卫生状况的风险分析和评估，形成评估报告20篇。对俄罗斯输华水产品的中俄双边协议草稿进行评估并提出修改意见。组织编写俄罗斯输华水产品体系评估报告。派员为上海海关学院2021年秋季留学生讲授《进出口食品安全检验概况》。

【安全生产】2021年，哈尔滨海关按照安全生产各项要求，组织开展关区进口冷链食品监管自查，组织开展《中华人民共和国安全生产法》自学和培训，做好常规进口冷链食品日报表、监控中心业务监控值班等工作。

【食品安全宣传】2021年，哈尔滨海关开展食品安全宣传周系列活动，宣传展示自贸试验区创新举措，拍摄反映俄罗斯中药材试进口专题宣传片。密切与政府部门沟通机制，参与黑龙江省食品安全监督管理考核评价，参加食品安全及风险交流会议，黑龙江省食品安全委员会对哈尔滨海关工作连续三年考核评价A级等次。

（供稿人：李　俚　陈丽光　赵明超　郝　蕊）

商品检验

概况

2021年，哈尔滨海关聚焦“安全卫生健康环保”“严把进出口商品质量安全关”，强化危化品、进口煤炭、出口化肥、进出口商品质量安全检验监管，深化业务改革和风险预警以及快速反应体系建设，加快推进第三方采信，加强商品检验监管人员队伍建设，提升进出口商品检验监管工作质量，推进质量强省工作。

进口商品检验

【进口固体废物检验监管】自2021年1月1日起，我国禁止以任何方式进口固体废物。坚决贯彻固体废物进口“清零”、废矿渣一吨都不能落地的要求，督促口岸海关在各个环节严格审核、严格把关，对任何形式的进口固体废物一律不得放行，确保固体废物进口如期“清零”。加大进口铁矿砂等矿产品固体废物排查力度，加强进口再生钢铁原料的政策宣传和检验业务指导，协调开展进口疑似固体废物的属性鉴定。联合风控部门，增加旧机电产品查验指令，开展精准布控，确保装运前检验效果，有效将“洋垃圾”挡在境外。

【大宗商品检验监管】2021年，哈尔滨海关加大管输原油、天然气质量安全检验和监测力度，开展不同标准检测结果比对研究工作，通过对30组原油数据和50组天然气数据平行比对，全面掌握管输能源中国标准检测结果与贸易合同约定标准检测结果差异。优化进口煤炭检验模式，为多个口岸配置煤炭制样设备，开展进口煤炭实验室检测，严防劣质煤进口。

【消费品检验监管】2021年，哈尔滨海关加强“两高”（高耗能、高污染）产品、机动车、旧机电、医疗器械、家用电器、婴童用品等重点敏感工业品的风险监测和质量安全检验监管。开展政策研究，指导做好汽车入境维修监督管理前期准备工作。组织进口食用油塑料包装课题研究，形成研究报告。制定进口工业品检出新冠病毒核酸阳性结果应急处置预案，明确工业品检验安全防护要求和危险化学品查检作业个体防护装备配备标准，加强应急处置及安全防护。强化进口机电产品、消费品、医疗器械检验人员队伍建设，先后举办进口机电产品、消费品检验培训，组织参加总署《医疗器械监督管理条例》培训，全年共培训520余人次。

【风险预警体系建设】2021年，哈尔滨海关完善管输能源质量安全一级风险监测点和关区进口消费品、矿产品两个二级风险监测点建设，提升大宗资源性商品风险信息采集监测能力。实施管输能源智慧监管建设，通过数据专线将企业生产管理数据库接入海关管理网络，开发建设管输能源智慧监管平台，推动管输能源质量安全监管向集约化、自动化、智能化发展，逐步实现以系统质量安全风险评估结果替代常规布控查验监管模式。建立哈尔滨海关、昆明海关、乌鲁木齐海关管输能源监管协作组，共同开展管输能源质量安全评估。参与总署进出口资源能源应用系统测试并提出合理化建议。联合大连海关、长春海关等东北六个直属海关开展进口原油、煤炭质量安全联合监测工作。与黑龙江省消费者权益保护中心开展合作，通过消费者投诉渠道广泛收集进口商品质量安全风险信息。

出口商品检验

【危化品检验监管】2021年，哈尔滨海关积极落实危化品检验监管工作责任，制定进出口危险化学品和危险货物及其包装全链条检验监管方案（试行），成立领导小组，制定检验监管职责清单，厘清责任边界，有效规范和指导一线危化品及包装检验监管工作。印发关于进一步压紧压实进出口危险化学品和危险货物检验监管责任的通知，对近两年出口危险品及包装检验情况进行“全覆盖、零死角”监督检查，排除质量安全风险隐患。组织关区危化品检验人员参加总署危险货物及包装、烟火爆竹检验监管资质培训工作，关区具备危险货物及包装检验资质人员144人、烟花爆竹资质人员11人、打火机资质人员11人。组织危化品监管岗位练兵和技能比武，提升关区进出口危险品及其包装检验监管工作质量。

【化肥检验监管】2021年，哈尔滨海关根据国务院统一部署，自10月15日起将主要化肥品种纳入法检目录，实施出口法定检验。

【消费品检验监管】2021年，哈尔滨海关开展木制品生产和出口情况调研，对《海关进出口商品检验采集管理办法（征求意见稿）》等多个制度文件提出修改建议。组织学习进出口商品质量安全政策法规、典型案例，收集出口技术壁垒相关信息，借鉴经验做法，提高检验监管能力。

（供稿人：白连军）

口岸监管与安全生产

概况

2021年，哈尔滨海关深入学习贯彻习近平总书记关于安全生产重要论述和重要指示批示精神，牢牢守住安全发展底线，坚决防止各类安全事故发生，切实担负起“促一方发展，保一方平安”的政治责任。夯基础强监管、提素质优服务、重协调增效率、抓学习培能力，持续强化监管优化服务，有效提升口岸监管综合质效。

运输工具监管

2021年，哈尔滨海关保障进出境物流运输畅通。全年，备案进出境运输工具5,186艘/架/辆，其中备案船舶459艘、航空器255架、国际道路运输公路车辆4,472辆。关区监管进出境运输工具34.3万节（辆/艘/架）次，其中火车28万节次，汽车6.2万辆次，船舶736艘次，飞机751架次。加强正面监管，规范运输工具、舱单监管工作，根据布控指令开展登临检查，通过综合业务管理平台、云擎、指挥中心等多种方式开展物流监控。支持转关业务发展，下放境内承运海关监管货物运输企业和车辆备案权限，清退转关车辆保证金29万元，全年关区办理属地转关业务4,859票，同比增长52.03%。按照总署及黑龙江省关于中欧班列发展的工作部署，制定《哈尔滨海关支持中欧班列高质量发展的意见》，实行预约通关，支持符合条件的班列实施舱单归并，保障班列通关顺畅。参与开发“国际贸易单一窗口内贸货物跨境运输申报模块系统”，实现内贸跨境运输货物通过国际贸易“单一窗口”申报。落实新冠肺炎疫情防控要求，适时调整水、路、空、铁运输工具及司乘人员监管流程。2021年8月起，根据总署要求开展入境客运航空器终末消毒监督64架次。加强物流基础建设，申请专项资金为东宁、密山、虎林、饶河、逊克、萝北等6个口岸规划智能卡口等建设项目，改善口岸基础设施条件。举办业务培训，关区共104人参训。

货物监管

2021年，哈尔滨海关通过新一代查验

管理系统、海廉系统，定期调取现场查验记录，复核查验指令执行情况，进一步规范查验作业，制发业务联系单25份。通过UC连线、视频检查等方式，定期监控、指导关区现场查验作业情况。建立“查验工作微信群”，及时研讨、解决查验过程中遇到的问题，推进落实各项措施。全年，应用新一代查验管理系统随机派员查验货物报关单7.41万票，其中进口7.35万票，进口查验率68.35%，出口678票，出口查验率1.71%，查验集装箱机检比例64.16%，办理集中审像业务18,069票，增长22.2%，其中有指令业务3,185票，无指令业务14,884票，审像直放率为86.9%。建立风险防控、口岸监管、后期核查的立体协同监管体系，密切跟踪、及时协调解决各类突发状况。加强新冠肺炎防疫物资质量安全监管，查验发现出口防疫物资异常2批次。落实进口冷链食品及高风险非冷链集装箱货物现场监管要求，关区全年无冷链食品进口。加强口岸监管领域国际合作，制定《推进中俄海关监管结果互认项目实施方案》，明确项目推进计划及改进建议，对推进过程中出现的问题进行汇总，及时上报总署口岸监管司，争取相应政策支持。开展“绿色通道”合作项目，对有意愿参与该项目的企业资质进行审核并上报，共66家企业申请参与“绿色通道”合作项目。

快件邮件监管

2021年，哈尔滨海关严格落实快件全链条监管要求，密切与邮政企业联系，组织开展邮件、快件、跨境电商场地监管调研，提前介入、跟踪指导邮检场地转场。建立执法人员名录库，推进进出境邮件、快件、跨境电商渠道“双随机、一公开”随机派员查验。全年共监管进出境邮件477.72万件，同比减少50.73%，其中进口20.84万件，减少35.86%，出口456.88万件，减少51.25%；监管进出境印刷品音像制品29.62万件，减少25.4%，其中进口25.19万件，减少21.9%，出口4.43万件，减少40.4%。

跨境电商

2021年，哈尔滨海关组织开展为期6个月的打击跨境电商进口走私“断链刨根”专项整治行动，召开推进会议5次，核查关区企业资质150家，查发违规案件并行政处罚1起，缉私立案调查行政案件2起。协同黑龙江省商务厅推动全省跨境电商公共服务平台正式上线运行。支持企业开辟对俄跨境电商陆路物流通道，化解出境跨境电商商品受新冠肺炎疫情影响积压难题。支持跨境电商企业发展，成立工作专班，制定实施方案，加强政策宣传，做好咨询服务。12月22日，在所属密山海关监管下，黑龙江省首票跨境电商B2B

直接出口（9710 模式）货物顺利完成通关。

▲2021 年 6 月 2 日，冰城海关驻香坊办事处集中开展跨境电商机检查验

场所场地监管

2021 年，哈尔滨海关加强海关监管作业场所（场地）规范化建设和管理，开展海关监管作业场所（场地）“双随机、一公开”巡查工作。指导关区肉类、水生动物、粮食、原木指定监管场地建设。配合黑龙江省口岸管理部门完成明水期水运口岸开通准备、运行和闭关等相关工作，先后协同黑龙江省验收组和国家验收组完成对黑河公路口岸开放前验收工作。按时完成同江铁路大桥载货列车通行测试准备工作，推进海关监管查验和疫情防控设施建设及相关设备建设安装。参与黑瞎子岛公路口岸规划、哈尔滨国际航空货运枢纽建设规划论证工作。

智能审图应用

2021 年，哈尔滨海关进一步完善机检设备智能审图工作机制，提高制图质量。强化科技、业务职能、监管现场等多部门协作，做好总署疫苗智能审图算法及试点，配合科技部门做好智能审图信息化平台（一期）项目有关工作。持续推进集中制图和现场查发制图工作，加强智能审图在濒危物种及其制品、防疫物资等货物物品领域的应用。全年，关区寄递渠道 CT 智能审图 38.38 万件，有效识别化妆品、手表等应税物品 3,954 件。

安全生产

2021 年，哈尔滨海关积极学习宣传《中华人民共和国安全生产法》，观看学习国务院安全生产委员会办公室、应急管理部组织制作的《生命重于泰山——学习习近平总书记关于安全生产重要论述》电视专题片在关区安全生产工作领域营造尊法、学法、守法、用法的良好氛围，强化广大干部职工安全生产法律观念和法纪意识，落实安全生产责任，全面推进关区安全生产专项整治三年行动集中攻坚。重点对进出口危险品检验、口岸卫生检疫、口岸监管作业、进出境动植物检疫、进出口食品安全、涉案财物管理、海关实验室管理、海关办公场所安全等重点领域开展全面督导检查和深入自查，对发现的问题隐患按风险程度等级实施分级分类管理，实行动态“销号”，确保重点隐患问题整改落实到位。以开展一轮督导检查、开展一次安全演练、开展一轮专题培训、开展一轮专题宣传、编印一本安全手册、开展一次网上答题为载体开展“安全生产月”活动。全面掌握关区海关监管作业场所（场地）内存储危险品货物情况，定期排查长期滞留危险品货物并建立相应工作机制。全年，开展安全生产全面自查2轮次，专项督导检查4轮次，安全演练68次，安全生产培训和讲座176场次，网上答题1,827人次。关区无安全生产事故发生，安全生产管理水平不断提升，安全生产形势持续向好。

（供稿人：冯丽萍　齐红梅　杨晓斌　李　婷　陈　飞　胡　赢　姜伟研　姚力楠）

统计分析与政策研究

概况

2021年，哈尔滨海关不断夯实统计分析与政策研究基层基础工作，严格数据安全管理，确保统计数据质量，优化统计数据运用，提升数据分析水平，扎实开展统计监测预警分析，强化政策研究职能，加强统计分析和政策理论研究队伍建设，各项工作顺利推进。通过参与总署贸易统计、业务统计专项审核、组织统计协作区审核轮值等多种方式，连续三年在全国数据审核中“零差错”。加强统计分析研究，撰写各类监测预警分析文章。加大课题研究力度，参与多项署级课题和关级课题研究，并形成理论研究成果。优化例会服务，为哈尔滨海关月度、季度例会提供会议材料。集中力量开展统计分析和政策研究等工作，建立群众性理论研究团队、特约分析员队伍和政策研究骨干队伍，形成统计队伍建设全面性、专业性和梯队发展。

贸易统计

2021年，哈尔滨海关参与总署6+1数据质量控制中心相关工作，为其下属参数中心提供全国参数建议30余次。全年共审核关区报关单15.9万份、45.8万条记录。截至2021年，在全国数据质量年度集中审核工作中连续三年“零差错”。

【守住数据“零泄漏”底线】2021年，哈尔滨海关深入学习贯彻《中华人民共和国数据安全法》，积极制订实施方案，通过微信公众号、展板、培训等方式加大学习宣传力度。梳理数据资产，严守数据安全，全面梳理出关级系统299个数据字段，印发关级项目数据资产保护目录（2021版）。

【履行统计监督职责】2021年，哈尔滨海关深入贯彻落实习近平总书记对统计工作的重要讲话和重要指示批示精神，结合关区实际研究提出具体的落实要求和建议。积极开展异常数据监测，向稽查部门移交关区出口异常增长企业核查线索，向风控部门下达异常商品二级布控建议2次，与黑龙江省税务局和外汇管理局联系配合，切实履行异常数据管控职责。

【开展统计创新工作】2021年，哈尔

滨海关统计分析处牵头整合口岸监管处、关税处等部门所需关区互市贸易业务月报表，实现数据共享，为隶属海关减负。在发挥统计基础职能、提质增效等方面组织调研，为全国海关加强统计基础工作会议建言献策 40 余条。

业务统计

2021 年，哈尔滨海关加强业务统计基础建设，提高业务统计数据质量，牵头起草“两步申报”专题研究快报，开展关区业务运行分析 12 次、业务统计专题分析 2 次，全年未发生业务统计数据迟报、漏报、错报事项。承担全国海关培训授课任务，参与全国海关业务统计指标体系建设工作，完成基于 H2018 通关系统检验检疫指标数据提取及测试，参与完成署级课题“构建新型海关业务统计指标体系”相关工作。

【优化统计数据运用和管理】2021 年，哈尔滨海关发挥海关数据服务外贸发展、服务领导决策作用，深度参与自贸区考核指标设置及统计数据提供等工作，与黑龙江省商务厅等部门签订统计数据共享协议，向省政府及各厅局提供海关统计月报、个性化海关统计服务 42 次、统计报表 200 余份。

【建立对外交流合作机制】2021 年，哈尔滨海关积极研究探索对俄罗斯海关交换数据统一模板，并协助总署完成与其他俄语国家的统计国际合作交流工作。定期与俄罗斯远东海关局进行数据交换，为总署与俄罗斯海关统计国际合作提供数据支持。开展统计数据交换、统计差异分析与统计制度方法比对研究，为海关监管、风险研判、缉私工作提供参考。

▲2021 年 10 月 11 日，哈尔滨海关与俄罗斯联邦远东海关局举行统计工作组视频会谈

监测分析

【统计监测预警分析】2021 年，哈尔滨海关组织撰写、审核、采编、上报总署监测预警分析 115 篇，同比增加 17.3%。

【参与总署统计分析专项工作】2021 年，哈尔滨海关撰写《“十三五”期间对外贸易发展报告》（中国—俄罗斯），由总署出版。每月参与撰写《海关统计小册子》，开展全国原木进口监测分析，参与总署季度新闻发布会准备工作，进行统计数据分析对外发布，开展全国对俄贸易分析。每月向黑龙江省政府提供《海关统计分析月报》《海关统计快报》，做好全省货物贸易进出口运行简况撰写及其他统计分析工作，为地方政府提供决策参考。

▲2021 年 7 月 21 日，哈尔滨海关召开新闻发布会，介绍 2021 年上半年黑龙江省外贸进出口情况

政策研究

【编制《哈尔滨海关贯彻落实〈“十四五”海关发展规划〉实施方案》】2021 年，哈尔滨海关成立专项工作领导小组，组建涵盖各部门业务骨干的工作专班，深入基层开展专题调研，召开专题会议 4 次、座谈研讨会 2 次。开展“十四五”规划主题征文及“我为关区献一策”活动，征集理论研究成果 67 篇，建议近百条。与稽查部门联合开展线上问卷调查，征集企业意见 20 余条，4 次征求哈尔滨海关各局处室、2 次征求各隶属海关单位意见 60 余条。在广泛调研和征集意见的基础上，结合关区实际，编制完成《哈尔滨海关贯彻落实〈“十四五”海关发展规划〉实施方案》并下发执行。

【制定《哈尔滨海关关级课题研究管理办法》】2021 年，哈尔滨海关围绕总署提出的理论课题、对俄罗斯贸易发展以及服务黑龙江经济发展等开展研究，全年征集各类政研课题 100 项，其中，牵头开展署级课题 1 项，参与 5 项，开展关级课题 10 项，自选课题 17 项，“解放思想 创新推动海关事业发展”主题征文 67 项。在中国海关学会年度主题征文中，上报征文 152 篇，在全国海关中位列第八，1 篇征文被评为优秀论文，2 篇征文被评为入选论文，获奖论文数量在海关学会大连分会 6 个学会中位列第一。

【搭建平台畅通成果转化渠道】2021 年，哈尔滨海关编印年度业务交流汇编、年度课题研究成果汇编，展示关区理论研究成果。在关网主页搭建学习交流平台，设立理论研究专栏，在海关政研栏目刊发理论文章 1 篇，在政研参考栏目编发理论文章 27 期，推动理论成果转化。

基层基础统计工作

【统筹关区队伍合力】2021 年，哈尔滨海关根据工作实际，组织隶属海关组建 4 个统计工作协作区，并推选 4 个组长单位，集中优势力量开展统计分析和政策研究等工作。建立 100 余人的群众性理论研究团队、近 30 人的特约分析员队伍和 20 人的政策研究骨干队伍，保障统计队伍建设发展。组织统计分析业务与政策研究、海关贸易统计、海关数据管理等多个专题培训，提升关区统计分析和政策研究水平。

【参与总署专项工作】2021 年，哈尔

滨海关按月完成总署形势分析会议、形势分析研判工作专班会议、全球贸易监测日报、金砖国家宏观经济形势分析等材料，定期提供中俄双边经贸及海关合作会谈和季度新闻发布会等材料，连续10年撰写《中国对外贸易发展报告》的中俄贸易部分。牵头完成《全国海关业务统计工作管理办法》制定工作。深度参与海运集装箱运力运价和中欧班列发展情况调研，提供研究素材。参与撰写“两步申报”专题研究快报。先后获得总署统计分析司通报表扬7次、个人表扬13人次。

（供稿人：王　轶　任国良　刘佳强　齐延军　许荣智　贾丽华　潘天慧）

企业管理和稽查

概况

2021年，哈尔滨海关加强企业管理和稽查治理能力、治理体系建设，对标对表总署绩效考核指标，不断强化监管、优化服务，提高企管和稽查业务管理水平。积极推进海关稽查业务改革，牢固树立以查发为导向的稽查理念，提高稽查查发打击能力。对进口固体废物加工企业开展专项稽查行动，保持打击进境固体废物高压态势。推进企业信用管理制度改革，落实“审批改备案”“多证合一”改革措施，持续加大对企业服务力度。优化加工贸易监管模式，开展企业集团加工贸易跨关区监管改革。推进属地查检业务改革，制定关区属地查检落实实施意见，积极探索符合关区实际的查检作业模式。

企业管理

2021年，哈尔滨海关强化企业管理，加大关企合作力度。推进企业信用管理改革，通过区域性“集中培育”与“一对一”重点培育相结合的方式进行信用培育工作，实现关区认证企业3个“首”家：助力黑河中石油国际事业有限公司成为黑龙江自由贸易试验区第一家高级认证企业，助力黑龙江和兴农副产品有限公司成为首家农产品生产企业中的高级认证企业，助力北大荒垦丰种业股份有限公司成为首家种业高级认证企业。

通用资质方面，关区共有注册报关单位13,698家，其中，进出口收发货人13,275家，报关企业256家，其他企业167家；全年共清理注销“僵尸企业”845家。特定资质方面，关区共有出口食品备案企业809家，新增进口肉类收货人企业11家，出口食品原料种植场15家，出口畜禽原料养殖场备案1家，进境中药材指定加工存放企业1家，进口食品化妆品商140家。信用管理方面，关区现有高级认证企业16家（本关区14家，外关区报关企业在哈尔滨关区的分支机构2家），失信企业44家。

保税监管

2021年，哈尔滨海关强化加工贸易和保税日常监管，推动特殊监管区域政策落地，推进“放管服”改革。持续巩固关区加工贸易集中核批业务改革成果，发挥集约化、专业化、规范化的整体优势，形成职能部门、核批中心、属地海关协同监管合力。与成都海关联合开展企业集团加工贸易监管改革业务，实现关区首家企业（大庆沃尔沃汽车制造有限公司）开展集团保税海关监管模式，预计每年将为企业节省税费约200万元。推进自贸区制度创新，推动“优化加工贸易料件消耗申报核销管理”自贸创新举措落地，目前已有6家企业享受该举措优惠便利。

全年，关区共设立区外加工贸易手册233本，备案金额1.63亿美元，粮食加工、低温设备制造、技术耗材以及食品加工备案数量增加，核销结案加工贸易手册245本。关区加工贸易企业主要分布在哈尔滨市及周边，以及我省东部地区，涉及汽车、飞机、机械制造、轮胎、造纸、木材、纺织、服装、食品等行业。全省2个综合保税区进出口总值55.82亿元，同比增长1.34倍，其中哈尔滨综合保税区进出口总值23.98亿元，增长229.4%，绥芬河综合保税区进出口总值31.84亿元，增长83.3%；2个保税物流中心（B型）进出口总值6.41亿元，其中牡丹江进口保税物流中心（B型）进出口总值6.01亿元，黑河保税物流中心（B型）进出口总值0.4亿元。

稽查核查

2021年，哈尔滨海关围绕“查发问题、堵塞漏洞、防范风险”工作目标，在提高查发率、追补税、查发违法违规情事上下功夫。开展涉税领域稽查，对特许权使用费问题持续关注，确保国家税款应收尽收，稽查追补税再创历史新高。不断拓展稽查作业向涉检领域延伸，以贸易调查为先导，关注行业性风险，加大对进境粮食和非食用动物产品指定加工后续监管力度，开展对进境生皮张指定加工全覆盖稽核查，对进境大豆、油菜籽等指定加工开展后续监管专项行动，查发并处罚问题企业28家。推进关区稽查改革，印发《哈尔滨海关深入推进稽查改革的实施意见》，提出10个方面34项具体意见措施，组织召开稽查改革推进会议。围绕总署业务改革方向，参与制定署级制度规章2项，承接署级业务改革试点工作2项，参与业务管理系统优化升级1次，组织撰写署级课题研究论文3篇，参与总署组织的贸易调查1次，独立开展贸易调查并报总署形成全国行业性稽查建议1份。

▲2021年3月23日，哈尔滨海关关员赴企业开展业务调研

全年，哈尔滨关区共开展稽查作业123起，办结稽查作业105起，查发问题数55起，追补税21起，作业有效率52.38%。办结核查作业385起，查发问题数206起；核查人员选取随机率100%。

属地查检

2021年，哈尔滨海关积极探索符合关区实际的属地查检模式，先后到所属冰城海关、绥芬河海关等隶属海关和近30家进出口企业开展实地调研，全面摸清关区情况底数。按照总署加强属地查检工作指导意见要求，制定关区具体实施意见，研究细化关区部门联系配合办法和作业操作规范等配套制度，建立协同共管机制，持续推进属地查检业务改革。

针对属地检查资源开展专项分析，承担全国海关进口放行后检查业务数据的统计及资源评估任务。联合督审部门运用HLS2017内控平台、新查管系统，及时发现进出口货物属地查检指令未执行、迟执行等问题。配合制定关区进出口危险化学品、危险货物及其包装检验监管安全防护指引并开展督导检查，进一步压紧压实属地监管责任。

（供稿人：于　磊　王　欢　刘　铮
杨　坤　李　昕　李　昪
侯立新　贾明枫　郭燕博
曹子剑）

查缉走私

概况

2021年，哈尔滨海关坚决贯彻落实习近平总书记关于打击走私的重要指示批示精神，将打击“洋垃圾”走私、象牙等濒危物种及其制品走私，打击治理“水客”走私和防疫物资、新冠肺炎疫苗非法出境等作为关区缉私工作要点和打击重点，积极参加全省边境管控专项工作，切实发挥打击走私降低疫情传入风险的作用，利用远程监控对口岸现场重点位置和工作情况开展检查，组织机动警力，在口岸闭关后进行巡查防控。落实总署党委关于加强打私工作“1+6”系列文件精神，成立专项工作推进组，制定贯彻落实任务分解表，确定5方面30项工作内容，确保工作落实落地。在联合研判、信息共享、线索移交及信息反馈等方面加强协作，建立风险分析联系会议机制，不断深化全员打私。全年，共立案侦办刑事案件29起，对77人次采取刑事强制措施。办理行政案件223起。相继办理了1起“洋垃圾”违规进境案，涉案固体废物重量8,134.5千克，9起象牙违规进境案，查获多件手镯、绘画轴头等象牙制品，破获2起走私珍贵动物及其制品案件，查获羚羊角130根、熊掌68千克以及熊胆、麝香等若干，侦办1起走私黄金案件，侦办6起涉枪涉毒走私案件。

打击涉税走私违法犯罪

2021年，哈尔滨海关缉私局立案侦办涉税刑事案件18起，其中货运现场案件7起，占比38.9%，旅检渠道案件5起，占比27.8%，后续管理渠道案件2起，占比11.1%，沿边渠道案件1起，其他渠道案件2起。

打击非涉税走私违法犯罪

2021年，哈尔滨海关缉私局立案侦办非涉税刑事案件11起，其中侦办走私毒品案件6起，走私武器弹药案件1起，走私贵重金属案件1起，走私医疗美容物品案件1起，走私濒危物种及其制品案件1起。

智慧缉私

2021年，哈尔滨海关缉私局强化智慧缉私实战应用，推进“情报中心、案件管理中心、指挥中心、办案中心”建设，提升情报中心信息搜集和分析能力，与俄罗斯远东缉私海关开展协查127次，办理司法互助类协查2件。加大对关区反走私形势分析力度，高效产出情报产品，在庆祝中国共产党成立100周年维稳安保期间，向全国22个直属海关缉私局移交涉枪走私线索，共查缉枪支111支。

▲2021年2月，哈尔滨海关缉私局成功侦办案值1.83亿元走私手表案

缉私法治建设

2021年，哈尔滨海关缉私局提升执法规范化水平，压缩行政案件办理周期，采取多种措施提高调查效率，所有行政案件均在调查期限内办结，平均调查期限35天，同比提高33%。切实提高刑事案件诉讼质量，加强与地方检法机关联系配合，共同研究解决缉私执法疑难问题。开展“我为群众办实事”“我为基层解难题”实践活动，以“提高办案质效，降低执法对企业经营活动的影响”为主题，确定9个对外、15个对内共24个“办实事”“解难题”事项，顺利解决2家企业在上市过程中需要帮助协调的问题困难，提升企业和群众获得感。

行政处罚

2021年，哈尔滨海关缉私局共办理行政案件233起，查获包括仿真枪4支，枪支散件10件，管制刀具1把，象牙制品17件、净重2,201.2克，绿海龟标本1件，熊科动物爪制品1个，氟硝西泮片、唑吡坦药片等共计982粒，氟西汀、可待因药粉等共计1,399.72克，奥林巴斯品牌胃镜仪和肠镜仪各1台。加强涉案财物管理，避免发生涉案财物遗留问题，及时对已办结案件的涉案物品依法依规进行处置。

综合治理

2021年，哈尔滨海关缉私局推动健全地方政府主导下的反走私综合治理机制，密切与黑龙江省打私办沟通联系，优化与反走私综合治理成员单位配合联动，齐抓共管，形成合力。充分发挥“平安龙江”建设评价考核职能，推动地方政府加大对打私工作的关注和支持力度，协助黑龙江省打私办对省打击走私综合治理领导小组成员单位进行调整，组织开展反走私进校园活动。积极向“中国反走私”微信公众号投稿宣传，采编稿件8篇。

（供稿人：孙思达　陈晓晨）

国际合作

概况

2021年，哈尔滨海关认真落实总署和黑龙江省委省政府的部署要求，在中俄总理定期会晤委员会海关合作分委会框架下，积极发挥中俄边境海关合作机制作用，举办哈尔滨海关与俄远东海关局关局工作会谈，推进隶属海关边境会谈，召开口岸通关问题工作组、贸易统计数据交换工作组会议，商讨解决口岸通关问题，进行贸易统计数据交换比对，互通政策法规变化情况。与俄乌拉尔海关局每季度开展关于不予放行国际邮寄商品的信息交换合作，了解双方进出境邮递物品禁限规定，保障邮运渠道的正常运行。贯彻落实“智慧海关、智能边境、智享联通”（简称“三智”）合作理念，发挥区域和人才优势，在中国—欧亚经济联盟国家海关合作机制框架下，做好对外宣传推广，推动“三智”项目实施。与俄罗斯毗邻州区检验检疫部门在疫情防控方面加强沟通协作与信息共享，全年往来信函40余封。为筑牢口岸疫情防线，保障口岸贸易畅通，促进龙江外贸稳定增长贡献海关力量。

中俄海关合作

【与俄远东海关局关际合作】2021年，哈尔滨海关按照年度工作计划，通过视频会议与俄罗斯远东海关局开展关局长会谈、口岸通关问题工作组及贸易统计数据工作组会谈，及时更新联络员名单，互通政策改革信息。固化隶属海关边境会晤机制，关区12个边境海关均与俄方对应海关举行边境会晤，商讨口岸通关环节存在的问题，提高通关效率，提升跨境贸易便利化水平。

▲2021年12月1日，哈尔滨海关与俄罗斯远东海关局以视频会议形式举行2021年度工作会谈

【邮递渠道信息交换合作】2021年，哈尔滨海关每季度开展与俄罗斯乌拉尔海关局之间邮递渠道查获物品信息交换，了解双方进出境邮递物品禁限规定，保障邮运渠道正常运行。

【协助总署各司局对俄合作】2021年，哈尔滨海关多次派员协助总署监管司、食品局、教培中心等部门开展与俄罗斯合作交流，承担总署知识产权工作组会议、规范通关监管秩序工作组第十三次会议、防范核材料和放射性物质经中俄边境非法贩运合作工作组第七次会议、海关税费合作第十次会议、统计合作工作组第十三次会议等会议的翻译工作。

检验检疫合作

【建立疫情跨境通报机制】2021年，哈尔滨海关以信函方式向毗邻的俄罗斯滨海边疆区、阿穆尔州消费者权益保护和公益监督局通报入境司机新冠肺炎病毒检测阳性信息，共同做好边境口岸疫情防控工作，疫情发生后共往来信函400余件。

【多渠道解决企业通关问题】2021年，哈尔滨海关在了解到所属绥芬河海关反映的辖区企业出口果蔬在俄方通关受阻情况后，从工作层面与俄罗斯滨海边疆区消费者权益保护和公益监督局及俄罗斯驻哈尔滨总领事馆等取得联系，了解相关情况，请求协调解决通关难题。通过多番协调努力，帮助解决企业出口果蔬通关受阻问题。

“三智”建设

2021年，哈尔滨海关深入学习贯彻习近平总书记提出的关于“智慧海关、智能边境、智享联通”国际合作的倡议精神，发挥区域和人才优势，利用中国—欧亚经济联盟国家海关合作平台，推进“三智”合作。持续推进中俄海关特定商品监管结果互认智能升级版，在载货清单信息交换的前提下，对特定商品互认监管结果。推动实施中俄海关运输工具协同监管项目，以所属黑河海关为试点，联合当地交通、公安等部门建设跨境运输车辆监管信息“智能共享平台”，为企业办理进出境运输企业、车辆备案提供一站式服务。积极推进管输能源智慧监管项目，依托管输能源质量安全风险一级监测点建设，推动监管工作向集约化、自动化、智能化发展，逐步实现以系统质量安全风险评估结果替代常规布控查验的管输能源智慧监管模式。利用《中国国门时报》、“海关发布”微信公众号等平台宣传哈尔滨海关“三智”建设成果，通过会谈渠道向俄方宣传“三智”理念，提高国际影响力。

外事人才培养

2021年，哈尔滨海关组建外事人才队伍，加强内外宣传。更新俄语和英语人才信息库，实行归口管理，注重在实际工作中发现、培养和使用外事人才，累计向总署国际合作司推荐外事工作业务骨干54人次，涉及英、日、俄、韩语种及动植物、食品业务等。派员参加总署教培中心举办的俄语能力提升网上培训班及总署国际合作司组织的俄语翻译网上培训班，提高外事人才俄语水平。举办哈尔滨海关“三智”研究及俄语人才培训班，提升外语及业务能力。加强内外网信息宣传力度，全年共组织编译刊发外事口岸信息50余期。开展欧亚经济联盟成员国海关法研究，组织俄语人才及业务专家编译并出版46.5万字的《欧亚经济联盟国家海关管理及便利通关》和43.8万字的《俄罗斯联邦海关法》，全面介绍欧亚经济联盟成员国海关管理制度，服务中国企业扩大对俄等国家经贸往来。

（供稿人：邱　琳　高伟娜）

第五篇

综合保障

政务管理

概况

2021 年，哈尔滨海关持续深化政治机关建设，落实全国海关工作会议和全面从严治党工作会议精神，认真传达学习全国海关系统办公室工作会议精神，制定哈尔滨海关办公室工作要点，对关区应急值守、督查督办、政务公开、信访工作、公文处理、机要保密、文档管理、新闻宣传等政务工作开展绩效考核，确保习近平总书记重要指示批示精神和党中央重大决策部署，以及总署各项工作要求在关区得到有效落实。着力提升机关效能，提高政务管理标准化规范化制度化水平，加强对关区的政务管理，推动政务管理工作高效运转，有力保障各项工作全面提质增效。

应急值守

2021 年，哈尔滨海关紧跟国内外新冠肺炎疫情发展形势，广泛收集疫情防控信息，时刻关注关区口岸疫情动态，加强与总署办公厅及相关司局的信息沟通，做好与黑龙江省疫情防控指挥部、地方有关部门协调联系，结合关区疫情防控实际，积极为关党委和领导决策提供建议参考。协助做好关区内部防控，每周上报总署关区干部职工及家属健康状况排查和新冠肺炎病毒核酸检测情况。落实总署关于值班工作各项要求，完善关区应急值班工作机制，坚持关领导在岗带班、24 小时专人值班制度，强化值班人员队伍管理，提升值班工作专业化水平，加强对隶属海关值班工作的检查指导。对哈尔滨海关机关政务值班室进行升级改造，增设卫浴设施，改善政务值班条件。编报病毒检测、紧急排查和阳性检出类值班信息 180 篇。

督查督办

2021 年，哈尔滨海关印发关区年度重点工作任务分解表，明确 102 项年度重点工作任务，每月跟踪督办。优化督查督办工作模式，将立项督办为主调整为电话督办为主、其他督办形式为辅，并形成电话督办台账，确保相关重点工作部署落到实处。

政务公开

2021年，哈尔滨海关对门户网站部分栏目进行调整升级，增设并完善网上调查栏目，在统计分析栏目增加图表等可视化内容，提升网站服务功能。与哈尔滨海关机关各部门及驻哈业务现场建立联系机制，及时获得最新政策法规信息。为企业和群众排忧解难，企业和群众满意度逐年增高、投诉率逐年下降，年内接到群众投诉3件并已全部妥善解决。全年，发布政务公开信息1,215条，回复网络留言141条，业务咨询类留言平均办结时间为1个工作日。优化12360热线服务，加强话务人员管理，改进工作模式，提高接听效率，接听企业与群众来电12,224个，来电平均等待时间缩短至2秒，接通率达到99.1%，各项工作指标考核成绩逐年稳步提高。

信访工作

2021年，哈尔滨海关坚持“属地管理、分级负责、分类处理，谁主管、谁负责，依法、及时、就地解决问题与疏导教育相结合”原则，按照依法分类处理工作程序，依法依规办理信访事项，提升应对信访事件能力。全年，关区依法办理信访事项11项，未发生久拖未决、重复上访情事。

公文处理

2021年，哈尔滨海关紧盯总署及地方的11个公文传输系统，及时收文、登记、分发、流转各部门单位办理，对紧急文件，第一时间领取、接收、批办、呈报，保证收文办理时效性，提高发文质量，控制发文数量，严格执行退文管理制度，保证公文质量和数量符合相关要求。全年，处理收文7,647件、发文1,794件。通过电话、工作群等方式督促急件办理，杜绝迟收、漏收和延压件现象。持续提高发文质量，控制发文数量，严格执行退文管理制度，保证公文质量和数量符合相关要求，年内报署公文无错情发生。办理人大、政协提案建议按时办结率和代表委员满意率均为100%。

机要保密

2021年，哈尔滨海关严格落实保密工作各项规定，关党委理论学习中心组（扩大）集体学习有关保密法规，参观省保密警示教育基地。关保密委专题扩大会议传达保密工作形势及要求，共召开专题保密会议3次。组织关区保密检查和自查自评，实地检查6个处室，自查自评2次，印发保密工作通知公告6期，推送保密提醒信息24条，对关级微信公众号和门户网站发布的70余条信息进行保密审查。开展网络载体日常巡查，及时消除泄密隐患。部署安装保密检查系统，实现管理网计算机终端全覆盖，组织开展保密远程检查。严格履行涉密文件收发和借阅审批手续，指导相关部门起草、流转涉密文件。开展《中华人民共和国保密法》《中华人民共和国密码法》宣传教育系列活动，组织保密专题培训1次，关区参与保密知识网络答题4,500人次。全年未发生失泄密情事。

文档管理

2021年，哈尔滨海关完成2020年度归档档案219卷（2,037件）和历年永久档案1,071卷的移交工作。开展档案查询利用工作，全年共查阅档案121人次。组织档案宣传日活动，制作宣传微信、小视频、主题展览。组织参加总署红色档案征集，1篇文章入选总署丛书。组织8个隶属海关开展档案工作以干代训。通过视频方式在关区范围内开展档案安全检查2次。

政务信息

2021年，哈尔滨海关围绕“中俄边境口岸疫情防控、服务国家能源战略、维护国门生物安全、促进优质种质资源引进、推动中俄海关‘三智’合作、加强中俄边境口岸打击走私”等工作，报送署级载体140余篇。围绕关区中心工作，审核编辑关区各部门单位报送的信息2,049条，其中，海关信息采发1,073篇，每日动态采发250期，工作简报采发517期，业务分析采发209期。

新闻宣传

2021年，哈尔滨海关围绕重点工作，积极报送高质量信息宣传稿件，中央和省级各类媒体发布哈尔滨海关新闻稿件累计420余篇，其中，中央级媒体采发13篇次，《黑龙江日报》、黑龙江电视台等省级媒体采发41篇次。参加“中国（黑龙江）自由贸易试验区成立两周年”新闻发布会，介绍哈尔滨海关支持服务自贸试验区建设发展工作成效，举办海关专场新闻发布会，通报全省外贸进出口情况。

（供稿人：兰世超　曲振谅　朱庆晟
李　由　李大川）

财务管理

概况

2021年，哈尔滨海关进一步健全财务保障和财务管理机制，稳步推进财务重点工作。贯彻落实党中央、国务院重大决策部署，积极推动落实走私冻品、“双无”固体废物由地方归口处置工作，加大濒危野生动植物及其制品处置力度，首次与地方林草部门采用“产权移交，委托保管”方式移交濒危野生动植物及其制品。稳妥有序推进海关事业单位所属企业脱钩工作，按时停止与海关行政权力相关的业务，并启动相关企业清算。落实海关进出口环节要求企业接受的第三方服务事项清单目录管理要求，在哈尔滨海关门户网站予以公开，杜绝违规及不合理收费行为。全力保障哈尔滨关区常态化新冠肺炎疫情防控资金到位、物资充足，为统筹疫情防控和促进外贸稳增长提供必要财力保障。严格落实中央“过紧日子”要求，集中财力优先保民生、重点保运转、精准保发展，积极应对财政资金压缩的严峻形势，攻坚克难，开拓创新，为关区事业发展提供坚实保障。统筹财政资金使用，倾斜艰苦边关，用于改善关区工作生活设施和民生条件、补充人员经费不足、防汛救灾、为基层一线从事疫情防控干部职工购买意外保险等，支持保障边关“22条措施”持续落实落地。

税费财务管理

【税费基础工作】 2021年，哈尔滨海关财务处印发关于明确海关罚没收入缴款级别的通知，明确各隶属单位上缴海关罚没收入对应缴库级别，统一规范罚没收入上缴。

【税费统计数据】 2021年，哈尔滨海关坚持税费月度统计两级审核，按时收取隶属单位国库报表数据，逐项核对报表金额，查找隶属单位税收统计工作漏洞，分析差异因素，指导隶属单位及时修改完善。全年共审核报表1,224份，审核数据14,076条。

【税收统计和账户资金核对】 2021年，哈尔滨海关充分发挥财关库银横向联网系统作用，通过关库联网核销做好税收入库数据统计，并与月度数据核对。落实保证金管理制度，核对在库取保候审保证金及风险类保证金数据，积极协调缉私、口岸监管部门重点对长期未清退保证金进行核实处置。

预算管理

2021年，哈尔滨海关多种渠道筹措资金，提升财务保障能力，积极争取中央和地方财政资金支持，合理使用非财政资金平衡预算。全年，使用对口支援经费、哈尔滨海关机关自有资金帮助隶属海关解决经费紧张问题，为关区事业发展提供有力保障。优化预算结构，科学合理安排支出，按照“保工资、保运转、保民生”原则，突出重点保障人员经费，严控会议、差旅、“三公”经费等一般性支出。推进绩效管理与预算管理融合，印发项目支出绩效评价管理办法、预算绩效运行监控管理办法，修订项目支出核心绩效指标体系，实现绩效目标和绩效指标编制更加科学合理。建立预算执行管理工作机制，突出重点紧盯购置和修缮等重点项目，采取针对性措施推进完成年度执行目标，提高财政资金使用效益。贯彻落实关于进一步做好海关缉私部门财务保障工作有关通知精神，改进缉私警察财务保障工作。

机关财务管理

2021年，哈尔滨海关巩固多元化保障渠道，量入为出、开源节流，保障哈尔滨海关机关本级及缉私局工资发放、医疗保险和个人所得税缴纳等日常经费支出。统筹整合资金，完成关区养老保险缴交工作。落实总署关于《海关系统差旅电子凭证网上报销改革工作方案》要求。2021年7月，作为海关系统第一批试点单位，在各职能处室、隶属海关、事业单位启动“公务之家网上差旅服务平台”上线应用，实现海关人员出差网上申请、审批、报销全流程电子化管理。

企事业财务管理

2021年，哈尔滨海关开展关区预防性消毒涉企收费情况排查、口岸环节检疫处理收费情况检查，对海关进出口环节要求企业接受的第三方服务事项继续实行清单目录管理。印发《哈尔滨海关事业单位所属企业脱钩工作实施方案》，自2021年8月23日起，哈尔滨海关后勤管理中心所属黑龙江明达检疫处理技术公司已停止从事进出境检疫处理业务，进行清算和后续处置工作。落实总署国有企业三年改革行动部署，推动关区事业单位所属企业完善公司治理结构，指导哈尔滨市汇海信息技术咨询服务有限公司进行注销，启动对哈尔滨市隆兴仓储服务有限公司龙海世纪大酒店清算。通过加强管理，在哈直属事业单位及所属企业2021年市场化收入实现逆势增长。

涉案财物处置管理

2021年，哈尔滨海关与地方政府建立

走私冻品由地方归口处置工作机制和“双无”固体废物移交工作联系配合机制。年内，首次向哈尔滨市生态环境局移交“双无”固体废物 7.47 吨，关区已下达处置通知应移交无害化处置固体废物实现“清零”。首次与黑龙江省林业和草原局探索采用“产权移交，委托保管”方式移交濒危动植物及其制品 45 类 275 件，沟通总署商国家林业和草原局同意接收濒危动植物及其制品 72 类 1,959 件，全面解决濒危动植物及其制品移交难题。向黑龙江省文化和旅游厅移交一般文物和书画赝品 318 件。向黑龙江省自然资源厅移交化石类物品 957.75 千克。首次通过网络平台开展涉案财物拍卖，拍卖成交价格大大高于保留价，取得较好成效。

基建管理

2021 年，哈尔滨海关在预算资金全面压缩的情况下，积极争取总署政策和资金支持，关区共有新建、在建基本建设项目 38 项，其中：新建项目 9 项，在建项目 29 项，总建设规模 143,105.84 平方米，项目数量和资金总量均位居全国海关前列。推动落实对艰苦地区边关支持保障 22 条措施，获批及建成哈尔滨市赣水路 10 号单身宿舍改造、所属萝北海关生活配套用房、所属大庆海关交流干部宿舍和边关生活设施保障提升等项目，关区边关基础设施、中心海关保障能力和单身干部生活条件得到进一步改善。组织完成绥芬河、佳木斯、牡丹江、东宁、抚远、同江、饶河、虎林海关等 8 个单位口岸应对重大疫情卫生检疫设施项目验收，总验收面积 1,158.2 平方米，关区各口岸应对重大疫情卫生检疫设施得到进一步完善。向总署申请大庆海关业务技术用房维修改造项目立项，补齐关区西部实验室建设短板，提升检测能力。

资产装备管理

2021 年，哈尔滨海关完成哈尔滨市赣水路 9 号三处房产、大成街 182 号、三姓街 144 号及三姓街 58 号更名事宜，完成缴纳大成街 180 号房产土地出让金。注销资产账中外单位产权本单位使用的房产，销账处理所属冰城海关下设两个办事处已经搬离工作地点的房产。将总署配发的 202 台设备调拨到接收单位。指导哈尔滨海关机关本级和所属冰城、黑河、绥芬河、同江海关完成资产处置报废工作。

配合完成年度审计工作

2021 年，哈尔滨海关认真核对关区 2020 年财政部部门决算数据、关区 2021 年度预算所需固定资产数据、应急装备车辆数据、关区 2021 年度中央行政单位内部控制软件有关固定资产部分数据。配合审计署对总署延伸审计工作，上报《哈尔滨海关确认海关总署调拨单财务账、资产账有关材料》《哈尔滨海关货币资金构成及相关情况的说明》，较好完成相关工作。

根据2018年资产清查数据，对并入的仪器设备做好分配。

推进节能减排工作

2021年，哈尔滨海关印发节约型机关创建方案和节约能源资源管理办法。开展“全国节能宣传周”“全国低碳日”主题活动，组织协调在机关办公楼安装电动汽车充电桩，推进节能减排，形成示范引领。

（供稿人：姜　洪）

科技发展

概况

2021年，哈尔滨海关认真落实全国海关科技工作会议精神，发挥科技支撑保障作用，加强信息化和实验室能力建设，强化安全防控和科研管理，为关区科技发展提供支撑保障。开展科技人员跟班作业，有效解决业务一线相关技术问题，进一步提高科技工作的针对性、及时性和实用性。排查互联网应用项目风险隐患、做好网络安全实战演习，提升应急保障工作水平。发挥科技支撑保障作用，稳步推进“三智”建设、国产化替代等年度重点工作，探索提高国产化环境下的网络通信、信息化系统运维保障能力。推进实验室能力建设，年内陆续展开防疫物资检测实验室、非洲猪瘟实验室、综合保税区油品检测实验室、固体废物属性鉴别实验室建设。优化生物安全体系，监督指导实验室安全整改。有效应对新冠肺炎疫情防控，解决困扰P2医学实验室的生物安全柜滤芯检定问题，完成检测区域及脱卸防护服区域视频监控设备安装工作。加强科研管理，申报科研项目23个，获批署级科研项目1个，确立关级科研项目5项，获国家实用新型专利授权5项。

信息化建设

2021年，哈尔滨海关聚焦总体国家安全观、“三智”建设、国产化替代、跟班作业等重点工作，有条不紊，稳中有进，在信息化安全管理、网络升级改造、信息化运行维护等方面均取得一定成果。

【信息化基础建设】2021年，哈尔滨海关持续完善关区信息化基础建设，与宁波电子口岸、同方威视机器人研发中心、中国移动通信集团黑龙江有限公司等相关单位深入交流物联网新技术，选取哈尔滨海关视频监控指挥中心及哈尔滨太平国际机场航空口岸、绥芬河口岸等作为试点，开展海关监管新技术设备实地测试、技术和业务协同模式应用测试。

【骨干网升级改造】2021年，哈尔滨海关完成关区骨干网络升级改造，优化加固业务网核心网络，细化终端接入安全控制，保障新冠肺炎疫情期间关区各项业务数据和视频系统各种数据信息的稳定传输。

【网络运维】2021年，哈尔滨海关对关区21个隶属海关单位开展视频监控设备巡检工作，参加运维人员11人。对21个隶属海关及事业单位、51个监管及办公场地开展网络巡检专项工作，共巡检、维护、调试网络设备189台，及时为所属绥芬河、东宁、萝北海关调拨替换突发故障网络设备。

【网络安全检查】2021年，哈尔滨海关抽取所属齐齐哈尔、绥芬河、佳木斯、大庆、黑河、漠河海关等隶属海关进行现场检查，各单位均能够认真落实各项网络安全制度，不断提高安全管理水平，信息系统运行安全稳定。

【安全防护隐患排查】2021年，哈尔滨海关开展互联网应用项目风险隐患排查工作，对关区互联网应用及各单位独立运行互联网资产开展自查和检测评估，及时整改发现的安全隐患和薄弱环节，对无法达到安全基线要求的坚决不允许上线运行。全年，共整改下线网站、微信公众号、小程序等互联网应用5个。

【网络安全实战演习】2021年，哈尔滨海关配合总署做好关区网络安全实战演习，全面排查整改并做好安全运行风险评估与防范。演习期间突出重点、精准施策、快速响应、积极应对，未被公安部攻击团队攻破扣分，有效检验并提升了哈尔滨海关应急保障工作水平，并将实战经验运用到重大敏感时期网络安全保障工作中。

【国家网络安全宣传周】2021年，哈尔滨海关举办“国家网络安全宣传周”活动，通过制作网络安全宣传视频、展板、海报、组织线上专题培训及推送微信公众号科普文章等多种方式，宣传普及网络安全领域法律法规及网络安全知识。组织学习《中华人民共和国数据安全法》《中华人民共和国个人信息保护法》，举办网络安全意识线上培训，邀请业内网络安全专家进行授课，共223人参加培训并通过考试。

信息系统管理

【新一代智慧海关】2021年，哈尔滨海关推进应用H2018通关管理系统3.0版本，完成对H2010通关管理系统除转关业务以外的所有通关业务及ECIQ系统（中国电子检验检疫主干系统）进口业务的功能替代。

【新版邮件系统】2021年，哈尔滨海关启用新版内网邮件系统，结束使用国外邮件产品的历史，将内网邮箱这一核心平台迁移到全国产软件平台。

【国产化替代】2021年，哈尔滨海关按照总署计划，完成国产操作系统、国产办公软件、国产浏览器、国产杀毒软件等常用软件的测试工作，完成全部344台国产化客户端的发放工作。在服务器端，完成国产化软件商店服务、国产桌面云平台等基础设施的安装调试，为进一步推广和普及国产化应用软件、推进海关业务系统平台迁移等工作打下坚实基础。

【资源整合】2021 年，哈尔滨海关在对核心设备充分利用的基础上，进一步整合资源，加强机房环境保障。通过对服务器设备优化组合、循序淘汰，将机房耗电功率降低 15 千瓦，降幅达到 21.4%，节约大量电力。及时更换核心机房 UPS 电池，保障各核心设备正常工作。

实验室技术能力建设与管理

2021 年，哈尔滨海关不断推进实验室能力建设，强化实验室安全管理，提高检测和管理水平。

【检测能力建设】2021 年，哈尔滨海关防疫物资检测实验室新增检测设备 11 台套。完成所属绥芬河海关非洲猪瘟实验室改建并通过验收，开展专项设备安装调试及人员培训，已具备检验开验条件。完成哈尔滨综合保税区油品检测实验室装修验收，采购仪器设备。完成固体废物属性鉴别实验室质量手册、程序文件、作业指导书和部分记录编写编制。向总署科技司申请并获得批准撤销鹤岗海关食品检测实验室等 10 个常规实验室，对 9 个规划实验室进行更名。

【仪器设备管理】2021 年，哈尔滨海关仪器设备购置专项获得批复设备合计 97 台套。关区 30 个规划实验室完成 2020 年度仪器设备使用绩效考核，参与考核的仪器设备 1,900 余台套，仪器设备使用效率同比 2019 年有所上升。完成仪器设备调拨 44 台套。对 2022—2024 年仪器设备申报报送的仪器设备需求、参数和价格进行论证，“一下”控制数 40 台套。加盟科技创新创业共享服务平台的 11 家检测实验室参与评价考核。

【管理系统运行】2021 年，哈尔滨海关搭建包含食品、卫生、动物、植物、化矿等 5 个领域的 34 个规划实验室框架，关区 400 名工作人员获得角色授权，实验室管理系统（v2.0 版）运行平稳高效。

【保障疫情防控】2021 年，牡丹江国际旅行卫生保健中心试运行期间各项工作符合要求，等待省卫健部门现场复审。大庆口岸综合门诊部申报并获批核酸检测仪器设备 20 台套，价值 100.2 万元，紧急采购全自动化学发光免疫分析仪 3 台。全年，共完成新冠病毒出入境人员核酸检测 31,437 例、抗体检测 1,807 例。

【优化生物安全体系】2021 年，哈尔滨海关重新编制新型冠状病毒核酸检测实验室文件汇编，规范和指导关区新型冠状病毒核酸检测实验室严格执行相关要求。夯实关区三级实验室安全责任管理体系基础，设立生物安全监督员，完善日常监督机制。组织参加省卫健委新冠病毒检测人员资质培训。监督指导实验室累计整改安全问题 29 个，全部在限期内完成整改，并将检查情况和整改情况通报所有医学实验室。

【解决实验室需求】2021 年，哈尔滨海关解决 P2 医学实验室 13 台生物安全柜滤芯检定任务并出具证书，为关区 5 个 P2 医学实验室加装视频设备，解决哈尔滨海关技术中心边远实验室废液和废弃试剂处置问题。

科研管理

【科研项目立项】2021 年，哈尔滨海关各单位部门共申报科研项目 23 个，较前一年度申报数量大幅提高，1 个项目获批署级科研项目。经哈尔滨海关科技委委员和专家审议通过，确立关级科研项目 5 项。

【科研项目验收】2021 年，哈尔滨海关 5 项署级科研项目通过总署集中验收，其中 1 项提前一年完成并被评为优秀。

【参与总署科研评审】2021 年，哈尔滨海关 4 人担任总署科技委各专业委委员，组织 6 位专家参与署级科研项目评审和科技成果评定工作。

【参与科研评奖】2021 年，哈尔滨海关推荐 4 个项目参加总署科技成果评定，推荐 2 个科研项目申报省级科学技术进步奖。

【科研成果】2021 年，哈尔滨海关共获国家实用新型专利授权 5 项，申请并受理包括发明、实用和外观的国家专利 13 项。

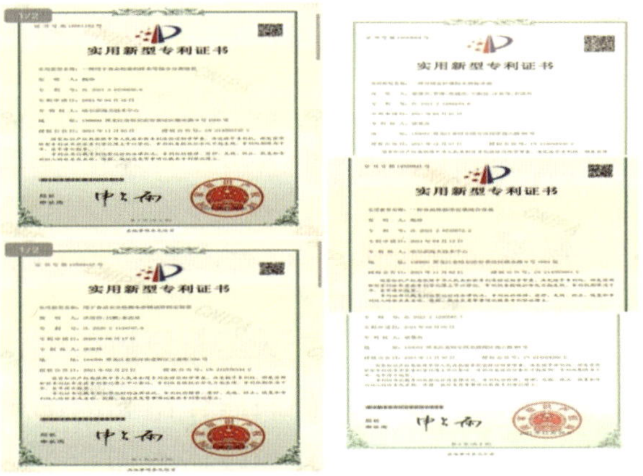

▲2021 年，哈尔滨海关获得的专利证书

【营造科研氛围】2021 年，哈尔滨海关开展以“百年回望：中国共产党领导科技发展”为主题的科技活动周，采取多种形式宣传科技工作发展、科技创新成果及科技兴关历程。

（供稿人：王　云　王立地　王海新　陈琳琳　金　钟　胡　玮）

督察内审

概况

2021年，哈尔滨海关坚持以政治建设为统领，发挥督审监督职能作用和内部审计监督保障作用，履行督察监督职责，持续开展重大决策部署跟踪督察，对关区疫情防控、业务执法、内部管理等领域实施专项督察监督，推动党中央国务院重大决策部署，以及海关总署党委和哈尔滨海关党委工作部署在关区有效落实。重点聚焦习近平总书记重要指示批示落实情况、党中央国务院重大决策部署落实情况，服务高水平开放和高质量发展举措落实情况，统筹疫情防控和经济社会发展措施落实情况，海关依法全面履职情况，海关改革措施推进落地见效情况，以及海关业务数据安全管理情况，加大督审工作力度，推动各项政策措施落地见效。深化海关内部审计，以领导干部经济责任审计和专项审计为抓手，以问题为导向，坚持审计监督与其他监督贯通融合，提高审计效率，增强权力运行的监督制约效能，促进海关治理能力提升。发挥HLS2017平台防控风险作用，构筑执行控制、职能监控、专门监督三道防线。有序推进执法评估工作，采取“数据+指标+调研+分析”的方式，聚焦海关重点业务领域和关键环节改革开展执法评估取得成效。提升督审专业化水平，加强督审兼职队伍建设。

督察监督

2021年，哈尔滨海关聚焦重大政策措施落实，持续跟踪督察督办。为切实减轻基层负担，灵活采取实地督察、远程视频督察、电话了解、微信沟通等方式开展督察工作。根据总署要求结合关区实际完成督察重点工作项目6个，组织开展第二季度重大政策措施落实情况以及危险化学品进出口情况督察。督审部门先后与动植物检疫、口岸监管、企业管理和稽查等5个部门联合开展现场督察，实现信息共享、业务互补。年内，累计开展督察8项，提出有效督察建议18条，完善规章制度1项。

内部审计

2021年，哈尔滨海关突出审计重点，注重审计整改，充分发挥审计监督免疫作用，保质保量完成年度经济责任审计计划，累计开展经济责任审计 8 次。推进审计发现的历史遗留问题整改工作，对未完成的进行分类梳理，加强与相关部门协调配合，制定整改清单和台账。采取定期通报、制发整改督办函等形式，积极跟进了解审计问题整改进度，“一对一”联系整改责任单位，提出切实可行措施和审计整改建议，推进整改到位。积极配合总署开展实验室建设专项审计调研工作，组织检验检测机构等 8 个单位就实验室规划布局、能力建设、效益效率、收费管理、内部管理等方面的成效和短板开展自查。严格落实工程项目备案制度，督促各建设单位按时开工、及时决算，确保资金使用安全规范。全年，共完成工程项目决算审计 28 项、购置项目审计 107 项。

▲2021 年 6 月 1 日，哈尔滨海关审计组与鹤岗海关召开审计见面会

内控建设

2021 年，哈尔滨海关创新内控监督方式，提升风险防控水平。通过数据监督，应用新海廉和云擎等大数据信息化平台开展打私线索分析、国家限制性政策落实监控、疫苗等防疫物资出口监控、涉证涉税监控等，助力“现场监管与外勤执法权力寻租”专项整治行动，督促落实各项工作，同步防范内外部风险。推动跨部门风险监控协作，主动收集风险信息，研究风险防控策略，利用云擎大数据平台设计监控模块 16 个。做好国家外汇管理部门、税务部门、市场监管部门等相关外部业务数据应用，利用第三方数据印证企业向海关申报数据的准确性，防范伪报、瞒报、漏报风险。全年，共设计监控模块 135 个。强化培训交流，制定内控培训三年活动方案，采取“点餐式”、跟班作业等方式多渠道开展培训，加强应用方法和技巧交流，提升应用技能。

执法评估

2021 年，哈尔滨海关加强“云擎”平台学习应用，保障数据提取可靠准确，推进执法评估工作有效实施。配合总署开展进口粮食监管政策措施落实情况署级专题评估，完成关区书面调研、数据核对、文字撰写、问卷调查等工作。组织协调关区相关职能处室、隶属海关开展署级专题海关技术性贸易措施问卷调查及书面调研、海关稳外贸稳外资措施情况问卷调查、综合保税区落实优化保税监管措施情况书面调研及问卷调查等工作。

（供稿人：倪志盛　魏　宁）

离退休干部工作

概况

2021年，哈尔滨海关以习近平总书记关于老干部工作的重要指示精神为遵循，以“让关党委放心，让老干部满意”为工作目标，围绕庆祝中国共产党成立100周年重大活动，开展党史学习教育系列活动。将思想建设、纪律建设作为工作重点，落实离退休干部的政治待遇和生活待遇，建成规模化、标准化的老干部活动中心并投入使用。持续加强离退休干部工作部门自身建设，圆满完成各项工作任务，在“海关总署离退局2021年直属海关领导班子考核客观指标评分”中首次取得满分成绩。截至2021年年底，哈尔滨海关系统离退休人员共693人，比上年增加7.94%。其中，离休干部3人，与上年持平；退休干部690人，比上年增加7.98%；成立离退休干部党支部2个。

落实政治待遇

2021年，哈尔滨海关召开情况通报会2次。向老干部通报哈尔滨海关2020年和“十三五”时期取得的主要工作成绩，介绍2021年重点工作落实情况和哈尔滨海关贯彻落实《“十四五”海关发展规划》实施方案。关区庆祝建党100周年系列表彰大会上，为3名老干部代表颁发“光荣在党50年”纪念章。

落实生活待遇

2021年，哈尔滨海关走访慰问生活困难党员、长期患病老党员、老干部40人，为离退休人员发放春节、重阳节慰问金。制定体检方案，指定专人负责陪同170名老干部参加体检。协助多名老干部办理异地就医、药费报销、个人档案查询等事宜，协助4名去世老干部家属办理相关手续及处理善后事宜。

落实项目清单

2021年，哈尔滨海关在财政预算大幅压减情况下，积极筹措资金，多方争取，建设老干部活动中心，用实际行动解决老干部关心关切的问题。这是哈尔滨海关建关以来首次建成的规模化、标准化的专用活动场所，填补了关区的空白，标志着哈尔滨海关老干部工作迈上新台阶。针对近几年退休人员大幅度增加的情况，编制离退休人员服务手册，为离退休人员办理相关手续提供参考依据。帮助21名非哈市户口异地居住的老干部报销异地体检费，每年报销标准与在哈市老干部体检费用标准一致。积极沟通协调，安排特约时间，解决因社区疫苗紧张部分老干部无法及时接种疫苗难题，确保及时有序接种疫苗。

开展文化活动

2021年，哈尔滨海关开展百年党史100题答题、“读毛泽东诗词深学中共党史”活动，组织收听收看《全国离退休干部第二场党史学习教育网上专题报告会》，开展以“学悟百年风雨史、颂赞海关新篇章”为主题的专题访谈，在活动中心党建专区开展学习习近平总书记在中国共产党成立100周年大会上的讲话，观看红色教育专题片《党史中的廉洁故事》，参加省老干部局开展的全省离退休干部党支部书记网络培训15人次。组织老干部开展“我看建党百年新成就”座谈会，听取老干部对中国共产党成立100周年取得伟大成就的心声，参加总署和黑龙江省委老干部局庆祝“建党100周年”主题征文、红歌微视频征集、主题书画摄影展和“我想向党说句心里话”等系列活动，向总署报送庆祝建党100周年作品20个。在《全国海关离退休干部庆祝建党百年主题征文集》和《翰墨光影颂百年书画摄影作品集》各发表作品3篇，“金钥匙”“鑫海桑榆”“龙青畅谈”三个微信公众号发布哈尔滨海关老干部建党百年献礼作品集《丹青书盛世 翰墨挥百年》，7名老干部荣获全省离退休干部庆祝建党100周年书画和摄影展优秀作品奖，3名老干部荣获建党100周年哈尔滨海关美术书法摄影作品展佳作奖。

▲2021 年 8 月，哈尔滨海关离退休干部参加庆祝建党百年主题书画摄影展部分获奖作品

（供稿人：于肃伟　许海彬）

第六篇

隶属海关单位

冰城海关

【概况】冰城海关于2019年2月15日正式对外办理海关业务，业务管辖范围为哈尔滨市及所辖市县（哈尔滨太平国际机场航空口岸除外）的各项海关管理工作。关址坐落于哈尔滨市松北区。内设6个正处级机构：办公室（党委办公室）、人事政工处（党委组织宣传部）、统计核批处、注册备案处、稽查监测处、审像监控处，2个正处级派驻机构：驻香坊办事处、驻邮局办事处。

2021年，冰城海关坚持以习近平新时代中国特色社会主义思想为指导，推进“政治建关、改革强关、依法把关、科技兴关、从严治关”建设，各项工作有序开展，取得较好成效。全年，冰城海关两税累计入库21,632.99万元，同比增长36.4%。进出口货物报关单4,640份，同比增长20.8%。办理留学回国人员购买国产免税汽车审批274笔，同比增长6.61%。检验检疫进出境动植物及其产品5,006批，同比减少13.1%，金额16.16亿元，同比增长10.5%。检验检疫进出境食品及化妆品2,673批，同比减少39.8%，金额10.97亿元，同比减少55.3%。检验工业品1,952批，同比减少10.4%，金额8.60亿元，同比减少34.4%。系统审核签发原产地证书25,578份，同比减少5%，签证金额85,525.82万美元，同比减少0.2%。

【党的建设】2021年，冰城海关党委不断加强党的全面领导，抓好政治机关建设，强化理论武装。建立三个“第一议题”（冰城海关党委第一议题、冰城海关月度形势分析及工作督查例会第一议题、冰城海关党委理论学习中心组学习第一议题）制度，加强对习近平总书记重要讲话和重要指示批示精神的学习贯彻落实，开展“第一议题”学习40次。建立党委委员进支部学习制度，将学习习近平总书记“七一”重要讲话精神作为重要政治任务，深入学习党的十九大和十九届历次全会精神，党委委员进支部学习90次。创新政治建设载体，创建《冰关刊发》，全年共编发13期。加强基层党组织建设，坚持从党内政治生活严起、从纪律作风抓起、从主体责任强起、从新时期好干部标准做起，强化“四强”党支部建设，不断提高基层支部规范化、标准化水平。以“品牌建设”聚力，研究制定冰城海关党建工作“五融合”（与政治建设、思想建设、能力建设、支部建设、准军事化纪律部队建设深度融合）量化考核体系，提升党建工作质量。以重大工作任务为平台，强化党员先锋模范作用，培养锻炼党员干部。

冰城海关党委制定《冰城海关党委认真贯彻落实习近平总书记重要讲话和重要指示批示精神的实施意见》，将安全生产、全员打私、危化品监管、生物安全、打击“洋垃圾”等工作纳入清单管理。充分发挥党委总揽全局、把方向、定大局的重要作用，年内召开11次党委会议研究落实重大决策部署，召开4次专题会议推动优化营商环境和安全生产等工作。落实形势分析及工作督查例会制度，推动落实总体国家安全观、严打象牙等濒危物种和“洋垃圾”走私、落实食品安全“四个最严”要求、统筹口岸疫情防控和促进外贸稳增长等重点工作任务，取得明显成效。

冰城海关党委以“动起来、活起来、热起来、实起来”为抓手，让党史学习教育热潮持续升温，引导党员“学党史、悟思想、办实事、开新局”。以“铸精神、强信念、跟党走”为主线，锤炼党性、服务群众，制发《冰城海关为民办实事征求意见和工作评价表》，征集意见建议21条，可行性意见建议均已解决。围绕“学史力行”，深入落实“我为群众办实事”项目清单，11项任务全部完成，其中“小邮包大服务”被总署列为百佳项目，并被国家发展改革委网站采用。

▲2021年5月7日，冰城海关开展“循龙江红色足迹 学东北抗联精神”党史学习教育主题党日活动

冰城海关党委落实全国海关和关区全面从严治党工作会议精神，充分发挥全面从严治党引领作用，一体推进不敢腐、不能腐、不想腐。严格履行全面从严治党主体责任，压紧压实管党治党“两个责任”，召开全面从严治党专题党委会2次。不断强化问责追责，运用“四种形态”的第一种形态开展谈话8人次。持续落实中央八项规定精神，持之以恒纠治“四风”，坚决防止问题反弹。深化海关政务服务“好差评”系统应用，2021年好评率100%。强化警示教育，开展为期三个月的“纪律就在身边”教育活动，引导关员牢固树立“纪律就在身边、纪律是安全线、纪律是担当的舞台”意识。强化作风建设，深入落实准军事化纪律部队建设要求，把统筹疫情防控和促进外贸稳增长等重大政治任务作为养兵、练兵、强兵的实践载体，塑造令行禁止、雷厉风行的工作作风，全面提高抓落实的执行力。

冰城海关党委扎实开展“现场监管与外勤执法权力寻租”专项整治，按照“狠抓案件、严防风险、强化震慑”的工作思路，党委班子开展专项整治调研学习25次，全关撰写专项整治心得体会155份，梳理廉政风险15条，重点关注岗位7个，向辖区1,070家企业进行宣传，设立举报箱10个，对159人开展专项整治工作排查，开展纪法教育和警示教育50余次。聚焦利用海关一线执法权力寻租问题，实施全覆盖谈话，党委委员进支部谈话8次，做到“强震慑、防风险”。聚焦专项整治工作中排查出的问题和不足，建立常态化长效机制，制定《携带宠物出境检疫监管内部工作机制》《电商监管岗位风险防控机制》《运输工具监管岗位风险防控机制》等工作制度。

【维护国门安全】2021年，冰城海关不断筑牢国门生物安全防线，截获外来物种41种次，首次查获秀丽隐杆线虫、细身赤锹，首次在关区目的地查检中截获禁止进境的检疫性有害生物豚草。深入贯彻《中华人民共和国生物安全法》，严防重大动植物疫病疫情传入传出，严防非洲猪瘟等重大动物疫情传入，截获来自非洲猪瘟疫区猪肉及其制品6批次。确保进境优良种质资源安全，完善监管措施，严防疫情风险叠加。全年，监管进境种禽8批次、17.5万只，引进种鸡雏数量居全国第二，创我省历年之最。开辟农产品“绿色通道”，监管进境种子159.4吨。开展“清风”行动，确保进口高端装备设备质量安全，监管自美国、日本、德国等国家进口的国内急需高端装备设备291批次。不断完善进境粮食后续监管措施，开展专项稽核查，强化对企业加工和下脚料处理的审核确认，监管进境粮食7.7万吨。

【监管工作】2021年，冰城海关监管进出口货运量15.36万吨，同比增长39.2%，金额4.48亿美元，同比增长29.8%。监管进出境集装箱12,365箱，同比增长83.0%，进出口载货量14.16万吨，同比增长59.5%。监管各类进出境邮件540.29万件，同比减少46.9%。监管进出境邮递包裹457.53万件，同比减少51.0%。监管进出境印刷品音像制品29.62万件，同比减少25.4%。监管进出境邮政快件20.19万件，同比减少43.7%。监管进境非邮商业快件32.95万件，同比增长346.1%，货值0.92亿元，同比增长425.7%。加强海关知识产权保护，全年，办结侵权案件80起，涉及侵权物品234件。对3家近三年涉及进口固体废物的加工企业开展专项稽查行动，涉及货值141.03万元。持续推进安全生产三年专项整治，将安全生产工作列为形势分析及工作督查例会常设议题，建立冰城海关安全生产制度清单和问题清单，累计排查各类安全风险隐患12项，已全部“清零”。加强危险化学品监管，制定《冰城海关压紧压实进出口危险化学品和危险货物检验监管工作职责分工》，建立危险化学品和危险货物及其包装工作台账，强化进出口危险品及其包装全链条监管。

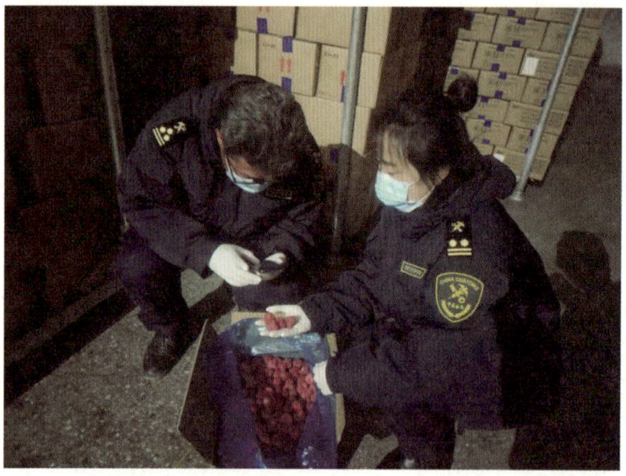

▲2021年10月20日，冰城海关关员到企业查验出口冷冻果蔬

【企业管理和稽查】2021年，冰城海关稽核查工作成效明显，办理单独追补税作业3起。充分发挥集中审像中心作用，开展集中审像1.64万票，查发图像异常5起，均移交现场处理。

【缉私工作】2021年，冰城海关深入贯彻落实习近平总书记关于打击走私的重要指示批示精神，持续保持高压打私态势，将全员打私作为形势分析及工作督查例会常设议题，制定全员打私责任分工方案。全年查获进境冰毒9.61克，实现2021年刑事案件“零的突破”。

【优化营商环境】2021年，冰城海关持续推进“放管服”改革，全面推广国际贸易“单一窗口”标准版，积极推行承诺制和“双随机、一公开”，努力打造冰城海关“办理海关事项不求人”特色品牌。深入落实减税降费措施，全年共签发征免税确认通知书256份，审批货值7,881.02万美元，减免税款7,004.79万元，签发减免税担保证明296份，减免税项目备案38份，审批用汇额度1.7亿美元。加大汇总征税、关税保证保险等政策宣传力度，“优化加工贸易料件消耗申报核销管理”案例荣获“中国（黑龙江）自贸试验区哈尔滨片区首批十佳创新案例”。加大《优化营商环境条例》落实力度，牵头参加2020年“优化营商环境国评”跨境贸易指标考评，得分增加23.61分，排名百分位上升35.61%，获得优秀。

积极服务对外开放平台建设，对“中欧班列运费分段计算征税”，监管中欧班列运行496列，同比增长140%。围绕“三区一港”（哈尔滨综合保税区、临空经济区、新区和内陆港）联动发展，出台12条措施优化自贸区营商环境，被国家发改委网站采用。全年，中国（黑龙江）自贸试验区哈尔滨片区进出口总值67.59亿元，同比增长103.2%。全面落实总署和哈尔滨海关各项支持政策措施，配合哈尔滨综合保税区招商项目落地，促进综合保税区进出口稳步增长，实现进出口总值344.58亿元，比上年增长35%，进出口增速高于同期我省5.4个百分点、高于同期全国13.6个百分点。

积极推动外贸高质量发展。成立航空航天产业链工作专班，形成黑龙江省航空航天产业链调研报告并上报总署，推动供应链补链强链。促进企业提升市场竞争力，助力冷冻果蔬出口迅速增长，年内实现冷冻果蔬出口 2,465.8 万美元，同比增长 44.7%。积极培育高级认证企业，5 家一般信用企业提升为一般认证企业，1 家企业进入高级认证作业流程。

▲2021 年 5 月 6 日，冰城海关关员监管中欧班列出口货物

【疫情防控】2021 年，冰城海关充分发挥疫情防控指挥部作用，压紧压实“四方责任”，落实各项常态化疫情防控措施。坚持“外防输入、内防反弹”总策略，动态梳理疫情防控文件，及时调整疫情防控措施，建立疫情防控常态化监督检查机制、常态化培训机制，全面落实“一口岸一方案”要求，严格实施进口高风险非冷链集装箱货物监测检测和预防性消毒监督工作。全年，开展监督检查 14 次，实操演练 8 次，采集高风险非冷链货物新冠病毒样本 429 个，监督有资质的消毒单位对 20 个进口集装箱、869 件货物外包装实施预防性消毒。落实联防联控机制，精准厘清各方责任，主动履行督促提醒职责，协调推动落实业务现场疫情防控闭环管理措施。

▲2021 年 1 月 7 日，冰城海关驻香坊办事处开展进口高风险非冷链货物疫情防控专项演练

（供稿人：刘　迪　刘艳杰　杨小平　陈奂希　徐　莉　焦令荻）

哈尔滨太平机场海关

【概况】哈尔滨太平机场海关前身是“哈尔滨海关驻机场办事处”。1987年4月10日，哈尔滨海关增设驻机场办事处并进驻哈尔滨阎家岗机场。2009年2月13日，哈尔滨太平机场海关正式成立，为哈尔滨海关所属正处级海关，业务管辖范围为哈尔滨太平国际机场口岸及相关临空区域。

2021年，哈尔滨太平机场海关坚决贯彻党中央重大决策部署，全面落实总署党委和哈尔滨海关党委各项工作要求，较好完成各项工作任务。全年共监管进出口货物1,618吨，同比增长24.4%，货值9,835.9万美元，同比减少62.2%。接受已结关报关单2,813份，同比减少3.5%。货运渠道征收税款7,416.2万元，同比减少25%。监管进出境人员5.3万人次，同比减少60%。监管进出境飞机751架次，同比减少42.7%。旅检渠道征收税款6.5万元，同比减少12%。验放进境B类快件42.6万件，同比增长31.7%，货重366.3吨，同比增长35%，货值1.1亿元，同比增长44.3%。快件渠道征收税款421.7万元，同比增长64.7%。

【党的建设】2021年，哈尔滨太平机场海关党委坚持“第一议题”制度，学习贯彻落实习近平总书记重要讲话和重要指示批示精神26次，做到各项工作有部署、有声音、见行动。树立“抓好党建是最大政绩”和“抓党建是本职，不抓党建是失职、抓不好党建是渎职”的理念，提出“12234”（坚持“一个导向”，始终把政治建设摆在首位，坚持大抓基层的鲜明导向，按照“一支部一品牌，一品牌一特色”的党建品牌创建理念，努力把各基层党支部建设成为实现党的领导的坚强战斗堡垒；建好“两个平台”，建设党建活动室和支部风采展示长廊，为开展党建活动提供阵地；用活“两个载体”，发挥每日“微党课”“海关封面”两个学习宣传载体作用，在传承和发展中打造在关区具有一定影响力的特色名片；建立“三点机制”，将党委委员所在支部作为党建“活动点”，将机关党委委员联系支部作为党建“帮建点”，将“四强”红旗党支部作为党建“示范点”；采取“四查措施”，重点围绕“查计划制订、查内容开展、查落实质量、查工作成效”加强工作督导，促进制度落实）抓建思路，深化“强基提质工程”，严格“五个到支部”（领导干部参加所在党支部组织生活，做到每年至少参加1次所在支部学习研讨，至少为支部全体党员讲1次党课，至少参加1次支部组织生活会，至少检查指导1次支部党建工作，在支部发挥示范引领作用），建立完善“双点”（将六个“四强”党支部作为示范点，将党委委员所在支部作为联系点）机制。开展支部主题党日展示活动，充分发挥典型带动作用，各支部创新学习形式，开设“午学十分”“每周一看”“学党史，铸初心”“党史微宣”“滨港学堂”等各具特色的学习专栏。机关党委被黑龙江省直机关工委评为“基层党建先进集体”，旅检四科党支部被评为年度“全国海关基层党建示范品牌”，报关厅集体被评为“全国青年文明号”。

哈尔滨太平机场海关党委提出“四个到位”（思想认识到位，责任落实到位，组织推动到位，指导跟进到位）“六个结合”（重点学习与统筹推进相结合，集体学习与个人学习相结合，线上学习与线下学习相结合，规定动作与自选动作相结合，党史学习与业务工作相结合，党史学习与庆祝建党100周年相结合）具体要求，通过“学史·铸魂”党史故事宣讲会、“学党史 颂党恩——我想对党说”等20项具体活动，组织大家学起来、动起来、热起来、做起来，组织专题理论学习7次、理论研讨4次、专题读书班活动1次，推送党史专题“微党课”340期、党史学习教育专刊14期。将“我为群众办实事”实践活动贯穿始终，梳理办实事项目12项、优化服务项目10项、重点民生项目2项，相关工作被《人民日报》客户端等20余家媒体报道。开展庆祝中国共产党成立100周年系列活动，党委书记以“让红色成为青春的底色”为题对青年干部提出要求。关党委第一时间学习贯彻党的十九届六中全会精神，提出“五个结合”（将学习宣传贯彻全会精神、党史学习教育、当前重点工作、党建工作、完成本职工作相结合），充分发挥“关键少数”领学促学作用，先学一步、学深一层，深入所在支部宣讲和指导，教育引导广大党员干部将思想和行动统一到全会精神上来，引领全体党员干部自觉主动学、及时跟进学、联系实际学、笃信笃行学。

哈尔滨太平机场海关党委开展常态化纪法教育和警示教育，邀请第二派驻纪检组同志以“增强纪法意识，创建清廉海关”为题讲授专题党课，组织开展航空口岸违法犯罪案例讲座、预防职务犯罪讲座。开展“现场监管与外勤执法权力寻租”专项整治，查找廉政风险点13项，重点关注岗位3个，组织102人进行“违规事项个人申报”，与93人开展逐一谈话，听取问题反映和意见建议，自觉接受政治、廉政“体检”。巩固整治成效，建立常态化纪法学习和警示教育规定等制度规范5项，完善修订进出境航空器监管作业指导书等操作规范3项。主动接受派驻纪检组监督，第一时间落实派驻纪检组提出的15条监督建议。

▲2021年4月19日，哈尔滨太平机场海关组织参观革命领袖视察黑龙江纪念馆

哈尔滨太平机场海关党委坚持正确选人用人导向，注重在重大考验面前发现、培养、选拔、使用干部，开展选拔任用正副科级领导干部、推荐高级职级公务员和晋升职级公务员工作。1名科长被总署评选为2021年度“百名优秀执法一线科长”。加强准军事化纪律部队建设，严格执行内务规范，注重日常习惯养成，每月进行内务规范督察，对行为规范自查自纠，加强“八小时”以外的监督；加大岗位练兵力度，开展集中队列训练，举行重大节日升国旗仪式，着力提升政治素质、业务能力、纪律作风和精神品格，队伍精神面貌进一步改观。

【维护国门安全】2021年，哈尔滨太平机场海关积极做好口岸公共卫生核心能力建设复核考核工作，取得88.5分的成绩。对辖区企业进行日常卫生监督196家（次），下达限期整改通知书6份。全面落实食品安全“四个最严”要求，完成食品抽检170批次。维护口岸生物安全，开展鼠类监测5次、成蚊监测12次、伊蚊监测6次、蜚蠊监测12次，截获外来物种明日叶、垂盆草及外来有害生物普通丝尾垫刃线虫、燕麦真滑刃线虫。

【监管工作】2021年，哈尔滨太平机场海关不断丰富监管手段，顺利完成智能查验机器人升级改造，为查验工作提供辅助。查发全国海关首起瑞士“FINDEVA”品牌侵权案件，高效保障“红通人员”等特殊包机监管任务。全面启用卫生处置应用模块，每名旅客在卫生检疫环节通关时间缩短至2分钟。3月至8月期间，组织启用远程视频流调工作模式，由“面对面”转变为“屏对屏”，降低一线人员感染风险，平均每架航班整体通关效率提高20%。

▲2021年8月1日，哈尔滨太平机场海关关员登临检疫入境航班

【优化营商环境】2021年，哈尔滨太平机场海关逐项落实“两步申报，提前申报，两段准入，目的地检查”等改革任务。推进国际贸易“单一窗口”“互联网+海关”政务服务平台建设。持续压缩货物整体通关时间，相比2017年进口时间压缩66.68%、出口时间压缩60.03%，口岸通关效率不断提升。打造“办理海关事项不求人”服务品牌，结合“我为群众办实事”实践活动，聚焦企业“急难愁盼”问题，优化监管模式，开辟绿色通道，实现货到即提，助力松茸等易腐易烂货物高效通关出口。主动服务支持引进优质种质资源，倾听企业需求与困难，积极解决企业问题，助力国内种质资源科研提档升级。高效验放进境观赏水生动物日本锦鲤，制定检疫工作方案，提前完成单证审核，做好防疫消毒及装卸准备，快速完成放行，有效防止锦鲤因缺氧而死亡，得到企业好评。助力哈尔滨搭建对俄空中贸易大通道，积极克服人员不足困难，全时守候，即到即验，高效保障对俄货包机通关，监管服务由哈尔滨直飞莫斯科包机共计195班次，货运量6,485.5吨。

【服务地方经济】2021年，哈尔滨太平机场海关积极参加北美航线货运包机复飞工作，全力支持哈尔滨临空经济区线上新经济产业园发展。主动协调广州白云机场海关，帮助广州南航中免免税品有限公司哈尔滨分公司解决大量免税品积压问题。完成空港食品公司新厂房卫生许可审批，助力机场口岸首个现代化航空配餐生产厂房落成并投入使用。推进保税航油业务，成功争取哈尔滨市商务局项目支持，并得到省领导批示。

【综合保障】2021年，哈尔滨太平机场海关开展岗位内控节点梳理，将内控节点对应到具体岗位，考核指标成效显著，其中涉及署级节点79条。完成公文处理、督办检查、信访等制度清理修订，推进机关办文、办会、办事效能建设，精文简会，加强信息宣传。落实“过紧日子”要求，全力保障疫情防控、基本民生等重点方面资金需求。持续做好“五小”边关建设，办好职工食堂。改造党员活动室和支部风采展示长廊。加强对封闭管理人员的关心关爱，做好心理疏导和思想政治工作，积极争取地方防疫补助支持，成立“疫”启爱志愿服务队，为封闭管理人员及其家庭开展志愿帮扶，解决后顾之忧。

【疫情防控】2021年，哈尔滨太平机场海关严格落实“三查三排一转运”要求，实行卫生检疫岗位人员封闭管理，制定安全防护9项措施，实行6个方面14项工作纪律，做到“四必须”（必须成立工作专班，必须制定工作方案，必须建立管理制度，必须严格监督管理）、“五件套”（登记造册，封闭管理，两点一线，一天一检，全员全程接种疫苗）、“六个不”（标准不降低，区域不交叉，通道不共用，空调气流不交换，人员不接触，管理不缺

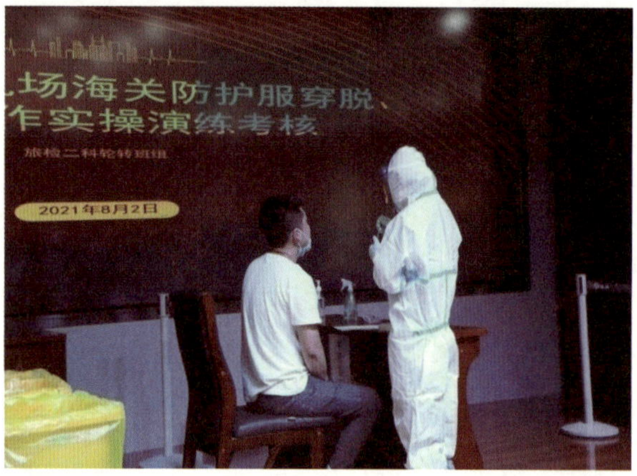

▲2021 年 8 月 2 日，哈尔滨太平机场海关组织开展防护服穿脱和核酸采样实操演练考核

位），做到岗前“四查一讲”（查设施，查物资，查穿戴，查任务，开班前小会宣讲）、岗中“四查一控”（查全部现场作业点，查重点岗位，查重点帮扶人员，查重点检疫对象作业过程，做好作业过程污染控制和职业暴露应急处置）、岗后“四查一评”（查装备污染状况，查脱卸，查洗消，查垃圾处置，评职业暴露风险）。牢固树立“安全第一、预防为主”理念，严格落实“人、物、环境”同防要求，加强入境货物、快件及监管场地（所）管理，严格按照布控指令要求进行查验、采样监测及预防性消毒。

（供稿人：王　朋　王芳菲　艾嘉亮
刘思聪　刘晓丽　孙宗国
孙建华　李　影　吴永泉
张　印　张　琦　张莉莉
陈玉章　林景慧　姜小萌
姜　冰　候春雨　高紫微
崔　杨　鲍雨彤　骞　壮）

齐齐哈尔海关

【概况】1992 年哈尔滨海关设立齐齐哈尔监管组，1996 年 6 月 18 日齐齐哈尔海关正式建关，为哈尔滨海关所属正处级海关。齐齐哈尔海关业务管辖范围为齐齐哈尔市。

2021 年，齐齐哈尔海关坚持以习近平新时代中国特色社会主义思想为指导，贯彻落实两级海关工作会议和全面从严治党会议要求，有序推进各项工作。全年，出口申报前监管饲料及饲料添加剂 4,377 批、39.1 万吨，同比分别增长 35.3% 和 59.6%。出口定向大米共计 201 批、98,000 吨。出具证书 2,520 份，审核电子底账信息 3,194 份。

【党的建设】2021 年，齐齐哈尔海关党委坚持月度形势分析及工作督查例会制度和例会“第一议题”制度，坚持把学习贯彻习近平新时代中国特色社会主义思想、党的十九大和十九届历次全会精神作为重大政治任务，贯彻总体国家安全观，统筹疫情防控和促进外贸稳增长，落实食品安全“四个最严”要求、安全生产三年整治等重点工作，推动党中央重大决策部署落实落地。

齐齐哈尔海关党委巩固“四强”党支部建设成果，定期组织支部“三会一课”和主题党日活动，认真开展组织生活会和民主评议党员，不断加强基层党组织的政治功能建设，提升组织力。在 2021 年哈尔滨海关机关“两优一先”评选活动中，2 名同志分别被评为优秀共产党员和优秀党务工作者。强化示范引领作用，关党委委员带头讲党课、交流学习心得。发挥“三会一课”、主题党日和青年理论学习小组的作用，落实规定动作，创新开展自选动作，建立“异彩齐关·党史上的今天”微党课，设计电子贺卡为全体党员过政治生日，参观齐齐哈尔市博物馆。积极开展庆祝中国共产党成立 100 周年活动。制定“我为群众办实事”项目清单，帮助企业解决困难。在 2021 年关区“两优一先”评选活动中，2 名同志分别被评为优秀共产党员和优秀党务工作者。

齐齐哈尔海关党委落实谈心谈话制度，对“关键少数”定期开展提醒。健全日常监督手段，抓住节假日等重要节点，对苗头性问题及时介入提醒，强化廉政提醒和对执法人员的监督，保持反腐高压态势。

配合派驻纪检组工作，全面接受监督和指导。做好配合总署党委第五巡视组延伸巡视工作，按照要求提供相关材料。做好巡察整改工作，对照哈尔滨海关党委第一巡察组巡察反馈意见指出的5个方面21个主要问题，逐条研究制定67项整改措施。坚持聚焦解决重点难点问题，召开专题会议3次，集中梳理整改情况，开展评估，及时督办，已完成整改。开展“现场监管与外勤执法权力寻租”专项整治工作，设立专门举报箱，公示举报渠道，向企业推送“致企业一封信”，召开专项整治关企座谈会，征求意见建议；深入全面自查，学习典型案例通报，开展警示教育；组织参加专项整治纪法教育测试，通过率100%。

齐齐哈尔海关党委推进准军事化纪律部队建设，开展“内务强化月”活动。落实“两个责任”，设立投诉举报电话，聘任特约监督员。推进职务职级晋升，完成3名关员职级晋升和3名正科级干部选拔任用。开展纪法专题讲座，制定齐齐哈尔海关“八五”普法规划，推动提升综合素质。

▲2021年7月1日，齐齐哈尔海关到齐齐哈尔市博物馆参观党史专题展

【税收征管】2021年，齐齐哈尔海关推进属地纳税人管理，做好4家重点企业属地纳税人申报工作。认真执行减免税政策，引导企业用好税收政策，推进实施预裁定、关税保证保险、汇总征税、原产地证书自助打印等便利措施。优化业务办理流程，落实“多证合一”“证照分离”“准营准入”等改革措施，对具备条件的企业，采取“不见面审核”方式，降低疫情对企业生产经营的影响。全年审核确认进口货物征免税申请17份，货值2,933.2万美元，减免税合计1,742.2万元，减免税货值和减免税款创历史新高。针对省市重点项目和重点企业，量身定制“一企一策”服务措施，实行进口查验“零等待”，进口集装箱货物随到随检随走。

【监管工作】2021年，齐齐哈尔海关优化出口申报前监管，提供便捷出证服务，实行7×24小时预约办理，随报随检随放，开展“单证预审”和“证书日结”，

▲2021年4月22日，齐齐哈尔海关关员查验出口饲料

提高企业通关效率。做好跨关区进境粮食调运初审工作，依托远程视频监控进境粮食流向，共监管进境玉米18,700吨。开展企业需求调研，解决企业“急难愁盼”问题，畅通查验检测放行全流程。针对省市重点项目和重点企业，量身定制“一企一策”服务措施，实行进口查验“零等待”，进口集装箱货物随到随检随走。

【优化营商环境】2021年，齐齐哈尔海关深化“放管服”各项改革措施，打造“办理海关事项不求人”服务品牌，进一步拓宽关企沟通渠道，指导企业无纸化平台规范申报，对首次出口大米、危险化学品、化肥等敏感商品企业开展“一对一”政策指导，实现首问“一次性告知”。开展企业需求调研，解决企业“急难愁盼”问题，畅通查验检测放行全流程。加强输欧饲料企业政策宣传，助力企业应对国外技术性贸易壁垒。创新加工贸易单耗核算方法，解决保税进口玉米无法采用传统方式核算单耗的问题。支持进境肉类指定监管场地发展，指导办理进口肉类检疫许可证，做好进口冷链食品新冠肺炎疫情防控等监管和检验检疫工作。开展“国门绿盾2021”行动，与地方有关部门联合执法，深入企业开展“国门生物安全进企业活动”。加强知识产权保护，辖区2家企业已备案并提交“龙腾”企业申请表。进口报关单量同比增长12倍，减免税货值和减免税款创历史新高。

【综合保障】2021年，齐齐哈尔海关加强公文、政研、信息宣传、档案、机要保密工作，规范公文办理和运转，通过各种渠道报送论文12篇。落实“过紧日子”要求，推进闲置房产整合利用，谋划保健中心发展。落实安全生产三年整治任务，组织开展“安全生产月”活动，定期开展日常安全检查。加强后勤保障工作，创建节约型机关，规范公务用车管理。

【疫情防控】2021年，齐齐哈尔海关重点强化内部疫情防控，组织海关内部工作人员感染新冠肺炎应急处置演练2次。加强口岸卫生检疫工作人员防护和现场作业流程培训，定期对公共区域消毒。编制《齐齐哈尔航空口岸旅检疫情防控工作方案》《齐齐哈尔口岸旅检新冠肺炎卫生检疫流程图》《齐齐哈尔海关新冠肺炎疫情防控指南》《齐齐哈尔海关内部疫情防控制度》，做好应急物资储备。

▲2021年12月8日，齐齐哈尔海关开展进口冷链货物采样演练

（供稿人：张　安）

牡丹江海关

【概况】牡丹江海关前身为“绥芬河海关驻牡丹江办事处”，1990年1月1日，成立牡丹江海关筹备组（处级），隶属于哈尔滨海关。1990年10月20日，牡丹江海关正式挂牌成立，为哈尔滨海关所属正处级海关，业务管辖范围为牡丹江市区及所辖宁安市、海林市、穆棱市和林口县。

2021年，牡丹江海关坚持围绕“五关”建设总体要求，统筹口岸疫情防控和促进外贸稳增长，多措并举助推保税物流中心（B型）快速发展，完成口岸检疫方舱建设。全年，审核进出口货物报关单4,144份，同比增长228.1%；监管进出口货物15.6万吨，同比增长19.5%，贸易额1.06亿美元，同比增长65.7%；征收税款合计6,582.2万元，同比增长69.4%；受理出入境检验检疫申请4,206批，同比减少5.4%；签发原产地证书2,188份，同比减少12%，金额7,279.7万美元，同比增长0.5%。

【党的建设】2021年，牡丹江海关党委全面贯彻落实新时代党的建设总要求和新时代党的组织路线，坚持以政治建设为统领，把学习贯彻习近平新时代中国特色社会主义思想作为首要政治任务，坚持“第一议题”制度，全年通过“第一议题”学习贯彻落实习近平总书记重要讲话和重要指示批示精神67次，召开党委会43次、形势分析及工作督查例会12次。落实全面从严治党主体责任，严肃党内政治生活，加强党员监督管理，实行领导班子党建联系点制度，发挥党委理论学习中心组作用，组织集体学习12次，研讨交流59人次，党委书记讲授专题党课3次。落实“三会一课”、主题党日等制度，开展“四强”党支部和党建品牌创建，深化“强基提质工程”，建设党建活动室、智能书柜和流动图书站，打造党建文化走廊。把落地见效、强化政治功能作为基层党支部着力点和着眼点，推进党支部标准化、规范化建设，编辑并发布《党建工作动态》21期。

牡丹江海关党委将党史学习教育作为中国共产党成立100周年系列庆祝活动重要内容，“七一”前全面学习党史，“七一”后重点学习习近平总书记在庆祝中国共产党成立100周年大会上的讲话精神，坚持领导班子率先学、支部党员跟进学、形式多样反复学。开展“读党史、荐书籍”

活动，举办“回顾百年党史，礼赞今朝”书画摄影文化作品展、“五四精神传薪火 激扬青春献海关”主题演讲比赛、知识竞赛，举行“七一”升国旗仪式，观看庆祝大会实况，召开专题组织生活会，开展“庆百年华诞、循红色古迹、温入党誓词、谱党建新篇”联学联建活动，录制《不忘初心》《红心永流传》《基层书记谈责任》精品微视频。细化“我为群众办实事”项目清单，解决企业群众“急难愁盼”问题61项，完善民生服务，筹建洗衣房、理发室。

▲2021年5月8日，牡丹江海关举办“五四精神传薪火 激扬青春献海关”主题演讲比赛

牡丹江海关党委开展讲授廉政教育党课、参观廉政教育基地、观看警示教育片等活动7次，筑牢不敢腐、不能腐、不想腐的思想根基。学习贯彻中央八项规定精神，加强纪律教育和廉政宣传，发送廉政提醒6次，防止“四风”反弹。严格外出请销假报告、婚丧嫁娶报备、重大问题请示汇报和个人有关事项报告等制度规定，加强干部“八小时以外”监督，将专项整治作为党风廉政建设重点任务。强化准军事化纪律部队建设，开展“内务规范强化月”活动。全年，开展谈心谈话48次，向企业发函241次，调研企业7家，列出廉政风险清单14项，制定整改措施9项，建立制度机制9个。

【监管工作】2021年，牡丹江海关完善监管体系，梳理企业名目12家，验核5家，复核物流企业资质2家，清理平台企业2家，开展盘库核查4起。受理跨境电商业务3,415笔，交易额65.4万元，征收税费12.4万元。按要求开展打击跨境电商进口走私“断链刨根”专项整治行动。全年，查验货物4,035批次；监管出口货物木质包装366批次；检验进出口危险化学品和危险货物包装使用鉴定42批，货值175万美元；开展出口食品化妆品安全监督抽检计划样品16个，边境小额贸易出口蔬菜安全监督抽检样品34个，进出口食用农产品安全风险监控样品1个；开展进境粮食加工企业专项治理工作，清退不合格企业8家，处罚违规加工企业1家。

▲2021年4月12日，牡丹江海关关员对出口地板进行现场查验

【监管场地建设】2021年，牡丹江海关以科技创新推动业务创新和管理创新，推进业务科技一体化，完善技术装备、实验室等各类资源，提升“智慧海关”建设水平。在牡丹江海浪国际机场停机坪建设300平方米检疫方舱，配备远程音视频监控指挥系统，改造30平方米出境负压医学排查室、20平方米防护服穿戴间、15平方米防护服脱卸间，利用大数据、AI图像识别、5G技术、IM即时通信技术等科技手段，建设一站式综合卫生检疫处置平台，实现旅客“不见面”远程办理。按照生物安全二级实验室安全标准，建设PCR核酸检测实验室，配备独立外挂式升降梯转运通道，实现人流、物流分离，解决样本、医疗垃圾移运与办公场所共用通道问题，通过省临床基因扩增检验实验室技术审核初审，2名护士获得省预防接种技术合格证书。注册完成中国疾病预防控制信息系统，利用对讲系统等，实现工作人员、采样人员“零接触”。

【统计工作】2021年，牡丹江海关向牡丹江市提供贸易统计分析13次。海关系统统计分析采用6篇，政研论文采用12篇，参与课题2个，2篇论文获海关学会大连分会主题征文三等奖。

【企业管理和稽查】2021年，牡丹江海关持续深化“放管服”改革，激发市场主体活力，做好海关报关企业行政许可改备案、出口食品生产企业行政审批改备案，出境动植物及其产品、其他检疫物的生产、加工、存放单位注册登记“优化审批服务”改革，实现申请、审批全网上办理。推进信用分级分类监管，运用“中国海关信用管理”微信平台、关企工作微信群、制发宣传册等方式，加强海关信用管理宣传。全年，开展稽查作业并办结6笔、失信核查作业24笔、保税核查作业4笔，查发办理行政案件3起，参与地方联合核查作业6次。

【缉私工作】2021年，牡丹江海关保持打击走私高压态势，聚焦濒危物种及其制品、“洋垃圾”等走私行为，强化风险研判和监测预警，开展“国门利剑2021”专项行动。全年，办理简易程序案件9起，办理一般程序案件4起。

【优化营商环境】2021年，牡丹江海关推进“办理海关事项不求人”品牌建设，落实《牡丹江海关助力地方经济发展六条举措》，与大连海关所属大窑湾海关建立出口转关配合机制，采用出口货物运抵港口直接装船的“运抵直装”通关模式，提高通关效率，压缩通关时间，受理直装货物报关4批次，货值18.3万美元。推进“两步申报”通关模式改革，全年核放“两步申报”报关单312份，汇总征税5,700余万元。落实审批改备案制度，办理进出口收发货人备案80家，企业政务服务“好差评”参评率、好评率均达到100%。提升属地查检工作效能，支持外贸企业扩大进出口，全年共办理属地查检业务805批。开展海关减免税优惠政策宣传，办理《征免税确认通知书》15份，为科研机构、大专院校减免关税及增值税356.2

万元。构建精准帮扶机制，实现重点企业与保税物流中心（B型）、国际机场联动发展。开通牡丹江航空口岸货运转关，与青岛综合保税区、哈尔滨综合保税区实现货物点对点流转。牡丹江保税物流中心（B型）监管进出口货物13.8万吨，同比增长406.4%，进出口总值9,302.6万美元，同比增长606.2%。

【督审工作】2021年，牡丹江海关开展督查审计自查5次，协助开展署级执法评估问卷调查3次。加强内控机制建设，处置联系单268个，处置异常数据71条，补征税款58次，应用署级内控节点154个。

【传染病监测】2021年，牡丹江国际旅行卫生保健中心开展出入境传染病监测体检人数为808人、其中移民1人、商务6人、公务3人、劳务246人、留学33人、船员20人、涉外婚姻13人、旅游探亲3人、外籍349人、其他134人。检出非受控疾病病毒性肝炎7人、梅毒TPPA阳性11人。保健中心共签发健康证书724份、核酸报告3,771份、抗体报告3,339份。赴韩办理肺结核健康诊断书4,902人，检出受控传染性疾病肺结核5人。

【新冠肺炎疫情防控】2021年，牡丹江海关贯彻落实习近平总书记关于新冠肺炎疫情防控的重要指示批示精神，严格执行海关总署、哈尔滨海关及牡丹江市疫情防控指挥部要求，成立指挥部，下设7个工作专班、19个工作组的“1719”三层级疫情防控组织体系，形成21个方案预案、9个工作指引、7个工作制度的“21+9+7”疫情防控文件体系，健全培训考核、监督管理、自查督查工作制度，执行岗前检查、工作巡查、全程督查和双人作业、互相监督的安全防护制度。开展疫情防控培训18期、实战演练7次，包括进口冷链食品及包装新型冠状病毒核酸采样2次、职业暴露应急处置演练3次、内部工作人员感染新冠肺炎应急处置演练2次。

▲2021年8月11日，牡丹江海关开展职业暴露应急处置演练

（供稿人：王　聪　付　蔷　林　琳　周春燕　盖　莹）

绥芬河海关

【概况】绥芬河海关前身是绥芬河分关，于1908年2月设立。1949年12月30日，绥芬河海关正式成立，隶属于东北海关管理局。1985年2月18日，绥芬河海关成为哈尔滨海关所属正处级海关，业务管辖范围为绥芬河市全境。

2021年，绥芬河海关坚决贯彻落实习近平总书记重要指示批示精神，在防控新冠肺炎疫情、促进外贸高质量发展等工作中攻坚克难、担当作为，推动各项工作取得新成效。海关总署党委书记、署长倪岳峰2次通过视频连线方式慰问绥芬河海关，黑龙江省委书记许勤在绥芬河公路口岸调研时对海关工作给予肯定。受新冠肺炎疫情等因素影响，全年监管进出口货物819.3万吨，同比减少17%，货值27亿美元，同比增长42.1%。监管进出境运输工具32万节（辆）次，同比减少5.3%。监管进出境人员4.8万人次，同比减少61.1%。征收税款12.7亿元，同比增长18%。

【党的建设】2021年，绥芬河海关党委牢牢把握海关首先是政治机关的定位，坚持把政治建关摆在首位，不断提高党员干部政治判断力、政治领悟力、政治执行力，把对党绝对忠诚落实到海关各项工作中。全面加强党的领导，深入推进全面从严治党，提升党建工作质量。

绥芬河海关党委坚持落实“第一议题”制度，在筑牢口岸检疫防线、优化口岸营商环境、促进外贸稳增长、打击象牙等濒危动植物及其制品走私、禁止“洋垃圾”入境等重要工作上态度坚决、行动迅速、务求实效，强化督办落实。全年召开党委理论学习中心组会议12次，形势分析及工作督查例会12次。

绥芬河海关党委加强基层党建工作，深化“强基提质工程”，推进“四强”党支部建设，持续推动“支部强在科上”，在疫情防控等工作中充分发挥党支部战斗堡垒作用和党员先锋模范作用。11名同志被评为关区优秀共产党员，2名同志被评为关区优秀党务工作者，绥芬河海关驻公路口岸办事处旅检一科党支部被评为关区先进基层党组织，“率宾先锋”党建品牌通过2021年度全国海关党建示范（培育）

品牌复核认定。严格落实组织生活制度，29个党支部按时开展主题党日、谈心谈话、组织生活会等活动，党委班子成员认真参加所在支部活动，确保组织生活严肃、认真、经常。举行“学百年党史、铸忠诚关魂”党史知识竞赛，联合绥芬河边检、铁路等部门举办庆祝中国共产党成立100周年文艺会演，《把初心写在国门“疫”线》等20余部党课、宣传作品在国家、海关总署、黑龙江省媒体展播发布。

▲2021年6月29日，绥芬河海关联合绥芬河出入境边防检查站、绥芬河铁路车站、绥芬河市口岸委举办“百年征程 风华正茂”文艺会演

绥芬河海关党委围绕“学党史、悟思想、办实事、开新局”主题，制定《绥芬河海关党史学习教育方案》，采取党委带头学、支部灵活学、党员自主学模式，深入学习贯彻习近平总书记在党史学习教育动员大会和庆祝中国共产党成立100周年大会上的重要讲话精神，用好《论中国共产党历史》《中国共产党简史》等理论教材，主要负责同志带头讲授党史学习教育专题党课，带动全体党员干部学史明理、学史增信、学史崇德、学史力行。组织开展中共六大历史资料馆现场教学，创新“党建之窗”专栏、微信推送“鲜活红色史料”、放映红色电影等学习载体，传承红色基因，赓续红色血脉。制定“我为群众办实事”项目清单，列明措施，明确时限，责任到人，32项任务全部完成。

绥芬河海关党委推进高素质队伍建设，践行新时代党的组织路线，坚持正确选人用人导向，加强年轻干部和复合型人才的培养使用，开展选任科级领导干部、晋升职级公务员、岗位交流等工作，完成事业单位管理岗位人员选拔任用及技术岗位人员聘任工作。利用“钉钉”等网络教育培训平台，加强业务培训和岗位练兵，提升干部职工业务能力。加强准军事化纪律部队建设，重新修订《绥芬河海关内务督察暂行办法》，开展内务规范强化月活动，严格内务规范管理，严抓纪律作风建设，强化日常作风养成。

【法治建设】2021年，绥芬河海关强化法治思维，深入落实“谁执法谁普法”，围绕海关中心工作开展法治宣传教育，营造更加规范有序、公平高效的执法环境。加强法治工作队伍建设，积极参与哈尔滨海关“普法讲师团”活动，注重法律人才的培养和使用。编制《绥芬河海关2021年度普法责任清单》，在海关法治宣传日、知识产权宣传周、食品安全宣传周等重要时间节点，送法进企业、进社区，打通普法宣传“最后一公里”。利用微信平台，开展“普法每日一学”活动。加强知识产权保护，办理侵犯知识产权案件2起，查扣侵权货物3,066件。开展“龙腾行动2021”，实行“一企一策”个性化指导，帮助1家企业进行知识产权备案。组织知识产权执法培训，邀请企业参与知识产权保护宣讲，提高业务现场人员执法水平。

【维护国门安全】2021年，绥芬河海关加强国门生物安全监测，针对监测物种特点及进口货物运输路线，设置监测点20余个，悬挂诱捕器40余个，完成检疫性实蝇、外来有害杂草、马铃薯甲虫、林木害虫、油菜茎基溃疡病菌等5大类重点项目监测，严防动植物疫情疫病传入。持续做好进境原木熏蒸除害处理工作，强化关企协作，全年监管进境原木熏蒸除害处理1,649车，约11.9万立方米。查发并监督销毁未经过准入评估的植物性调料1,848.8千克。落实食品安全“四个最严”要求，实施进出口食品化妆品抽样检验及风险监测1,429批、22,605项次。加强出口果蔬安全风险监测，在出口蔬菜中检出番茄褐色皱纹果病毒9批次、西花蓟马有害生物7批次。获批设立关区进出口商品质量安全风险二级监测点，做好进口煤炭、铁矿砂等大宗商品检验监管，对13批、1,932吨氟含量超标的进口煤炭进行退运处理。

【税收征管】2021年，绥芬河海关加强税收征管，推行自报自缴、汇总征税、关税保证保险、预裁定等便利措施，推进综合治税，提高税收征管水平。加强对重点税源商品风险分析，形成进口木材价格调研报告，被总署采纳为全国海关一级风险参数。强化对俄贸易分析，撰写大宗商品专题分析报告9篇。

【监管工作】2021年，绥芬河海关牢固树立总体国家安全观，统筹发展和安全，牢记监管是海关最基本、最重要的职责，全力提升安全防控能力，切实守住监管底线，守牢国门关口。规范监管作业场所（场地），加强进出口危险品监管，开展重点场所（场地）的安全风险隐患排查。采取预约通关、优先验放、快验快放等措施，与铁路运输部门建立常态化沟通联络机制。全年，监管进出境中欧班列545列，5万箱次，分别同比增长147.7%和164.4%。主动了解内贸货物跨境运输企业需求，参与研发并运行“国际贸易单一窗口内贸货物跨境运输申报模块系统”，采取优先办理、加强与指运港海关对接等措施，保障陆海联运大通道常态化、高效

▲2021年4月30日，绥芬河海关关员在铁路口岸现场监管进口木材

化运营。全年，监管内贸跨境运输货物1.3万吨，货值3,512.7万元。

【企业管理和稽查】2021年，绥芬河海关组织开展海关AEO认证企业培树工作，助推辖区企业提档升级。针对辖区木材加工贸易企业单耗核查工作复杂的情况，深入企业跟踪工艺流程，制订单耗核查方案，采取优化采集工艺流程关键步骤数据、工余时间错峰测定单耗等方式，提升管理实效。年内办结稽查作业16起，专项稽查有效率77%。开展核查作业33起，发现问题22起。办理涉检案件2起。

【缉私工作】2021年，绥芬河海关开展打击走私“国门利剑2021”联合行动，围绕中央关注、社会关切、群众关心的“洋垃圾”、濒危物种及其制品等走私问题，始终保持高压严打态势。全年，行政立案16起，其中侦办通过火车抛物方式走私案件8起，查获人参、马鹿鞭、海参、烟弹、药品等走私物品。查发进口熟狐狸皮碎料8.1吨，经专业机构鉴定为禁止进口固体废物。刑事立案5起，查获羚羊角、熊胆、麝香等走私物品。

【优化营商环境】2021年，绥芬河海关持续优化口岸营商环境，推进“办理海关事项不求人”品牌建设，加强服务窗口规范化建设，进一步优化和重塑业务流程，畅通对外咨询服务渠道，及时为企业答疑解惑，展示优质服务窗口形象。支持绥芬河综合保税区内符合条件的企业开展委内加工、仓储货物按状态分类监管等业务，促进绥芬河综合保税区高质量发展。

深入践行新发展理念，稳步推进重点改革任务，推进“两步申报”改革，绥芬河公路、铁路口岸“两步申报”应用率分别为17.7%和15%。着力探索自贸制度创新，加强与地方政府沟通协调，建立自贸创新联动机制，研究上报自贸创新举措17项，“跨境运输高风险司乘人员精准检疫拦截”的创新举措获得总署自贸司备案。借鉴其他自贸试验区可复制、可推广的先进经验，强化全国改革试点经验复制推广工作，现已完成复制推广56项。推动优化进境俄罗斯粮食检疫流程、俄罗斯中药材试进口等创新举措落地见效。全年，监管进口粮食27.3万吨，货值5.6亿元，分别同比增长46.1%和52.5%。监管备案6家企业检疫加工进口俄罗斯中药材69批次、834.6吨。

助力扩大中俄双边贸易，落实中俄两国元首共识，积极主动参与省政府扩大对俄贸易绥芬河工作组各项工作，向俄方海关通报中方采取的有力措施，商请俄方海关采取措施增加口岸过货量，及时提供积压车辆数量、货物种类等数据，建立特殊时期紧密联络机制，支持配合做好促进扩大对俄贸易相关工作。积极推进海关国际合作，会同哈尔滨海关所属东宁、密山、虎林海关和长春海关所属珲春海关与俄罗斯乌苏里斯克海关以视频方式举行工作会谈2次。

【综合保障】2021 年，绥芬河海关聚焦重点工作，加强新闻宣传，在国家和省级媒体发表稿件 20 余篇，积极主动反映海关工作成效及亮点。加强档案管理利用，参与搜集整理的绥芬河中苏联合化验室历史资料，被总署办公厅以“维护中苏贸易健康发展的‘红色天平’”为题，编入海关系统党史学习教育参考资料《追寻红色记忆 传承红色基因 海关档案故事 100 篇》书中，并通过《中国国门时报》对外宣传。挖掘关史陈列室保存的珍贵照片背后的历史故事，通过《金钥匙》杂志微信公众号以“光荣一生的接见”为题，将绥芬河海关迟承业同志 2 次当选全国海关先进工作者，受到毛泽东主席等党和国家领导人接见并合影留念的那段历史呈现出来，用档案讲好海关守卫国门、服务贸易发展的故事。

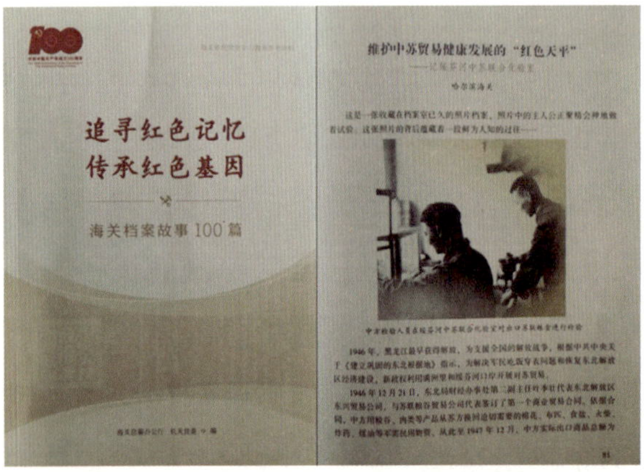

▲2021 年 6 月，绥芬河海关参与搜集整理的绥芬河中苏联合化验室历史资料，被编入《追寻红色记忆 传承红色基因——海关档案故事 100 篇》书中

加强内控机制建设，推动内控节点岗位清单制管理，规范工作流程，将内控要求细化分解到岗，融入业务流程中，努力提升内部风险防范能力，提高行政执法和内部管理水平。全年，应用内控指标体系查发整改问题 368 个，应用新海廉平台补证 108 件次。

【新冠肺炎疫情防控】2021 年，绥芬河海关持续做好新冠肺炎疫情防控工作，坚决筑牢口岸疫情防线。强化联防联控、闭环管控，严格执行卫生检疫措施，通过上线运行智能卫生检疫系统、启用远程流调中心等技术手段优化口岸卫生检疫流程，根据疫情防控形势在公路口岸货检通道实行“人不见面”查验模式，降低人员接触感染风险。成立进口货物核酸采样专班，加强口岸环节进口冷链食品、高风险非冷链集装箱货物采样监测检测和预防性消毒监督工作。从严就高做好人员安全防护，加强防疫物资保障和免疫接种，严格

▲2021 年 9 月 21 日，绥芬河海关一线关员在公路口岸现场进行进口货物新冠病毒核酸采样

执行一线高风险岗位人员封闭管理和班组轮换工作，定期进行“应检尽检”。成立疫情防控“挑毛病”专家组，对现场工作人员作业过程进行视频监督，及时发现并整改问题。持续提升实验室核酸检测能力，检测能力最高为500人份/日。年内，检测人员、进口商品等核酸样本7.1万份，并向黑龙江省疾控中心移交阶段性新冠病毒基因测序样本。

（供稿人：王俊峰　李宝鑫　郑家昕）

东宁海关

【概况】1990年2月22日，总署批准设立东宁海关，1991年11月20日东宁海关正式建关，为哈尔滨海关所属正处级海关，业务管辖范围为东宁市。

2021年，东宁海关坚持以习近平新时代中国特色社会主义思想为指导，贯彻落实两级海关工作会议和全面从严治党工作会议精神，认真履行各项工作职责。全年，监管进出口货物22.4万吨，同比减少26.7%；监管进出口货物总值51.3亿元，同比增长37.5%；监管进出境车辆2.5万辆次，同比增长2%；监管进出境人员2.5万人次，同比减少35.9%；审核进出口报关单1.3万份，同比减少10.2%；征收税款5,368.5万元，同比减少15.4%。

【党的建设】2021年，东宁海关党委制定年度重点工作与目标任务分解表，细化全面从严治党任务与措施。严格执行“三重一大”制度，落实重大事项请示报告。开展“一支部一品牌”活动，全面推进“强基提质工程”，4个党支部被评为关区“四强”党支部，5名同志被评为关区“好”的党支部书记。成立防疫隔离人员临时党支部，充分发挥战斗堡垒作用，实现“打胜仗、零感染”。加强党员干部队伍建设，发展党员1名，预备党员转正1名，吸收入党积极分子5名。

▲2021年6月30日，为庆祝中国共产党成立100周年，东宁海关封闭管理人员临时党支部重温入党誓词

东宁海关党委坚决贯彻落实习近平总书记关于疫情防控、非洲猪瘟防控、打击“洋垃圾”和象牙等濒危物种走私等重要指示批示精神，落实“第一议题”制度。党委理论学习中心组开展学习33次，第一时间学习党的十九届六中全会精神，贯彻落实总署《“十四五”海关发展规划》和

《哈尔滨海关发展规划实施方案》。

东宁海关党委制定《东宁海关党史学习教育任务分解表》，细化学习内容和措施21条。组织参观中共六大历史资料馆，播放党史故事和红色电影，举办庆祝中国共产党建党100周年文艺汇演。在关区举办的“党在我心中”党史知识竞赛中取得第一名的优异成绩，2名同志的优秀作品在关区“学史·铸魂”党史故事分享会巡展。开展“我为群众办实事”实践活动，党委班子成员到企业开展专题调研17次，听诉求、纳建议、解难题，汇总意见建议11条，制定《东宁海关“我为群众办实事”项目清单》，并全部完成。

▲2021年6月25日，东宁海关庆祝中国共产党成立100周年，举办“百年奋斗铸辉煌，不忘初心再起航”文艺会演

东宁海关党委开展常态化反腐倡廉各项工作，加强学习教育，每个季度向派驻纪检组通报党风廉政建设情况。开展“廉政文化月”和“警示教育月”活动，深刻剖析身边反面典型案例，做好廉政“长”“常”工作。开展“现场监管与外勤执法权力寻租”专项整治，印发专项整治工作宣传单和公开信，公布举报渠道，开展宣传，接受企业、群众和行风监督员的评议和监督。组织开展专项整治工作知识测试，印制《海关工作人员廉洁从政法律法规制度选编》口袋书，学习违纪违法典型案例和东宁海关2012年以来查处的典型案例。排查一线业务科室廉政风险4个、风险点聚集关键岗位6个，提出防范建议18条。

东宁海关党委主动接受总署党委巡视延伸检查，系统梳理近三年重点工作开展情况，认真查摆巡视方面存在的问题。落实哈尔滨海关专项巡察整改工作要求，针对巡察组反馈的4个方面14个问题，认真研究制定整改方案，细化整改措施，召开专题民主生活会对问题进行检视剖析，对于巡察组提出的问题已全部完成整改。

东宁海关党委严格按照《中华人民共和国公务员法》《党政领导干部选拔任用工作条例》，开展选拔任用科级领导干部特别是抗疫一线科级领导干部、职级公务员晋升、提拔事业单位职员工作。加强考勤管理，严格履行出差出行审批和请销假手续。开展常态化“内务规范强化月”活动，突击检查4次，集中整治关容风纪、环境卫生和安全管理等方面存在的问题。强化纪律作风建设，组织签订《预防酒驾醉驾承诺书》。根据《海关内务规范》组织队列训练，在“五一”“七一”“十一”等重要节日组织升国旗仪式。

【监管场地建设】2021 年，东宁海关围绕进境粮食和食用水生动物指定监管场地功能，采取回运粮食价格预裁定、提供优先单证审核、为食用水生动物开辟绿色通道等具体便利措施，扩大相关产品进口。东宁口岸全年共进口粮食近 3 万吨，进口食用水生动物 300 余吨，品种包括帝王蟹、扇贝、海胆等。

强化东宁口岸硬件设施建设，年内建成口岸旅检通道负压检疫方舱、进出境负压隔离室、口岸货物采样及查验恒温仓库和智慧海关智能通关控制中心项目。充分发挥三级监控指挥中心、智能卡口、智能通关控制中心、H986 机检设备等信息化、智能化手段作用，不断提升监管效能。

【安全生产】2021 年，东宁海关制定安全生产专项整治三年行动落实方案和“安全生产月”活动方案，组织“安全生产月”并同步启动“安全生产万里行”活动。组织干部职工观看《生命重于泰山——学习习近平总书记关于安全生产重要论述》电视专题片，参加哈尔滨海关 2021 年安全生产月网络答题活动，开展“落实安全责任，推动安全发展”主题宣传。进行联防联控安全大排查，对查摆出的安全生产隐患建立整改清单，确保及时整改落实到位。按照哈尔滨海关关于开展安全生产专项监督工作要求，积极配合派驻纪检组工作，建立长效机制，堵塞安全管理漏洞，有效防范化解重大安全风险。

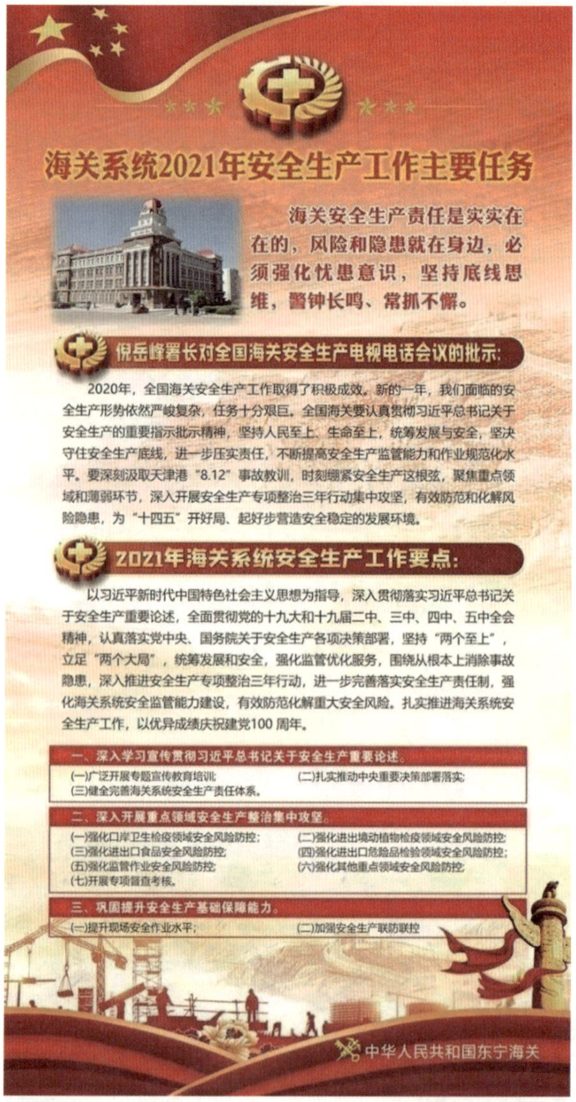

▲2021 年 6 月，东宁海关开展“安全生产月”主题活动

【缉私工作】2021 年，东宁海关开展打击走私“国门利剑 2021”行动，按照海关新一代查验系统布控指令，对出口疫情防控物资实施严格监管，有效打击走私假冒伪劣防疫物资行为。运用海关机检、智能审像等对进口单一品种货物和空车、空箱实施非侵入式查验。通过风险预警、数据备案、日常监管等多种手段，对疑似进境的“洋垃圾”进行全链条、全方位监督

管理，开展专项稽查行动。全年，查获行政案件21起，其中行政转刑事案件1起，涉检案件6起。

【优化营商环境】2021年，东宁海关深入推进“两步申报”“提前申报”，推广“汇总征税+关税保证保险”。实行税费电子支付、税单和原产地证书自助打印等通关便利化措施。推行回运粮食价格预裁定。落实新冠肺炎疫情期间出台的促进企业复工复产各项措施。扎实开展属地查检工作，建立外勤查验工作机制，优化进口放行后检查和出口申报前监管业务流程。继续推进“办理海关事项不求人”品牌建设，实现咨询业务、行政审批、办理通关等方面的网上通办和自助办理。运用“互联网+海关”关企信息交互平台，线上受理企业备案、变更申请，倡导政务“不见面审批、无接触办理”，实施“企业注销便利化”。

发挥中药材进口指定口岸优势，通过线上、线下向企业宣传宣讲“俄罗斯低风险植物源性中药材试进口”等相关政策，通过微信、电话等方式解答企业咨询。设置专门申报窗口，优化作业流程，为境外加工厂、进口企业进口前备案提供全面咨询和服务，做到随报随批、随报随放。东宁口岸中药材进口品种不断增加，进口量、值大幅度攀升，全年进口俄罗斯中药材1,000余吨。

【综合保障】2021年，东宁海关按照《中央国家机关创建节约型机关评价指标》要求，践行“过紧日子”思想，明确“按标列项、分项落实、全面推进、如期完成”的总体要求，推进节约型机关建设。全年，办公楼电费同比减少9.1%，水费减少42.9%，车辆运行费用减少26.7%，办公用品费用减少10%。解决历史遗留问题，成立以主要负责人为组长的工作专班，召开3次党委会议和9次工作专班会议研究推进落实措施，认真梳理历史遗留问题清单并建立台账，通过向哈尔滨海关职能部门请示汇报、多次与地方政府以及房产主管部门沟通、查找历史资料等方法，东宁海关5项房产历史遗留问题全部“清零销号”。

【疫情防控】2021年，东宁海关坚持“外防输入、内防反弹”总策略，抓好口岸疫情防控各项工作。截至2021年7月20日（21日起不再采样），累计检测入境俄籍司乘人员2,973人次，进境运输工具采样监测近500箱次。严格落实“人不见面”查验模式，综合运用车辆底盘扫描、H986等科技手段，在实现有效监管基础上严密防范疫情输入风险。全面强化一线人员安全防护工作，制定《东宁海关安全防护工作任务清单》，成立安全防护工作专班和“挑毛病”专家组，发挥各岗位安全防护监督员作用，发现问题及时整改。做好内部疫情管控，严格办公楼管理，进入办公区域执行扫码、测温、戴口罩，落实健康码“绿码”上岗，做好办公场所、家属区快递包裹的消毒工作。坚持开展全

▲2021 年 5 月 18 日，东宁海关一线关员对进境运输工具进行登临检查

体人员健康监测，实行“日报告、零报告”制度，要求非必要不出差出行。持续推进疫苗接种工作。落实口岸一线人员集中隔离管理要求，建立健全相关制度体系，落实新冠病毒核酸检测“应检尽检”“愿检尽检”原则，对纳入封闭管理的人员一天一检，对未纳入封闭管理的业务岗位人员每周两检。组织开展疫情防控常态化自查整改，对发现问题进行立整立改。印发《东宁海关疫情防控安全防护考核办法》，健全安全防护体系，落实安全防护监督制度，开展培训和现场实操演练。

（供稿人：王慧姝　许玉欣　杜　勇　杨松岩　杨俊斌　何登科　罗　云　孟　靓　徐长青　崔永民）

佳木斯海关

【概况】佳木斯海关前身是哈尔滨海关驻佳木斯监管组，1991 年 9 月 5 日正式设立佳木斯海关，为哈尔滨海关所属正处级海关，业务管辖范围为佳木斯市、七台河市两个地级市及其所辖的五个县和农垦分局、林业局的各项海关管理工作。2018 年 1 月 5 日调整为哈尔滨海关驻佳木斯办事处。2019 年 1 月根据《深化党和国家机构改革方案》，原佳木斯出入境检验检疫局、原黑龙江出入境检验检疫局富锦办事处、原富锦海关的职责和队伍整体划入佳木斯海关。

2021 年，佳木斯海关认真贯彻两级海关工作会议和全面从严治党工作会议精神，统筹发展和安全，严密海关监管，守好国门安全，做好疫情防控和促外贸稳增长。全年，监管进出口货物 4,987 吨，同比增长 217.6%，实现进出口贸易值 3,035.9 万美元，同比增长 248.9%；两税入库 4,112.79 万元，同比增长 1.63 倍；属地查检 6,003 批，同比增长 5.4%，货值 5.46 亿美元，同比增长 11.4%。

【党的建设】2021 年，佳木斯海关党委全面落实党委主体责任、党委书记第一责任人职责和党委成员“一岗双责”，形成一级抓一级、层层抓落实的工作格局，召开党委会专题学习研究党建议题 14 次，开展专题党课 2 次、形势分析及工作督查例会 12 次。加强政治建设，坚持在政治上对标看齐，把学习贯彻习近平新时代中国特色社会主义思想摆在首位，结合党史学习教育，完善“第一议题”制度，党委理论学习中心组开展学习研讨 7 次，组织学习习近平总书记重要讲话和文章 24 次，“关员讲堂”累计开展 13 期。以海关情况专报和实地走访的方式向地方党政宣传解读海关总署及哈尔滨海关党委提出的工作目标和思路。

佳木斯海关党委持续培树“企明星”“清廉哨兵”等 7 个党建品牌，2 个党支部分别荣获关区红旗党支部和“四强”党支部，6 名党员分别被评为关区优秀共产党员和优秀党务工作者，1 个党支部被评为关区先进基层党组织。在“龙青畅谈”微信公众号展示支部品牌建设 4 期、党史学习成果 2 期。多名党员被评为全国和关区抗疫先进个人，2 个科室被哈尔滨海关通报表扬。“七一”期间，开展“战疫先锋”“战疫之星”等“战疫”主题系列先优模范表彰活动。各党支部分别与中粮建三江米业、富锦象屿公司以及佳木斯边检站和机场集团党支部结对共建，开展共同上党课、关企座谈会、联合调研等系列活动 12 次，促进共同发展。

佳木斯海关党委支持和配合第六派驻纪检组履行监督职责，及时主动向派驻纪检组通报本单位重大工作、重要事项，与派驻纪检组联合召开党风廉政建设专题会议 2 次，对日常监督提出的问题立行立改。配合总署党委巡视延伸和哈尔滨海关党委专项巡察、常规巡察，制定巡察整改方案和工作台账，落实整改要求，完善各项制度，建立长效机制。开展“现场监管与外勤执法权力寻租”专项整治，以党史、警示、纪法“三联动”方式让关员知敬畏、存戒惧、守底线。党委成员赴一线调研 12 次，召开座谈会 6 场，跟班作业 14 人次，致信 107 家进出口企业，发放廉政风险调查问卷 69 份，整理出重点关注岗位 3 个。

佳木斯海关党委紧扣“学党史、悟思想、办实事、开新局”主题，将党史学习教育作为一项重大政治任务抓实抓细。安排部署学习教育，成立领导小组，研究制定方案和分解表，实现活动流程化、可视化。先后开展“诵读红色家书”“铭记历史，缅怀革命英烈”清明祭扫、“学史·铸魂”党史故事分享会、“百年党史——日日读、周周看、月月赛、季季讲”系列活动。在哈尔滨海关组织的党史知识竞赛中，取得了预赛第一名、决赛第二名的好成绩。录制的“同唱一首歌”视频在《金钥匙》杂志及网易新闻、龙头新闻等平台发布。

▲2021 年 5 月 5 日，佳木斯海关开展党史学习教育第一次“月月赛”活动

佳木斯海关党委加强队伍建设，打造高素质干部队伍。抓好班子自身建设，修订党委议事规则和决策程序，班子成员之间相互尊重、相互信任、相互支持。坚持严管厚爱，树立正确选人用人导向，突出政治标准，始终坚持把实在、实干、实绩作为评价干部的导向，推动干部结构不断优化，队伍活力持续提升。开展推荐使用高级职级公务员、事业单位职员工作。成立服务“双百大项目”专班，主管关领导、部门负责人、服务专员三级“点对点”包保式、嵌入式对接项目 5 个，帮助企业解决申报、“单一窗口”缴税问题 2 个。

【企业管理和稽查】2021 年，佳木斯

海关辖区新增备案企业 52 家，同比减少 34%，注销企业 51 家，同比增长 50%。实有备案企业 647 家，其中：高级认证企业 1 家，注册登记和备案企业（A 类）3 家，注册登记和备案企业 642 家，失信企业 1 家。积极宣传信用管理政策，成功培育辖区内 1 家 AEO 一般认证企业晋升为哈尔滨海关第 13 家 AEO 高级认证企业，该企业是关区第一家私营 AEO 高级认证企业，也是第一家农产品行业 AEO 高级认证企业。深入落实稽查业务改革要求，以查发为导向，进一步优化联合稽查作业机制，梳理并完善稽查外勤执法规范，开展稽查业务培训，提升查发效能和办案能力。深入研究探索涉检稽查机制，实现涉检稽查常态化。全年，共开展稽核查作业 24 起。

▲2021 年 6 月 2 日，佳木斯海关关员到辖区出口备案企业开展稽核查

【缉私工作】2021 年，佳木斯海关深入开展“国门利剑 2021”等打私专项行动，深化全员打私，强化综合治理，完善联系配合机制，加强与地方打私部门联系配合，全面提升打、防、管、控整体效能。佳木斯海关缉私分局共办理刑事案件 5 起，行政案件 39 起，协查案件 15 起，对 11 名犯罪嫌疑人采取强制措施，上缴国库罚没收入 54.96 万元。在 2021 年度关区缉私刑事执法考评中，佳木斯海关缉私分局得分位列第一名。

【优化营商环境】2021 年，佳木斯海关将优化口岸营商环境与党史学习教育“我为群众办实事”实践活动和促进贸易便利化相结合，在《佳木斯海关促进跨境贸易便利化 2+3+1“办”“事”清单》框架下，制定《优化营商环境“两走一办”活动工作方案》，开展“两走一办，佳木斯海关怎么办”特色活动，为“双百大项目”和中小微进出口企业办实事、解难题，实现“扶强更帮弱，抓大不放小”的目标。

▲2021 年 4 月 13 日，佳木斯海关实施“一企一册”，促进辖区企业特色农产品出口

【事业单位】佳木斯海关高度重视事业单位发展，2021 年，举全关之力，多方调研，及时调整方向，提出“稳存量，拓增量”的发展理念，对内夯实存量业务发展的基础，对外寻求增量业务的突破口，推动存量业务稳健经营和增量业务积极扩展。保健中心新增食品从业人员预防性健康体检和驾驶员申领及换证体检两项业务。全年为9家食品生产企业提供上门体检服务，新增两项业务服务总量近1,167人次。综合实验室业务区域布局从原有1家增加到10家，辐射覆盖周边四地市9个市县区。法检业务同比增长翻一番，委托检测量同比增长25倍。

【疫情防控】2021年，佳木斯海关修订本关疫情防控指南（第十三版），并根据疫情形势和上级要求建立动态更新机制。先后组织疫情防控演练3次，进一步规范内部工作人员感染新冠肺炎应急处置程序，提升协调联动、快速反应及处置能力。利用国际航班停航时机，根据疫情防控要求，申请佳木斯市政府专项资金改造完成航空口岸进出境卫生检疫用房，合理设置排查室、快检室及隔离留验室。提升实验室检测水平和能力，P2生物实验室项目竣工并通过第三方机构项目总验收。

（供稿人：马　威　魏振兴　陈　曦
朱　文　张昌满　刘建宇
宋　鹏　曲妍妍　高景暄
孙　刚　刘穆欣　戴　丹）

抚远海关

【概况】抚远海关于1993年8月8日正式建关，为哈尔滨海关所属正处级海关，业务管辖范围为抚远市。

2021年，抚远海关坚持以习近平新时代中国特色社会主义思想为指导，深入推进“五关”建设，统筹口岸疫情防控和促进外贸稳增长，坚决筑牢国门检疫防线，不断优化口岸营商环境，实现“十四五”良好开局。全年共监管进出口货物13.96万吨，同比增长67.8%，其中，进口货物12.61万吨，同比增长56.3%，出口货物1.35万吨，同比增长426.4%；征收税款1,665.6万元。

【党的建设】2021年，抚远海关党委理论学习中心组领学促学，开展专题学习7次。推进青年理论学习提升工程，开展学习活动6次。巩固深化“强基提质工程”成果，强化“四强”党支部建设，在关区“两优一先”评选表彰中，2名同志被评为关区优秀共产党员，1名同志被评为关区优秀党务工作者，第三党支部被评为关区先进基层党组织。推进海关文化建设，成立志愿服务队，组织开展志愿服务活动10次，创建第二十届省级文明单位标兵，并通过佳木斯市文明办初审和省文明办网络测评。助力乡村振兴，持续巩固脱贫攻坚成果，开展“送温暖，献爱心”捐款捐物活动，帮扶的4户脱贫户2021年人均收入达到1.43万元。全力配合总署党委第五巡视组开展延伸巡视、总署“现场监管与外勤执法权力寻租”专项整治工作第五检查组专项检查，哈尔滨海关关领导3次调研指导，哈尔滨海关审计组开展离任审计及专项审计，黑龙江省、哈尔滨海关疫情防控督导组开展9次专项检查。

抚远海关党委坚持形势分析及工作督查例会“第一议题”制度，实行党委会、关务会“逢会必学”，累计开展政治学习51次。坚决落实习近平总书记关于严厉打击“洋垃圾”、象牙等濒危物种走私的重要指示批示精神，与地方生态环境部门签订《非法入境固体废物移交处理工作联系配合办法》，全年共办理“两简”案件6起。抓牢安全生产，树牢“安全第一”理念，会议专题部署安全生产工作8次，组织培训答题4次，开展隐患排查9次。在扫黑除恶专项斗争中，被省扫黑办评为“全省扫黑除恶专项斗争先进单位”并通报表扬。

抚远海关党委积极开展党史学习教育和庆祝中国共产党成立100周年系列活动，与饶河海关、第七派驻纪检组联合开展共建活动2次。自主组织开展诵读红色经典、观看爱国影片、合唱红色歌曲、基层支部共建等主题活动32次，1人获得关区“学史·铸魂”党史故事比赛二等奖。深入开展“我为群众办实事”实践活动，针对企业和群众反映集中的9项问题，研究制定解决措施12条，明确责任人和完成时限，实行销号管理，截至年底全部完成。

▲2021年7月2日，抚远海关、饶河海关、第七派驻纪检组开展党史学习教育联学共建

抚远海关党委认真履行全面从严治党主体责任和“一岗双责”，明确15项重点工作和36条落实措施。支持配合第七派驻纪检组开展监督工作，专题研究全面从严治党工作2次。开展“现场监管与外勤执法权力寻租”专项整治工作，梳理认领问题6项，制定整改措施9条，全部完成整改。邀请第七派驻纪检组负责同志讲授廉政专题党课2次，学习廉政期刊《边关廉韵》共20期。开展常态化纪法和警示教育，走进抚远市人民法院参加旁听庭审。主要负责同志参与“基层书记组长谈责任”视频录制1期。学习《海关工作人员廉洁从政法律法规制度选编》19次，学习典型案例通报12次。发放《杜绝酒驾醉驾倡议书》28份，全年无酒驾醉驾情事发生。

抚远海关党委树立正确选人用人导向，配合完成抚远海关和第七派驻纪检组处级领导干部选拔任用以及副科级领导干部选拔任用工作，完成职级公务员晋升。利用口岸“闭关期”组织开展“全员上讲堂”培训活动6期。深化准军事化纪律部队建设内涵，开展“内务规范强化月”活动，常态化开展内务督察14次，发现并纠正问题33个。参与支援海关总署和哈尔滨海关重点工作的关员中，1人受到总署动植司通报表扬，2人受到哈尔滨海关卫检处、口岸监管处通报表扬。

【维护国门安全】 2021年，抚远海关坚持总体国家安全观，筑牢国门生物安全屏障，货运口岸查验不合格进口带皮原木47批次，全部按规定进行熏蒸处理。开展病媒生物监测14次，捕鼠、蚊、蜱共340只。配合总署“一带一路”重点口岸病媒生物监测组在黑瞎子岛开展专项监测，捕鼠、蚊、蝇810余只。落实国门生物安全监测计划，开展马铃薯甲虫、实蝇等监测工作12次。配合落实《2021年哈尔滨海关全球传染病疫情监测工作方案》，编报《俄罗斯新冠肺炎疫情动态》133期。

▲2021年9月13日至17日，抚远海关配合总署“一带一路”重点口岸病媒生物监测组在黑瞎子岛开展专项监测

【监管工作】2021年，抚远海关加强执法队伍建设，制定完善作业指导书8份，全面提升执法规范化水平。优化查验作业模式，打破科室界限，建立13人的查验人才队伍，确保满足“双随机”要求。规范监管场所建设运营，核查处置不达标监管场地3个，其中超期未开展业务2个，不符合建设标准1个。对1家进境粮食指定加工企业启动退出机制。

【企业管理和稽查】2021年，抚远海关加强对RCEP、“十四五”进口税收优惠等关税政策的研究，撰写木材、大豆税政调研报告2篇。报送税收预警信息3篇。撰写的《监管证件及信息联网核查工作的思考》论文被哈尔滨海关学会评为二等奖。全年，共受理企业主动披露2票，开展稽查作业4起。拓宽线下核查业务领域，完成企业核查作业6起。

【优化营商环境】2021年，抚远海关落实改革创新举措，推动“两步申报”“两段准入”“证照分离”等改革任务落地见效。受理出口食品生产企业备案2家，“多证合一”企业备案5家，签发普惠制原产地证书4份。分管领导走进抚远融媒体“优化营商环境专栏”直播间，向社会公开承诺海关务实举措。与抚远市人民政府签订《关于共同推进抚远市外向型经济高质量发展合作备忘录》，打造“办理海关事项不求人”服务品牌，制定“一企一策”帮扶措施，助力辖区大米出口企业实现“即报即检”，全年共受理大米报检24批次、1.1万吨。做好鲟鳇鱼繁育养殖公司企业资质推荐，助力辖区优质水产品走出国门。

【外事活动和服务地方经济】2021年，抚远海关强化对俄海关国际合作，成功与俄罗斯哈巴罗夫斯克海关开展视频工作会谈，深入交流黑瞎子岛公路口岸发展前景。成立抚远海关黑瞎子岛公路口岸规划建设工作专班，对口岸选址、卫生检疫用房建设标准和规模、未来发展方向等提出意见建议。成立抚远海关推进口岸新建联检大楼建设工作专班，跟进联检大楼建设进度，研究海关监管作业场所建设标准，及时向建设主管部门提出海关工作区域建设规划需求，确保符合口岸核心能力建设标准。参与总署边民互市贸易管理系统

2.0 版业务需求集中工作。《探索水运口岸海关监管模式创新路径》和《充分发挥边民互市贸易政策优势，助力边境经济发展》2 项政研课题顺利结题。

▲2021 年 11 月 25 日，抚远海关与俄罗斯哈巴罗夫斯克海关开展 2021 年度视频工作会谈

【疫情防控】2021 年，抚远海关坚决贯彻落实习近平总书记关于做好疫情防控工作的重要指示批示精神，始终把口岸疫情防控当作各项工作的重中之重。持续推进新冠病毒疫苗接种进度，实现“应接尽接”“能接尽接”。成立安全防护监督员队伍，配合第七派驻纪检组成立现场“挑毛病”小组，织牢织密安全防护监督网，一线关员从严执行封闭管理要求，严格落实新冠病毒核酸检测“一天一检”，确保一线关员从严顶格做好安全防护，取得口岸疫情防控阻击战阶段性胜利。

（供稿人：王　强　牛　磊　孙靖松　陈振佳　赫金贵　蔡本强　裴立君）

同江海关

【概况】同江海关前身为拉哈苏苏海关。1909年7月，清政府在拉哈苏苏设立分卡，稽征关税。1958年，同江口岸再度对外开放。1986年3月18日，国务院批准恢复同江口岸为国家一类对外开放口岸，同年4月，经总署批准成立同江海关，5月20日，正式恢复建关，为哈尔滨海关所属正处级海关，业务管辖范围为同江市。

2021年，同江海关以“五关”建设为主线，立足同江口岸“大桥”时代，全力推进各项工作高质量发展。全年，监管进出口货物26.9万吨，同比增长4.8%，进出口总值7.5亿元，同比增长166.6%，征收税款2,807.65万元，同比增长26.36%；监管进出境船舶125艘次，同比减少12%，监管进出境人员968人次，同比减少78.6%。

【党的建设】2021年，同江海关党委压实政治责任，推进政治建关。强化班子建设，贯彻落实民主集中制，组织召开党委会议32次。落实两级海关全面从严治党工作会议精神，研究制定《2021年同江海关落实全面从严治党工作会议重点任务分工方案》，压实“一岗双责”，细化全面从严治党重点任务35项，听取全面从严治党工作汇报9次。

同江海关党委严格规范党内政治生活，认真落实“三会一课”、主题党日、组织生活会等制度，党委委员以普通党员身份参加双重组织生活，开展庆祝中国共产党成立100周年系列活动。夯实基层党建基础，制定《同江海关2021年党建工作要点》，巩固拓展“强基提质工程”成果，深化“四强”党支部建设，第三党支部通过总署培育品牌复核认定，4名党员被

▲2021年5月31日，同江海关开展庆祝中国共产党成立100周年合唱活动

评为关区优秀共产党员，1名同志被评为关区优秀党务工作者。注重发挥党建引领作用，积极创建党建品牌，支部党员志愿服务时长均超过40小时。全年，共有2名发展对象成为预备党员，确定入党积极分子1名。

同江海关党委坚持“第一议题”制度，召开形势分析及工作督查例会12次，督办落实部署事项134项。统筹做好口岸疫情防控和促外贸稳增长工作，完成本年度水运口岸疫情防控工作。开展“国门利剑2021”专项行动，保持打击走私高压态势，打击“洋垃圾”、濒危物种走私取得初步成效。开展“安全生产月”和安全生产专项整治活动，不定期开展安全生产督导检查，严格落实管理措施，消除风险隐患，排查整改问题14项，牢牢守住安全底线，严防各类事故发生。深入推进乡村振兴，成功实现帮扶村20户贫困户脱贫摘帽。

同江海关党委扎实开展党史学习教育和庆祝中国共产党成立100周年系列活动，细化制定具体工作分解表，明确时间表、路线图、责任人。建立党史学习教育“12345”（“1”是制定一张党史学习教育具体工作分解表，全面梳理党史学习教育重点任务42项，明确完成时间与责任部门；“2”是采取个人自学及集体学习两种学习方式，确保党史学习教育系统、全面、深入；“3”是绘制三张党史学习教育思维导图，将学习内容、进度安排、活动项目以导图的形式展现；“4”是推出党史学习教育“四张清单”，包含同江市红色阵地清单、党史学习书目清单、红色电影清单和课程资源清单，供各支部进行自主选择；“5”是开展党史理论大学习、红色基因大传承、能力素质大培训、为民服务大实践、检视查摆大整改等五大活动）工作法，统筹策划“为企业办实事、为社会做贡献、为关员解难题”三方面实践活动，完成“我为群众办实事”清单任务10项，切实解决企业需求与困难。

同江海关党委落实党风廉政建设主体责任，认真贯彻落实中央八项规定精神，持之以恒纠治“四风”，持续整治酒驾醉驾行为，全年未发生酒驾醉驾情事。配合派驻纪检组工作，全面接受监督和指导。持续强化执法一线廉政风险防控，加强外出执法廉政监督。对照巡察组2020年反馈的4个方面35个问题，认真细化整改措施，及时开展评估、督办，完成整改32项，针对暂未完成整改的问题，开展调查研究，制订整改计划，建立长效机制。开展“现场监管与外勤执法权力寻租”专项整治，累计谈话77人次，梳理廉政风险2条、重点关注部门2个。

同江海关党委规范干部队伍建设，坚持正确选人用人导向，大力培养选拔优秀年轻干部。完成科级领导干部选拔任用及岗位调整、科级领导干部试用期满转正、公务员职级晋升工作。及时完成人事系统全年维护及核查工作，并补充完善干部人事档案审核相关材料。加强执法一线科长队伍建设，配合完成互派锻炼工作。充分发挥队伍建设综合管理平台作用，与日常管理相结合，全面考核，严格管理。规范因私出国（境）证件管理，严格履行审批流程，未发生违规办理和个人持有证件情况。

【维护国门安全】2021 年，同江海关加强国门生物安全防控能力。全年，口岸截获云杉八齿小蠹 29 种次、天牛 111 种次，查获进口不合格木片 1 票。完成外来有害生物监测、病媒生物监测任务。

【业务工作】2021 年，同江海关结合全国海关业务执行岗位规范和口岸实际，制定业务主流程 6 个、子流程 91 个，明确 57 个岗位职责，梳理文件依据 300 余个，从业务层面解决了“谁来做”“做什么”“怎么做”的问题，为推进关检业务深度融合奠定了基础。办理一般行政案件 1 起，办理简易程序案件 14 起，完成案件绩效指标。全年，备案企业 34 家，注销企业 24 家，完成常规稽查和涉检专项稽查各 2 次，通报地方财政部门 2 起。报送统计分析 6 篇，参与完成佳木斯市、七台河市有关贸易分析等专项任务，依法依规为地方相关部门提供数据服务 8 次，报送地方专报 6 篇。牵头抚远海关、饶河海关、萝北海关、嘉荫海关共同与俄罗斯哈巴罗夫斯克海关进行视频会晤，在推进中俄海关合作、监管高效化等方面达成共识。

▲2021 年 7 月 27 日，同江海关关员对进境原木进行查验

【监管场地建设】2021 年，同江海关完成东港无害化检疫处理中心项目改造升级，配备热处理设备 1 套、熏蒸处理设备 2 套、无害化焚烧处理设备 1 台，增加口岸功能，提高疫情疫病防控能力。推动铁路口岸建设，推进 H986 配套项目建设，逐项破解项目资金、代建、管理等难题，协调施工单位、设备厂家，完成施工技术交底，研究压茬施工方案，建设进度完成总工程量的 75%。按照《国家口岸查验基础设施建设标准》及海关监管查验实际需求，提出 I 类变更、I 类变更外基础查验设施建设变更需求 8 项，定期现场巡查及时掌握施工情况，确保基础设施建设和查验设施建设满足海关监管需求，建设进度完成总工程量的 60%。成立工作专班，协调地方政府有关部门完成临时卫生检疫用房建设，载货列车通行测试工作全部准备

就绪。注销海关监管场所1家。

【优化营商环境】2021年，同江海关成立服务边境贸易创新发展工作专班，做好政策宣讲，规范边民互市贸易海关监管，协同地方政府及有关部门，推动建立多部门全链条管理体系。设立服务专员，主动对接联系企业，设立通关“绿色通道”，助力口岸水铁联运方式出口货物4,169.22吨，提升口岸通关时效。编制《服务企业手册》，参与地方中草药进口口岸、肉类指定监管场地等可行性研究工作，打造“办理海关事项不求人”服务品牌。推广进口货物“提前申报”“两步申报”等业务改革，主要申报业务应用率达到100%。

▲2021年8月7日，为应对汛情，同江海关关员对东港口岸大型检查设备进行抬高加固

【综合保障】2021年，同江海关综合实验室共检测3,148批次、20,604项次，同比增长31.8%和53.7%，其中法检25批次、71项次，委托检测3,123批次、20,533项次，市场占有率持续扩大。加强值班应急管理，强化信息宣传。严格财务绩效管理，做好资金保障，落实“过紧日子”要求，加大资金支出统筹力度，全年重大财务支出9笔，主要用于铁路集装箱检查系统购置、铁路集装箱检查系统设施建设等重要项目。解决历史遗留问题1项，完成审计发现问题整改6项，整改率85.7%。

【疫情防控】2021年，同江海关严格按照新冠肺炎疫情防控最新版技术方案、操作指南要求，健全完善相关方案预案，开展各类培训演练19次。建立培训考核、监督管理、自查督查“三位一体”安全防护体系，严格执行岗前检查、工作巡查、全程督查和双人作业、相互监督制度，安全防护“挑毛病”专家组发现问题74个，切实做到立行立改。加强一线疫情防控人员管理，落实登记造册、封闭管理、两点一线、一天一检、全员全程接种疫苗工作要求，严格落实封闭管理要求，及时做好人员轮换调休和心理疏导。加强联防联控，

▲2021年7月19日，同江海关关员对进境船舶进行登临检疫

处理口岸封闭区突发事件 3 起，圆满完成口岸明水期疫情防控和通关监管工作。抓好内部防控管理，严格履行请销假审批手续，按要求做好出行台账，落实“日报告、零报告”制度，疫苗接种实现“应接尽接”。

（供稿人：刘　虎　冷帅辰　汪佳蓉
宋　丹　张　晨　陈江东
范颖焜　易国强　金辉植
孟　岩　高　超　黄　悦）

大庆海关

【概况】大庆海关前身为哈尔滨海关驻大庆办事处，成立于1993年12月26日。2001年6月11日经国务院批准更名为大庆海关，同年12月26日正式挂牌，为哈尔滨海关所属正处级海关，业务管辖范围为大庆市和安达市。

2001年，大庆海关坚持以两级海关工作会议和全面从严治党会议精神为统领，各项工作取得明显成效。全年，受理进出口货物报关单12,955份，同比增长1倍，实现进出口货运量3,461.3万吨，同比增长8.4%，其中进口3,459.5万吨，同比增长78.5%，出口1.9万吨，与上一年同期持平；进出口总值1,084亿元，同比增长35.5%，其中进口1,064.3亿元，增长36.3%，出口19.7亿元，增长4.2%；征收税款126.1亿元，同比增长38.7%，占关区税收总额的90.1%；进口报关单12,548份，同比增长1.2倍，出口报关单407份，同比减少32.1%。

【党的建设】2021年，大庆海关党委制定落实全面从严治党工作会议重点任务分工方案，与第九派驻纪检组联合召开专题会议研究落实全面从严治党工作6次，组织关企座谈会和特约监督员座谈会4次，持续压紧压实全面从严治党主体责任。组织党委理论学习中心组集体学习13次，督办解决基层难题10个。坚持“第一议题”制度，召开大庆海关形势分析及工作督查例会12次，对标党中央、国务院最新部署要求，牢记“没有脱离政治的业务，也没有脱离业务的政治”，带头从政治层面做好业务工作。持续深化“四强”党支部建设，开展党建业务培训，推进“一支部一品牌”建设，综合业务科党支部荣获省直机关工委“先进基层党组织”和“全国青年文明号”称号。3人被评为关区优秀共产党员，1人被评为关区优秀党务工作者。积极开展“现场监管与外勤执法权力寻租”专项整治工作，进一步规范执法行为。

大庆海关党委在党史学习教育中，通过个人自学和集中学习相结合、交流和研讨相结合、典型案例警示和剖析相结合等多种形式，全体党员干部真正学有所思、学有所悟、学有所得。围绕庆祝中国共产党成立100周年，邀请党史学习教育黑龙江省委宣讲团成员进行党史讲座，深入阐述党的光辉历程、伟大成就和宝贵经验，帮助党员干部加深对党史的理解，增强学习教育的吸引力和感染力。精心组织，在全市“颂歌献给党”职工合唱比赛中大庆海关合唱团荣获三等奖。加强对基层党建工作指导，党员领导干部讲授专题党课。用好用活红色教育基地，组织干部职工赴大庆石油馆、大庆档案馆、铁人纪念馆等开展以“牢记红色历史、传承奉献精神”为主题的参观活动，集中学习大庆油田红色创业史、奋斗史，引导党员干部把“学党史、悟思想、办实事、开新局”贯穿学习教育全过程。拓展党史学习教育深度和广度，与大庆市文明办联合开展“学四史，传红色家风”文明家庭巡讲活动。关党委委员深入科室、企业开展专题调研11次，建立大庆海关“我为群众办实事”10项清单，清单所列内容全部整改完成。

▲2021年6月28日，大庆海关参加全市庆祝中国共产党成立100周年合唱活动

大庆海关党委落实《中共海关总署委员会关于印发进一步加强执法一线科长队伍建设的若干措施的通知》要求，加强成长规划和梯队建设，选拔任用执法一线30岁以下科长充实科级领导干部队伍。组织开展干部选拔任用和职级晋升2次，在核定职数的基础上，最大限度调整使用干部，把有能力、素质好、作风硬、群众信赖的干部选拔到领导岗位上。

【维护国门安全】2021年，大庆海关按照哈尔滨海关国门生物安全监测和出口食品安全风险监测计划安排，及时制定实施方案，按时完成抽样和数据报送工作，完成系统信息录入29条。共抽取动物皮张样品58份，开展炭疽、口蹄疫、布氏杆菌等项目检测122项次。抽取饲料及饲料添加剂样品18份，开展微生物、重金属、农药残、转基因等项目检测130项次。抽取食品及食品添加剂样品11批次，开展致病菌、重金属、农药残留等项目检测23项次。

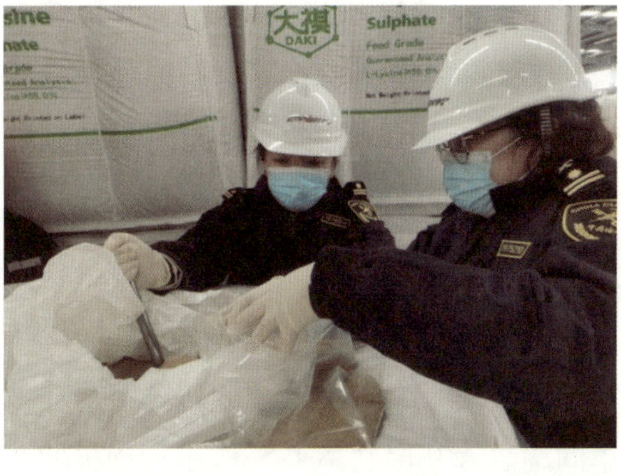

▲2021年3月16日，大庆海关关员对出口L−赖氨酸硫酸盐进行现场抽样

【监管工作】2021年，大庆海关查检

进口货物266批次，货物总值1,922.06万美元，同比增长27%。制发业务联系单4份。严格落实“一企一策”制度，助力汽车产业发展，针对部分企业实际困难，优化查检工作，对辖区医疗机构设备目的地检验实行“零延时”。查检进口汽车零部件129批次，货值788.36万美元。查检进口农机设备21台（套），货值248万美元。查检医疗货物4批次，货值650万美元。

▲2021年9月7日，大庆海关关员监管查验大庆沃尔沃汽车制造有限公司出口车辆

大庆海关继续推行“两步申报”和“两段准入”通关模式，共受理“两步申报”报关单10,621票，占大庆海关辖区进口报关单总量的84.6%，“两段准入”报关单203票，应用率均在关区领先。进出口货物整体通关时间较2017年压缩70%以上，通关效能显著提高。发挥“改革问题总署基层联系点”作用，积极收集反映业务改革问题，报送“H2018系统无法删除滞报金”问题1条。做好减免税系统、RCEP系统上线运行相关工作，确保业务平稳有序开展。

大庆海关严格遵守现场查验相关规定，依据指令科学制订查验计划，合理分配执法人员。全年，实施现场查验44次，出具各类检验证书约3,900余份。共检验出口化工产品181批，重量3,470.7吨，货值1,329.2万美元，同比分别增长103.4%、17.1%、63.5%，其中检验出口危险化学品119批，重量1,368.1吨，货值826.1万美元，同比分别增长142.9%、130.3%、105.3%。开展出口危险货物包装性能检验17批，同比减少22.7%，开展出口危险货物包装使用鉴定144批，同比增长14.3%。检出危包性能鉴定不合格1批，检出危包使用鉴定不合格3批。

【安全生产】2021年，大庆海关学习贯彻习近平总书记关于安全生产工作重要指示批示精神，依据《大庆海关安全生产专项整治三年行动实施方案》要求，不断完善安全生产领导体系。开展安全生产领域自查2次，累计梳理职责22项，自查发现问题26个，全部完成整改。集中观看《生命重于泰山——学习习近平总书记关于安全生产重要论述》安全教育片2次，邀请消防教员授课1次，组织公共安全应急演练1次，开展节假日安全生产监督检查5次，抽查干部值班值宿情况75人次。

【企业管理和稽查】2021年，大庆海关在特许权使用费、商品归类、保税监管等方面，累计开展专项稽查作业14家、常规稽查作业3家、企业核查作业20家，查发问题企业9家，其中，立案处理2家，补缴税款及限期整改7家。

【缉私工作】2021年，大庆海关加强形势分析研判，加大案件侦办力度，保持打击走私高压态势，维护辖区进出口贸易秩序。落实“国门利剑2021”专项行动，重点加大对货运渠道伪瞒报、进境运输工具夹藏走私的打击力度，着力打击货运渠道走私固体废物违法行为。开展“6·26”禁毒宣传工作，扩大社会效果。持续推进扫黑除恶专项斗争常态化工作，坚持问题导向，在辖区内开展涉黑涉恶线索大排查。全年，共立案行政案件2起，协助哈尔滨海关缉私局、兄弟海关缉私局开展案件侦办与协查工作10余起，出动警力30余次。累计办理行政案件2起，刑事案件受案1起，开展案件协查32起。

【优化营商环境】2021年，大庆海关持续优化口岸营商环境，深化“放管服”改革，精简行政许可事项，打造“办理海关事项不求人”服务品牌，推出特色服务举措。落实国家进口天然气税收“先征后返”优惠政策，为企业返还税款1.95亿元。落实“高认企业”优惠措施，开展“以企业为单元”的年度担保核批作业新模式，将大庆沃尔沃汽车制造有限公司担保手续由每年100余次压缩为1次，便利企业通关。积极推行“一网通办”、原产地证书“智能审核+自助打印”，企业自助打印原产地证书20种，占业务总量90%以上。落实“一企一策”制度，企业获得感和群众满意度得到大幅提升。积极参与地方重点项目，围绕页岩油开采、国际航空口岸开放、保税物流中心（B型）建设等项目，撰写报送《大庆海关工作专报》6篇，为地方领导科学决策提供精准支持和政策参考。

【科技发展】2021年，大庆海关以科技兴关为抓手，强业务重提升，完善功能精准发力。组织专人调试维护办公网络和设备400余次，严格保密审查，开展网络安全自查2次，对52台计算机和1台服务器实施安全检查。优化办公楼网络线路，铺设楼宇光纤，实现楼层数据交换。加大一线科室科技设备配置力度，为关员装备移动单兵、执法记录仪、手持式核素探测仪等设备，提升查验效率。注重实验室能力建设，按照相关要求，调运漠河实验室润滑油检测设备6台套至大庆实验室工作。指导大庆综合门诊部医学实验室通过CNAS（中国合格评定国家认可委员会）认证。向总署申请基建项目资金维修改造业务技术用楼，争取专项资金采购检测设备，新建P2实验室。

【疫情防控】2021年，大庆海关全面落实“外防输入、内防反弹”总策略，第一时间传达上级精神，第一时间作出安排部署，统筹推进新冠肺炎疫情防控和促外贸稳增长工作。主要负责同志切实扛起安全防护监督管理第一责任人职责，安全防护领导小组、安全防护专家组、安全防护保障监督组各负其责，定期召开会议研究安全防护监督管理工作。第一时间健全完善大庆海关疫情防控体系，及时调整大庆海关统筹疫情防控和促进外贸稳增长工作指挥部下设机构和人员职责，增设3个工作专班，着力做好干部队伍能力提升、辖区外贸发展和出境人员健康体检工作。全年累计召开疫情防控指挥部会议49次，高效推进疫情防控工作。制定《大庆海关内部工作人员感染新冠肺炎应急处置工作预案》《大庆海关疫情突发情况下一线业务临时交接工作实施方案》，采取桌面推演和实战演习两种方式开展演练4次。关心关注职工身心健康，制定《大庆海关人员工作场所外新冠肺炎疫情防控方案》，严格管控出行审批和登记程序，因公因私出差做到100%报备。与劳务公司签订疫情防控消杀协议，每日开展办公环境卫生清理和消毒工作3次，增设电子测温摄像头3套，强化办公楼进入人员管控力度，实行错时分散就餐，减少人员聚集和交叉感染风险。关领导先后带队开展安全防护督导检查12次，确保疫情防控工作万无一失。全体关警员及服务外包人员一次性全部纳入大庆市级紧急疫苗接种人员范围。协助大庆市疫情防控指挥部制定《大庆市进口高风险非冷链集装箱货物检测和预防性消毒工作方案》，监督做好相关工作。大庆海关关警员及家属始终保持“零感染”。

（供稿人：李　渊　宿宏红）

密山海关

【概况】密山海关筹建于 1992 年 9 月，1993 年 6 月 8 日正式成立。初期，暂由牡丹江海关代管，1995 年 7 月 27 日由哈尔滨海关直管，为哈尔滨海关所属正处级海关，业务管辖范围为鸡西市城区、密山市和鸡东县。

2021 年，密山海关坚持以习近平新时代中国特色社会主义思想为指导，在统筹口岸疫情防控和促进外贸稳增长工作中，坚持“外防输入、内防反弹”总策略，严格实施口岸卫生检疫，坚持“人、物、环境”同防，高标准从严做好安全防护，压紧压实各级责任，从严从紧、抓实抓细口岸疫情防控各项工作。海关总署党委书记、署长倪岳峰通过视频连线方式慰问密山海关全体关员，对密山海关工作给予肯定。全年，监管进出口货运量 52,723 吨，同比增长 22.1%；进出口总值 3,878 万美元，同比增长 136.3%；监管进出境运输工具 4,392 辆次，同比增长 12.6%；征收税款 1,028.3 万元，同比增长 32.7%；办理“两简”案件 15 起。

【党的建设】2021 年，密山海关党委落实全面从严治党主体责任，制定印发《密山海关党委全面从严治党主体责任清单》《密山海关 2021 年全面从严治党工作重点任务分工方案》《密山海关贯彻落实“三重一大”决策制度实施办法》，召开形势分析及工作督查例会 12 次。发挥党委理论学习中心组领学促学作用，开展专题学习 4 次。巩固深化“强基提质工程”成果，强化“四强”党支部建设，在关区“两优一先”评选表彰中，2 名同志被评为关区优秀共产党员，1 名同志被评为关区优秀党务工作者。创建第二十届省级文明单位标兵，并通过鸡西市文明办初审和省文明办网络测评。

密山海关党委坚决贯彻落实习近平总书记关于严厉打击“洋垃圾”、象牙等濒危物种走私的指示批示精神，与地方生态环境部门签订《非法入境固体废物移交处理工作联系配合办法》。围绕常态化疫情防控要求，对从事疫情监测预警、流行病学调查、新冠病毒核酸检测、实验室检测的工作人员及专业技术人员有针对性地组织开展培训，全方位提升防控能力和水平。开展穿脱防护服培训，强化全过程监督，组织内部工作人员岗前考核和进行突发事件应急处置演练2次，增强安全防护和主体责任意识。成立安全防护监督员队伍，监督一线关员做好安全防护。

密山海关党委制订关于开展党史学习教育实施方案和关于进一步推进党史学习教育工作意见，坚持“党史百年天天读”“党史故事100讲”“党史学习教育云课堂”每天推送活动，每月安排政治学习，组织学习习近平总书记“七一”重要讲话和4本指定教材，编辑报送党史学习教育周报30余篇。组织开展党史学习主题党课、党史学习教育辅导党课、纪法教育党课，党委成员、党总支副书记带头讲党课3人次，撰写学习教育心得体会33篇。实地参观东北老航校纪念馆、北大荒开发建设纪念馆、“荒火燎原”原址、北满国际交通联络站纪念馆等红色爱国主义教育基地。组织开展庆祝中国共产党成立100周年系列文体活动，举行“七一”升国旗仪式、观看庆祝大会实况、参加“党在我心中”党史知识竞赛活动，拍摄《不忘初心》《基层书记谈责任》精品短视频。对“党员之家”活动室进行改造升级，增加党的历届全国代表大会内容，展出党的历届大会召开地点、主题等，回顾党的光辉历程，突出“学党史、知党情”“感党恩、跟党走”两大主题板块。组织开展“我为群众办实事”实践活动，共征集企业反映的困难8项、群众反映的困难11项，及时研究解决。

▲2021年9月26日，密山海关党总支在北大荒精神发源地重温入党誓词

密山海关党委制定“现场监管与外勤执法权力寻租”专项整治工作实施方案，在口岸现场、报关大厅、监管仓库、义立跨境电商监管点、办公场所张贴信访举报海报9张和举报奖励海报9张，设置专项整治工作信访举报信箱4个。填写“现场监管与外勤执法领域违规事项个人申报表”30人次，参加谈心谈话44人次，27名关员和3名协管员撰写专项整治心得体会。积极支持第三派驻纪检组开展工作，全年与派驻纪检组专题研究全面从严治党工作2次，在开展干部选拔任用、职级晋升、岗位交流、评先评优等工作中按规定征求派驻纪检组廉政意见建议4次。

【维护国门安全】2021年，密山海关共开展鼠类监测7次，蚊类监测13次，蜚蠊监测6次，蜱监测1次，口岸饮用水监测1次。接受总署实验室飞行检查工作组通过视频连线对密山口岸P2核酸检测实验室督导检查，对指出的问题积极推进整改。

【监管工作】2021年，密山海关主要业务为出口粮食产地检验、边境小额贸易商品进出口、互市贸易商品交易、跨境电商出口监管。疫情发生后，作为关区仅开通的3个公路口岸之一，密山海关全年共监管进口煤炭789车、19,827吨；进口板材340车、8,596吨；进口大豆165车，3,697吨；进口水稻5车、120吨；出具品质证书72份，重量证书53份，健康证书7份，卫生证书1份，植物检疫证书144份，换证凭单170份。

▲2021年1月9日，密山海关关员对进出境运输工具进行检查

【企业管理和稽查】2021年，密山海关受理报关单1,842份，同比增长13.4%。制证908份，签发原产地证书29份。进出口收发货人备案44家、注销13家，出口食品生产企业备案8家、注销1家、变更3家，出口食品原料种养殖场备案3家，进口食品、化妆品进口商备案1家。受理回国人员购买国产汽车8人次。开展企业稽查3家、企业核查10家，查发1家企业加工料件申报不实。对外提供统计数据17次。通过新海廉系统补税9批次，补证13份。

密山海关完成进境粮食定点加工厂稽核查及清理整顿工作，发现辖区企业进境大豆未按照规定进入指定场所生产、加工、存放，涉嫌违反《中华人民共和国进出境粮食检验检疫监督管理办法》，及时移交法制部门处理，这是密山海关首次稽查转法制部门处理案件。在总署开展的进境大豆后续监管专项行动中，首次核查发现辖区某企业存在调运、加工进境大豆未通过"进境粮食检验检疫管理系统"进行操作问题，责令其整改。在进境粮食定点加工厂集中清理整顿专项行动中，对辖区10家进境粮食指定加工企业进境粮食生产、加工、存放等情况进行清理整顿，对8家加工企业启动了退出机制，1家企业进行整改，1家企业保留资质。

【跨境电商】2021年，密山海关加强跨境电商政策宣讲，引导企业利用政策优势，推动跨境电商（9710）出口业务开展。全年，密山海关累计验放电商包裹92批次，共计149.32万件，543.9吨，贸易值1,056.99万美元。

【优化营商环境】2021年，密山海关开展"我为群众办实事"实践活动，协助海林市锦丰木业有限公司对进口椴木板材检测及鉴定，主动联系野生动植物检测中心及国家濒危办进行判定，帮助企业节省开支1万余元。向密山市鼎瑞公司成功签发“许可”改“备案”后我省第一份报关企业备案证明，分别被“学习强国”平台、《人民日报》客户端等17家媒体部门报道。深入密山市宝华进出口有限公司调研，了解企业进出口通关需求，积极协调沟通地方政府、口岸联检部门以及哈尔滨海关职能处室，帮助解决企业进口运输车辆紧张的实际困难。新冠疫情暴发后，支持中国籍货车参与密山口岸进出口货物运输，保障国际物流稳定畅通，进一步降低企业进口成本。

【综合保障】2021年，密山海关成立职工住房整改小组，走访、联系密山市政府及相关部门，实现13处历史遗留房产问题全部“清零”。积极向地方政府争取支持，一举解决20世纪90年代起一直拖欠5名临时聘用人员社保资金的问题。

【疫情防控】2021年，密山海关对照《新型冠状病毒肺炎口岸防控技术方案（第八版）》和《口岸新型冠状病毒肺炎卫生检疫操作指南（第五版）》及最新防护要求，开展穿脱防护服培训，强化全过程监督，组织内部工作人员岗前考核，进行突发事件应急处置演练。按照上级疫情防控工作要求，以7月21日实行“人不见面”查验模式为节点，分两个阶段开展疫情防控工作。第一阶段自年初至7月20日，实行“闭环管控”防控模式。梳理具体问题和风险点18个，立行整改。落实地方疫情防控指挥部要求，联合制定并认真执行《密山口岸疫情防控“闭环管控”管理手册》。建立关、科两级视频监控系统，强化对俄籍司乘人员及现场相关人员的监督，做到凡进必检，人物同防。1—7月，对入境的司乘人员（俄籍）进行流行病学调查819人次，对其中598人次进行采样检测。第二阶段自7月21日至年底，严格遵照执行《关于在陆路口岸货检实行“人不见面”查验模式的指导意见》，制定《密山海关口岸疫情防控工作方案》，不再对入境司乘人员实施流调及核酸检测工作，查验人员实行封闭管控，全关编成3个班组轮转作业。5月18日，黑龙江国际旅行卫生保健中心移动P2实验室在密山口岸试运行，累计检测样本7,121份，其中检测进境俄籍司乘人员样本290份，检测卫健部门送检的口岸工作人员样本3,605份、进境货物及环境样本3,226份。

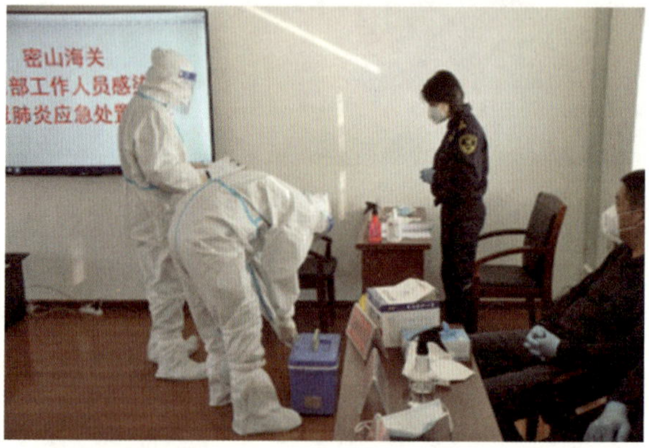

▲2021年1月23日，密山海关开展疫情防控应急演练

（供稿人：卢思卉　刘雨葳　李文波
李成柱　佟晓丽　陈祥国
陈　新　郭　恒　蒋世杰）

虎林海关

【概况】虎林海关于1992年9月开始筹备，1993年6月8日建关，建关之初由牡丹江海关代管。1995年3月27日，根据总署三定方案批复，直接隶属哈尔滨海关，为哈尔滨海关所属正处级海关。2018年1月4日，撤销虎林海关，设立哈尔滨海关驻虎林办事处。2018年12月14日，撤销哈尔滨海关驻虎林办事处，成立虎林海关，业务管辖范围为虎林市。

【党的建设】2021年，虎林海关党委贯彻落实习近平总书记重要指示批示精神，坚持“第一议题”制度，召开党委会议32次、形势分析及工作督查例会12次，党委理论学习中心组集中学习6次。学习贯彻党的十九大及十九届历次全会精神，组织集中研讨1次，党总支及6个党支部开展专题研讨6次。发挥“江畔星火”总署培育品牌示范效应，巩固全国文明单位创建成果，各项工作实现新进展、新提升。荣获哈尔滨海关2021年度征文工作组织推动奖。虎林海关查验科党支部分别获评哈尔滨海关2021年度先进基层党组织和哈尔滨海关2020年度“四强”红旗党支部。虎林海关办公室党支部获评哈尔滨海关2020年度“四强”党支部。

虎林海关党委成立领导小组，制订工作方案，推进党史学习教育。举办“读书班”7期，编发“党史知识天天听”“党史百年天天读”220余期。组织清明节祭扫烈士墓、参观虎头地下要塞博物馆、重温入党誓词、“颂歌献给党”大合唱等活动。制定“我为群众办实事”实践活动清单7项，完成6项，推进落实1项。6个党支部高质量完成专题组织生活会。

虎林海关党委配合做好总署党委第五巡视组延伸巡视工作，对照哈尔滨海关党委巡察反馈意见指出的3个方面13项问题，召开巡察整改专题民主生活会1次，制定整改措施38项，其中，立行立改3项，长期坚持35项。对照关区经济责任审计和专项审计立行立改5项。开展“现场监管与外勤执法权力寻租”专项整治工作，建立台账13项，其中，立行立改8项，长期坚持5项。

虎林海关党委制定《2021—2023年精神文明建设三年规划》《2021年度精神文明

建设工作要点》，坚持“学雷锋”志愿者服务，开展普法宣传、关爱环境、文明共建等主题志愿服务活动27次，参与创建文明城市活动30次。

虎林海关党委筑牢思想防线，严格遵守党纪国法。运用谈心谈话，加强干部思想动态分析，有效答疑解困，做到有部署、有措施、有成效。加强准军事化纪律部队建设，从严考勤管理，严格执行《海关内务规范》，开展内务督察15次。完成2020年度队伍建设考核及2021年度选拔任用副科级领导干部工作。严格落实中央八项规定精神，开展纪法教育和廉政警示教育，杜绝酒驾醉驾。聘用海关特邀监督员，定期排查廉政风险隐患。支持哈尔滨海关党委第三派驻纪检组工作，推进清廉海关建设。

▲2021年5月6日，虎林海关举行升国旗仪式

【业务工作】2021年，虎林海关签发各类原产地证书227份，签证金额923.6万美元。实有备案企业106家，开展核查作业15家。开展国门生物安全监测工作，完成检疫性实蝇、外来有害杂草、马铃薯甲虫等疫情监测任务。开展虎林口岸边境病媒生物专项监测10次，捕获蚊类1,000只，蜱类100只，鼠类50只。完成辖区8家进境定点粮食加工厂资质清理工作，整改2家，暂停2家，退出4家。全年，检验检疫出口大米1,078批次，30.4万吨，货值1.6亿美元。参与总署统计分析司《“十三五”期间中国对外贸易发展报告》中俄贸易部分的撰写工作，完成2次专项约稿，多次为关区形势分析及工作督查例会提供分析素材，受到哈尔滨海关通报表扬1次。落实哈尔滨海关学会工作要求，以“三个坚持”扎实开展政策理论研究工作取得实效，全年撰写统计分析文章10篇；哈尔滨海关采用风险信息53篇，风险分析2篇；报送关区主题征文7篇，其中获得二等奖1篇，三等奖2篇，优秀奖1篇，并获得组织推动奖，为近年来最好成绩。

▲2021年5月20日，虎林海关组织开展病媒生物监测工作

【监管场地建设】2021年，虎林海关

主动与虎林市政府协商沟通，争取建设资金500万元，推动监管场地维修改造。推进有害生物和外来物种初筛鉴定室建设工作，根据需求组织规划设计，包括准备室、鉴定室、样品标本展厅等共计120平方米。每日对虎林口岸现场进行远程视频监控检查，发现异常情况立即处置并报告，发现摄像头失联立即维修，确保视频监控在线率达到要求。做好进口粮食加工监管工作，全年共监管定点加工进境粮食665吨。与虎林市商务局密切配合完成智能卡口建设工作，提升物流监管工作智能化水平。

【口岸核心能力建设】2021年，虎林海关在省级口岸核心能力复核达标基础上，按照《口岸公共卫生核心能力考核指引》的要求，在虎林市政府大力支持下，完成对口岸监管设施升级改造。通过公务员招录等方式，配齐配强专业人员。制订培训计划，组织一线业务关员深入学习掌握各类疫情防控文件及方案，及时参加海关总署、哈尔滨海关组织的各种疫情防控培训班，努力提高人员综合业务素质。积极开展疫病疫情预防宣传，在4月26日“全国疟疾日”通过发放宣传册、纪念品等方式，向群众宣传讲解“全国疟疾日”来源和疟疾防控知识。

【缉私工作】2021年，虎林海关加强与地方公安、边防部门沟通协作，持续开展反走私综合治理，齐抓共管打击非设关地走私行为。持续推进“国门利剑2021”“蓝天保卫2021”等反走私专项行动，重点打击象牙等濒危物种走私、“洋垃圾”入境、防疫物资和疫苗非法出口等行为。全年办理行政案件7起。

【优化营商环境】2021年，虎林海关打造“办理海关事项不求人”服务品牌，实施“一企一策”，全力压缩通关时间。为更好服务企业紧急通关需求，关员节假日加班为企业出口大米开展抽样送检。支持中粮虎林米业对外开拓蒙古国市场，完成11.5万亩出口大米种植基地备案。做好虎林市人民医院进口医用血管造影X射线系统医疗设备和八五〇农场进口大型农用机械设备目的地查验。为绥芬河华钰进口大豆加工厂变更业务，与娃哈哈虎林公司、中粮虎林米业签订关企合作备忘录，为企业解决实际困难，收到企业赠送锦旗3面。

▲2021年5月10，虎林海关关员对出口大米实施现场查验

【实验室工作】2021年，虎林海关开展委托检测样品722批次，不合格样品8批次。法检样品22批次，其中大米样品18批次，糙米3批次，蜂蜜样品1批次，样品检测均合格。全力做好剧毒废弃物氰化钾、三氧化二砷的转运销毁工作。

【疫情防控】2021 年，虎林海关按照“人不见面”疫情防控要求，提出口岸改造方案，得到地方政府认可，进一步提升口岸通关过货能力。严密精准做好各项防控措施，筑牢疫情防控屏障。选派 2 名同志支援机场海关采样工作 56 天。严格出差出行人员和来访人员管理，做好疫情排查工作，严格执行入楼扫码、测温、戴口罩等疫情防控措施，对办公区和生活区坚持每天 2 次预防性消毒，倡导上下班“两点一线”，开展全员新冠病毒核酸检测 6 次。根据疫情形势不同阶段的需要，虎林海关及时组织人员撰写脚本，组织应急事件处置实战操作，规范穿脱防护服，开展公共卫生事件应急处置演练 6 次。

（供稿人：王艺潼　杜　坤　郇耀星
吴鑫本　张莉波　郄立凡
郑希成　赵建国　侯家林
姜　晶　莫林江　韩　瑞）

饶河海关

【概况】饶河海关成立于1994年12月25日，为哈尔滨海关所属正处级海关。2021年9月1日，按照《哈尔滨海关关于调整佳木斯海关、饶河海关业务管辖范围的通知》（哈关人发〔2021〕98号），饶河海关业务管辖范围由饶河县调整为双鸭山市及其所辖的集贤县、友谊县、宝清县、饶河县等四个县。

2021年，饶河海关深入贯彻落实海关总署和哈尔滨海关工作要求，统筹发展和安全，强化监管，优化服务，统筹抓好疫情防控和促进外贸稳增长，深入推进“五关”建设。受新冠肺炎疫情影响，饶河口岸2021年全年闭关，口岸无实际业务发生，辖区调整后正式开展属地查检业务，2021年11月至12月共受理进出口检验检疫申请500余批次，出具检疫证书1,000余份，货值5,531.5万美元，货量5.02万吨。

【党的建设】2021年，饶河海关召开全面从严治党工作会议，制定印发责任清单和任务分解表，落实全面从严治党任务41项。认真贯彻落实党中央重大决策部署，加强政治建设，严肃党内政治生活，严格执行民主集中制。落实党建工作责任制，根据党员分布及辖区调整增设驻双鸭山监管组党支部。树立“聚薪成火”“毓秀乌苏”“山灵水韵”三个党建品牌。全年，三个党支部召开党员大会14次，支部委员会36次，主题党日活动36次，支部党员集中学习12次，讲授专题党课11次，召开专题组织生活会6次，民主评议党员3次，开展谈心谈话56人次，组织支部党员义务奉献日活动8次。召开饶河海关全面从严治党工作会议，制定印发责任清单和任务分解表，落实全面从严治党任务41项。

饶河海关党委深入开展党史学习教育。改造党建活动室，设立党史专题展室，开辟理论学习角。建立党史学习微信群，开展“百年党史天天读”“党史知识每日答题”等活动。联合抚远海关、第七派驻纪检组开展党史学习教育“联学共建”，联合饶河县武装部、饶河边检站、饶河边境管理大队、饶河县消防救援大队开展“庆‘七一’大合唱”活动。依托红色教育资源，组织全体关警员开展参观历史博物馆、抗联第七军纪念馆、瞻仰烈士陵园、清明祭扫先烈等活动，走访慰问抗美援朝老英雄。抓实“我为群众办实事”实践活动，征集地方政府、企业、群众意见建议17条，列入“我为群众办实事”项目清单并全部落实解决。以“学党史、悟思想、走社区、办实事”为主题，联合饶河县沿江社区开展联学共建活动，为社区工作人员讲授疫情防控知识。走访慰问抗美援朝老英雄，聆听战斗故事。组织开展“学党史、办实事、走企业、创发展”志愿服务活动，深入实施“一企一策”，走访调研黑龙江饶峰土特产品加工有限公司，召开座谈会，宣讲海关优化营商环境措施，帮助解决企业需求以及通关过程中存在的问题。

▲2021年6月23日，饶河海关联合饶河县武装部、饶河边检站、饶河边境管理大队、饶河县消防救援大队开展“庆‘七一’大合唱”活动

饶河海关党委开展“现场监管与外勤执法权力寻租”专项整治，组织学习典型案例，开展廉政风险排查，针对梳理出的3个业务环节8个风险点制定整改清单，对账销号，健全完善相关制度机制。贯彻落实海关总署、哈尔滨海关党委关于落实中央八项规定精神具体措施，持续规范办公用房、公车使用，落实精文简会要求。全年无酒驾醉驾等违纪违法情事发生，纪检部门未收到关于饶河海关的线索举报。

饶河海关党委与饶河县五林洞镇党委开展精神文明共建，参与包保小区疫情防控工作。慰问贫困职工、志愿军老战士和孤寡老人。持续巩固脱贫攻坚成果，包保饶河县西丰镇联合村、五林洞镇大带村两个村5户7人，做好落实政策、慰问生活、整理环境等工作。常态化开展“学雷锋”志愿服务活动，开展志愿服务活动23次，人均服务时长100余小时。2021年顺利通过黑龙江省文明委省级文明单位标兵评审。

饶河海关党委开展选拔任用正副科级领导干部、晋升公务员职级、推荐使用职级公务员人选工作，严格执行“三定”规定，未出现超职数配备和违规提高职级待遇等问题。坚持“政治坚定、业务精通、令行禁止、担当奉献”十六字方针，持续加强准军事化纪律部队建设，严格执行《海关内务规范》，坚持开展队列训练和升国旗仪式，强化日常作风养成。

【维护国门安全】2021年，饶河海关制定《2021年度边境病媒生物（专项）监测工作方案》《2021年饶河口岸病媒及有害生物监测实施工作计划表》。在饶河口岸、水果集散地设置2个实蝇监测点，监测面积共33亩，累计调查面积165亩。与饶河县农业农村局签署《边境动植物疫情防控合作协议》，全年开展调查4次，对鼠类及体表寄生虫（蜱、螨、蚤）监测，累计出动监测人员50余人次。选择设置具有代表性的生态环境监测点3个，共放置有效夹数500余夹，捕获鼠56只，采集鼠的脏器样本（脑、心、肺、肝、脾、肾、膀胱）240余份送检，制作鼠类固态标本10余个。对游离蜱监测累计出动人员30余人次，使用布旗法在调查地段进行定时拖蜱，共送检蜱类80余只。对蚊监测出动人员10余人次，采用双层帐诱法在监测点实施诱捕，共捕获蚊1,200余只。

▲2021年5月16日，饶河海关组织开展病媒生物监测工作

【监管工作】2021年，饶河海关持续推进进出口商品质量安全风险预警和快速反应监管体系建设，落实哈尔滨海关年度进出口商品抽检抽查计划，逐项对照排查辖区内商品类项，无问题发生。联合饶河县市场监管、公安等部门开展“食品安全宣传周”活动，发放宣传单等资料300余份，现场解答进出口食品安全咨询120余人次。强化属地检验检疫监管服务，实施抽批抽中查验22批次，首次办理完成饶河县人民医院从荷兰进口由天津口岸入境的医用血造影X射线系统目的地查验作业。开展进口旧联合收割机目的地查验3台次，进口粮食定点加工企业专项核查6家，检疫性谷斑皮蠹、瓜类果斑病菌和瓜类蔓枯病实地监测3次。

【业务辖区调整】2021年，饶河海关积极回应双鸭山市争取在市区设立海关办事机构的提议。9月1日，根据哈尔滨海关批复，饶河海关的业务管辖范围由饶河县拓展到双鸭山市全域，11月1日正式入驻双鸭山市民服务中心开展业务。11月至12月，饶河海关驻双鸭山监管组共受理进出口检验检疫申请500余批次，出具各类检疫证书1,000余份，货值5,528.5万美元，货量4.76万吨。签发原产地证书279份，货值2,891.2万美元，办理原产地签证机构企业变更14家，主管海关企业变更24家，为企业邮寄各类证书1,000余份。

▲2021年11月1日，饶河海关进驻双鸭山市民服务中心开展业务

【优化营商环境】2021年，饶河海关持续推广国际贸易“单一窗口”标准版和

“互联网+海关”使用，实现报关、行政审批等海关业务100%网上办理。全年，共办理企业注册登记4家，企业信息变更2家，原产地企业出口备案1家，完成稽查作业1起。推进落实“两步申报”业务改革，制定实施方案，通过走访企业、召开关企座谈会、微信推送等多种渠道加强政策宣传引导，推动企业采取“提前申报”方式办理通关手续，大幅压缩口岸通关时间。在双鸭山市民服务中心窗口公开海关行政审批具体事项、审批条件、办理流程和完成时限，全面落实监管证件联网核查工作，节约企业通关成本。积极向双鸭山市委市政府提出“依托黑龙江建龙钢铁有限公司等大型外贸企业，进口原字号资源发展落地加工等特色产业，探索建立黑龙江省东部中线通道保税区、特色产业园区、自贸区（试验区）的路线规划”建议。向饶河县委县政府提出“在饶河县中俄互市贸易区探索推进边民互市+落地加工的产业战略，延长产业链条，提升互市贸易商品附加值”的调研建议，助力地方外贸经济高质量发展。

【疫情防控】2021年，饶河海关坚持“外防输入、内防反弹”总策略，建立健全疫情防控指挥部、工作专班、工作小组“三层级”指挥运行体系，组织召开党委会、督查例会等32次。及时分析研判形势，调整防控策略，制订10个疫情防控方案预案、5个工作指引、6个工作制度，形成“10+5+6”疫情防控工作制度体系。全年，开展安全防护、应急处置等培训演练47次，先后派员到太平机场海关、密山海关跟班作业5人次。严格落实扫码、测温、戴口罩“防疫三宝”，强化办公楼等重点场所消毒，一线关员100%完成新冠病毒疫苗加强针接种，建立“日报告、零报告”制度，严格出差、出行、休假报备审批，全员“非必要不出行、不聚集、不聚餐”，实现“打胜仗、零感染”。

（供稿人：于志鹏　田振龙　吕成亮　朱音楠　李永久　陈振伟　岳　强　金宝昌　孟伶俐　赵文泽）

嘉荫海关

【概况】嘉荫海关1993年8月建关，为哈尔滨海关所属副处级海关，辖区为嘉荫县。2009年11月，经总署批复同意，嘉荫海关迁址至伊春市中心区办公，监管区域扩大至伊春市全境。2011年12月，嘉荫海关升格为正处级海关。2018年1月，中编办撤销嘉荫海关，总署批准设立哈尔滨海关驻嘉荫办事处。2018年4月，按照总署的统一部署，原伊春出入境检验检疫局、原黑龙江出入境检验检疫局嘉荫办事处划入海关完成转隶工作。2018年12月，中编办批准设立嘉荫海关，业务管辖范围为伊春市。

2021年，嘉荫海关按照总署党委和哈尔滨海关党委部署要求，推动各项工作取得新成效，实现2015年以来嘉荫口岸首次恢复进口货物，首次在辖区发现外来杂草美洲商陆，首次监管出口水生动物林蛙和中成药鹿角胶，辖区首家企业获得供港冰鲜猪肉资质。全年，审核进口报关单9票，两税入库9.6万元，监管进口货物600吨，货值33万元，监管进出境运输工具2艘次、进出境人员4人次，受理出境货物检验检疫申请485批次，货值1亿元，签发各类检验检疫证书145份，签发各类原产地证书130份，货值2,993.4万元，加工贸易在执行手册5本，货值1,642.6万元。

【党的建设】2021年，嘉荫海关党委全面贯彻落实新时代党的建设总要求和新时代党的组织路线，通过党委理论学习中心组（扩大）学习、支部“三会一课”、主题党日、专题读书班集体学习和自学等方式，统一思想认识，提高政治站位。坚决落实“第一议题”制度，第一时间组织深入学习贯彻习近平总书记重要讲话和重要指示批示精神，立足职责使命，在学懂弄通做实上下功夫，落实全面从严治党主体责任，严格党内政治生活制度，加强党员监督管理。全年，召开党委理论学习中心组会议12次，形势分析及工作督查例会12次。发挥党建引领作用，认真开展“一支部一品牌”活动，全面推进“强基提质工程”，定期进行党建工作督导检查，深化“四强”党支部建设，创建“边关嘉韵”总支品牌，完善各支部品牌建设。

嘉荫海关党委坚决贯彻落实党中央重

大决策部署，切实在思想上政治上行动上同党中央保持高度一致，建立《落实党中央重大决策部署工作督办台账》，在筑牢口岸检疫防线、优化营商环境、打击象牙等濒危动植物及其制品走私、禁止“洋垃圾”入境、安全生产等重要工作上态度坚决、行动迅速，以实际行动不折不扣贯彻落实习近平总书记重要指示批示精神和党中央重大决策部署，以实际行动坚定捍卫“两个确立”、坚决做到“两个维护”。

嘉荫海关党委制订党史学习教育工作实施方案，成立以主要负责人为组长的领导小组，党委召开专题会议4次，党委理论学习中心组专题学习5次，专题读书交流会1次，青年理论小组专题学习2次，专项测试答题2次，5个党支部组织学习30余次。推进“我为群众办实事”实践活动，及时了解掌握企业和群众“急难愁盼”问题，有针对性地制定“一企一策”帮扶措施，采取多种形式讲解海关政策，助力黑龙江北货郎森林食品有限公司产品顺利出口英国、获得知识产权海关保护备

▲2021年6月30日，嘉荫海关物流查验科党支部举行主题党日活动

案等4项清单内容全部完成，增强辖区企业获得感。

嘉荫海关党委将巡察整改工作与落实党委主体责任、加强党风廉政建设、党史学习教育结合起来。针对哈尔滨海关党委第二巡察组反馈的突出问题，召开党委专题民主生活会，深入分析问题产生的根源，党委班子和党委委员共查找问题32个，制定整改措施17项。坚持标本兼治，落实整改责任，推进整改逐一销号，完成整改任务49项，制定修订相关制度10项，不断巩固完善整改长效机制。开展“现场监管与外勤执法权力寻租”专项整治，强化组织领导，向辖区内61家企业征求意见建议，梳理和主动认领执法风险点和廉政风险点5个，制定防范措施9条。

嘉荫海关党委以政治建设为统领，着力强化理想信念和使命担当，打造政治过硬、本领过硬、作风过硬的干部队伍。推进清廉海关建设，严格落实中央八项规定精神，发放《家风建设倡议书》，完善特约监督员监督机制，建立意见收集、督办、反馈台账，建立定期廉政风险排查长效机制，在月度形势分析及工作督查例会上设立“廉政一刻钟”，实现常态化开展纪法教育和警示教育。推进准军事化纪律部队建设。深化内控机制建设，制定内控节点岗位落实清单。规范选人用人机制，开展选拔任用科级领导干部、晋升公务员职级工作，奖励个人三等功1人，嘉奖4人。加强精神文明创建工作，大力弘扬社

会主义核心价值观，不断丰富精神文明创建载体，推进学雷锋志愿服务常态化。加强文化建设，关心关爱职工，营造健康和谐的工作生活环境，被授予“第二十届省级精神文明单位标兵”荣誉称号。

【船舶监管】10 月 18 日，一艘满载 600 余吨俄罗斯进口煤炭的中国籍货船由俄罗斯布拉戈维申斯克市到达嘉荫口岸，这是自 2015 年嘉荫口岸闭关以来首次迎来国际航行船舶过货。在保障安全有序的前提下，为保障船舶顺利过货通关，嘉荫海关、公安、卫健、伊春海事局嘉荫办事处、萝北出入境边防检查站等相关单位开展联合登临检查，在船舶入境时落实“单一窗口”审批工作制度，远程查验船舶和船员证书、船舶报关清单、船舶疫情防控管理计划等文书手续，对船员进行体温监测和流行病学调查，对靠岸船只进行全面消毒监督，切实保障相关工作人员健康安全和港口作业平稳有序进行。

▲2021 年 9 月 23 日，嘉荫海关与地方相关部门对口岸疫情防控工作开展联合监督检查

【优化营商环境】2021 年，嘉荫海关牢固树立“人民海关为人民”理念，不断强化监管优化服务，努力营造便利通关环境，提升服务地方经济社会发展水平。落实哈尔滨海关稳外贸稳外资各项措施，结合辖区实际制定《嘉荫海关落实哈尔滨海关稳外贸稳外资要求细化措施》，全程跟踪指导边民互市贸易区建设，对辖区外贸企业进行梳理分类，制定重点企业“一企一策”帮扶和优惠措施。通过深入企业调研、举办辖区企业报关业务知识线上专题培训等方式倾听企业诉求，帮助企业解决实际问题，支持出口水生动物养殖企业实现辖区首次出口水生动物林蛙 1 批次，共 2,000 千克，货值 1.6 万美元。严格落实《进出境中药材检疫监督管理办法》，引导企业规范申报，首次监管出口中成药鹿角胶 1 批次、50 千克，货值 1.3 万美元。派员深入企业指导供港澳地区猪肉的备案流程、检验检疫要求等，助力辖区企业首次获得供港冰鲜猪肉资质。

【综合保障】2021 年，嘉荫海关紧紧围绕海关中心工作，推进政务运行、财务后勤保障、历史遗留问题销号“清零”等工作。政务运行高效顺畅，发挥以文辅政作用，高效规范办文、办会，加强应急值班、机要保密和档案管理。全年，共收文 5,000 余件，发文 155 件。加强财务后勤保障，坚决贯彻落实“过紧日子”要求，积极争取哈尔滨海关、地方财政支持，提升财务管理水平。扎实开展安全生产三年整治行动，规范车辆和食堂管理，全面排查伊春、嘉荫两地办公用房、档案库房、计算机房、宿舍、食堂等，形成常态化机制，确保安全工作落到实处。历史遗留问题全部“清零”，取得不动产权证书的职工宿舍17套，已入海关固定资产账车库6处。与嘉荫县人民政府签订嘉荫县原海关办公楼调剂使用权协议书，使用期限5年。原黑龙江检验检疫局嘉荫办事处技术业务用房及附属用房完成竣工决算。

【疫情防控】2021年，嘉荫海关落实“外防输入、内防反弹”总策略，做好疫情防控各项工作，全力打赢疫情防控阻击战，落实“打胜仗、零感染”要求。指导嘉荫口岸卫生检疫设施建设，协调地方政府建设流调方舱192平方米、活动保温房4个，改建封闭隔离宿舍3间。严格落实个人防护监督等闭环管控措施，不断更新完善细化疫情防控工作方案和应急预案，多措并举筑牢口岸卫生检疫防线，顺利完成口岸开通后的登临检疫及查验工作。组织开展培训和应急演练，派员到逊克海关跟班作业，支援机场海关一线疫情防控，开展个人防护服穿脱及卫生检疫知识培训、测试等18次，职业暴露应急处置演练3次，与地方联合开展口岸过货疫情防控演练1次，进一步提升一线人员疫情防控能力。持续强化内部疫情防控管理，细化“日报告、零报告”、外来人员管理、出行管理、风险排查等措施，设立临时隔离室，建立内部防控措施每周自查、每月核查、每月开展全员核酸检测制度，在办公楼、食堂等重点场所建立消杀记录台账。

▲2021年9月28日，嘉荫海关与地方相关部门联合开展口岸过货疫情防控演练

（供稿人：王洪玲）

鹤岗海关

【概况】鹤岗海关成立于2018年，由原鹤岗出入境检验检疫局转隶而来，为哈尔滨海关所属正处级海关，业务管辖范围为鹤岗市区、绥滨县两地。鹤岗海关现有正科级机构3个，联系分管哈尔滨海关技术中心国家煤焦炭和石墨烯检测重点实验室（鹤岗）（以下简称“实验室”）。

2021年，鹤岗海关以习近平新时代中国特色社会主义思想为指导，统筹推进常态化疫情防控和促外贸稳增长工作。全年，监管农药产品9批次、158.36吨，货值674.7万元，签发出境货物运输包装使用鉴定结果单9份。受理大米出境检验检疫5批次、2,500吨，货值505.9万元，签发出境货物换证凭单5份。受理输美木制品出口检验检疫6,905箱、48.6吨，货值96.7万元，签发电子底账5份。受理“属地申报，口岸验放”出口货物报关单6份，179吨、货值465.4万元，实现鹤岗海关通关业务“零的突破”。实验室检测样品1,252批次，同比上升145.97%，检测收入同比上升600.33%，创历史新高。

【党的建设】2021年，鹤岗海关党委深入推进政治建关，增强政治机关意识，开展党委会专题学习研讨、理论学习中心组集体学习等政治理论学习68次，党委委员参与指导青年干部理论学习小组、党小组学习，端正学风，严肃学纪，形成党委委员带头学、党支部集中学、各党小组具体学、党员分头学的学习氛围。推进全面从严治党，精准把握机关党建和业务工作的结合点、切入点和落脚点，突出党建引领功能，围绕“煤城薪火、建功有我”党建品牌创建，不断凝聚党员力量，激发干事创业热情。关党委坚决扛起主体责任，履行“一岗双责”，强化制度约束，制定《全面从严治党主体责任清单》《与第六派驻纪检组会商通报制度》，积极支持配合派驻纪检组工作，获得派驻纪检组给予的“政治生态好”评价。深入开展“廉政警示教育月”活动，开展纪法教育和警示教育，组织全员参观鹤岗市廉政教育基地，配合完成哈尔滨海关党委常规巡察、经济责任和专项审计等活动，经受“政治体检”和“业务体检”，有序推进巡察整改和责任审计任务清单落实整改。

鹤岗海关党委将党史学习教育作为贯穿全年工作的重大政治任务来抓，制定《党史学习教育实施方案》《党史学习教育推进表》，积极开展特色活动，责成一名党委委员专职督学，参加哈尔滨海关机关举办的党史知识竞赛并取得第 2 名成绩。录制《支部书记谈责任》等视频 3 辑，“龙青畅谈”微信公众号发布专题稿件 3 篇，推动党史学习教育落实落地。

▲2021 年 6 月 28 日，鹤岗海关参加哈尔滨海关党史知识竞赛

鹤岗海关党委开展“现场监管与外勤执法权力寻租”专项整治，制定《鹤岗海关“现场监管与外勤执法权力寻租”专项整治工作实施方案》，严格落实各阶段整治工作。将专项整治与党史学习教育“我为群众办实事”实践活动相结合，组织召开企业座谈会 3 次，实地赴企业调研 13 次，提出服务企业建议 4 条，发布《致企业的一封信》。主要负责人具体抓好重点部门和实验室的管理，制定内控制度 15 项。

鹤岗海关党委持续提升干部队伍素质能力，通过技能比武、实战演练提高全员业务素质和岗位技能，组织开展桌面推演 2 次、实操应急演练 1 次。开展全员谈心谈话，组织观看《叩问初心》警示教育片、专题研讨 6 次，签署《预防酒驾醉驾承诺书》，发放《疫情防控承诺书》，全年无违反廉政纪律和酒驾醉驾情事。加强选人用人工作，突出政治标准，科学精准识别考察干部，开展选拔任用科级干部、晋升公务员职级工作。狠抓干部人事档案的标准化、科学化和制度化管理，建立干部人事档案 15 卷。

【监管工作】2021 年，鹤岗海关持续强化属地海关监管工作，不断加强制度建设，优化检验流程，增强敏感性，落实主体责任，做到“守土有责、守土担责、守土尽责”，坚决筑牢国门安全防线。持续抓好进出口危险货物及其包装监管，认真开展进出口化工类产品申报审核，强化部门沟通配合，及时开展研判，简化审批手续，提供便捷出证服务。加强进口医疗器械目的地查检工作，强化风险预警信息处置，做好知识产权信息核对，重点核查到货医疗器械名称、规格型号及防伪标识，防止以旧充新、假冒伪劣医疗器械进口。自开展医疗设备监管业务以来，共举办政策宣讲 9 次、业务培训 3 次，提前验核单证 23 份，监管医疗设备 2 套，价值 1,193.8 万元。

【安全生产】2021 年，鹤岗海关不断加大安全生产风险管控力度，树立“大安全”理念，逢会必讲安全，全面提升安全管理工作水平。深入推进“平安鹤岗”建设，向鹤岗市分管领导汇报、解读“平安鹤岗”打击走私综合治理工作细则并提出工作建议，在2021年度平安黑龙江建设考评工作会议上得到鹤岗市政法委主要领导同志的肯定和表扬。开展机关内部安全生产排查活动，制作《安全生产责任清单》，对办公区、实验室、食堂等重点工作场所加强管理。

【优化营商环境】2021年，鹤岗海关解放思想、主动作为，与鹤岗市商务局、营商局等单位建立合作联系，与鹤岗市向阳区人民政府签订《搭建全方位合作关系》协议，利用各自职能和业务优势，实现企业信息共享，开展联合调研，形成服企助企合力。打造“办理海关事项不求人”服务品牌，持续优化营商环境，推行“不见面”业务办理模式，提供7×24小时预约查验等系列措施，切实保障企业产地检验货物出口顺畅，《黑龙江日报》等多家媒体进行了宣传报道，扩大了海关服务品牌社会影响力。鹤岗海关提出助力鹤岗市搭建开放型平台新建议，即在鹤岗市南翔国际物流园区建设保税物流中心（B）型项目，得到地方政府高度重视。9月，省委省政府领导签批同意，鹤岗市对外开放和招商引资新平台——地方政府部分初步搭建完成。持续推进落实海关惠企政策，实行“一企一策”，编制《鹤岗海关精准调研反馈表》，辖区企业开展加工贸易业务进入实质性操作阶段、AEO高级认证进入实地复核阶段，华升石墨股份有限公司申请海关知识产权保护进入总署审批环节，鹤岗海关收到企业感谢锦旗。11月17日，格润森博公司采用属地申报、口岸验放新模式，向鹤岗海关进行申报，实现通关业务“零的突破”。

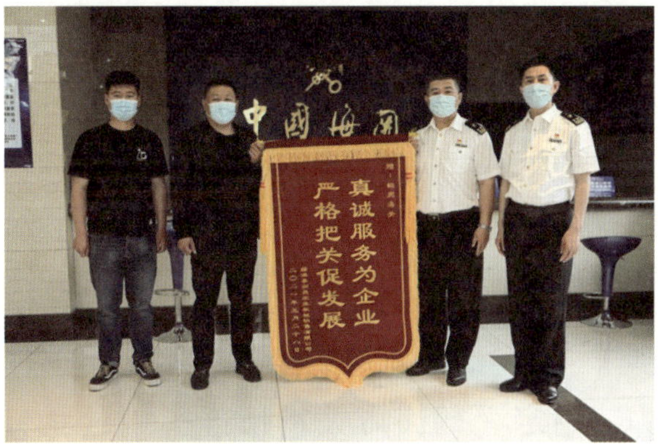

▲2021年5月28日，鹤岗海关收到建关以来首面锦旗

【实验室工作】2021年，鹤岗海关与哈尔滨海关技术中心同向发力，调整经营管理服务思路。与鹤岗市振金石墨烯研究院等院企建立合作关系，与华升石墨集团共建联合实验室，拓展煤炭检测政府采购业务，成功承接绥化市、哈尔滨市七区一县煤炭检测业务，签订合同金额占实验室总收入的56%。全员发动，每周通过微信

▲2021年11月24日，哈尔滨海关技术中心鹤岗煤焦炭实验室与华升石墨有限公司成立联合实验室并举行揭牌仪式

推介宣传实验室检测资质和能力，实验室客户群由最初30家上升到现今50家。同时，梳理实验室42年的发展历程，建设成果展示区。

【综合保障】2021年，鹤岗海关坚决落实哈尔滨海关党委工作要求，以“钉钉子”精神，找准破解问题症结，成功解决困扰鹤岗海关10年的办公楼产权证问题，固定资产增值1,921.28万元，建筑面积增加至5,585.98平方米。提升综合保障能力，制定《鹤岗海关贯彻落实“过紧日子”要求实施方案》，积极争取总署及地方政府支持，严格执行“三重一大”制度。配强工会干部，发挥工会作用，建设理发室，改善食堂就餐环境和食材质量。加强信息宣传工作，全年被采用各类信息301篇，其中1篇信息得到哈尔滨海关关领导批示肯定，被学习强国“海关发布”采用1篇，《黑龙江日报》、龙头新闻客户端采用2篇，“龙青畅谈”微信公众号采用8篇，“龙江关情”微信公众号采用1篇，地方电视台对鹤岗海关促进地方开放型经济发展进行了专题报道。

【疫情防控】2021年，鹤岗海关切实提高政治站位，压实工作责任，第一时间传达学习习近平总书记关于疫情防控重要讲话和重要指示批示精神以及总署、哈尔滨海关疫情防控会议精神，积极参与属地疫情防控工作。修订完善细化鹤岗海关疫情防控和促进外贸稳增长指挥部分工职责，制定鹤岗海关《机关内防——常态化和临战化防控工作清单》《疫情防控重点岗位重点人员重点部位任务清单》《疫情防控消杀工作清单》《实验室样品检测疫情防控“四步法”》等。严格出行审批程序，建立《干部职工健康检测和出行信息台账》，设立防疫教育培训岗和安全监督员，录制防控小视频，组织防控知识和实操培训，规范快递包裹消杀，不准快递上楼，新设“日报告问卷星”小程序，在工作群及时推送国内外疫情风险信息，加强防疫物资保障和管理。符合接种条件的职工全部完成第三针疫苗接种。参加地方疫情防控外事组工作，提供进口商品防疫等方面宣传介绍，与鹤岗市市场监管局等多部门组织开展对进出口商品防控技术实操和突发应急处置演练，为打赢鹤岗市疫情防控阻击战提供智力和技术支持。

（供稿人：马　琳　王　帅　王　京
王　锐　孙丽丽　宋　洋
张宝成　姜丽丽）

萝北海关

【概况】萝北海关位于黑龙江省鹤岗市萝北县，1993 年 8 月 11 日，经总署批复（署人〔1993〕1325 号），同意成立萝北海关，为哈尔滨海关所属副处级海关。2011 年 12 月 23 日，根据《海关总署关于哈尔滨海关机构设置主要职责和人员编制的批复》（署人发〔2011〕504 号），萝北海关正式升格为正处级海关，业务管辖范围为萝北县。

2021 年，萝北海关以习近平新时代中国特色社会主义思想为指导，坚持全面从严治党，全力打赢口岸疫情防控阻击战，促进外贸稳增长。全年，萝北海关共监管进出口货物 23.57 万吨，同比增长 84.4%，实现贸易额 3,618.82 万美元，同比增长 156.7%；征收税款 3,258.34 万元，同比增长 168.6%。在全省受新冠肺炎疫情影响、外贸发展动力不足的大环境下，萝北海关货运量、贸易额、税收等指标实现全面增长。

【党的建设】2021 年，萝北海关党委坚持用习近平新时代中国特色社会主义思想武装头脑，学习宣传贯彻党的十九大和十九届历次全会精神，组织开展集体学习交流 9 次。坚持问题导向和目标导向，紧扣全面从严治党、打造新时代清廉海关主题，先后 4 次召开专题会议研究部署管党治党工作，制订萝北海关全面从严治党工作计划，形成 6 个方面 28 项工作任务清单，细化到岗位和人员，持续推进落实。巩固拓展“强基提质工程”成果，深化“四强”党支部建设，持续加强党建品牌培树，进一步规范支部“三会一课”制度，先后 8 次召开党总支会议研究部署党建工作，积极组织开展庆祝中国共产党成立 100 周年系列活动。领导班子按照分管

▲2021 年 11 月 12 日，萝北海关组织全体党员收看十九届六中全会新闻发布会

工作加强日常监督管理，全面落实廉政风险防控各项措施，深化标本兼治，着力构建不敢腐、不能腐、不想腐的有效机制。开展“警示教育月”“内务规范强化月”活动，积极应用政务服务“好差评”系统，持续改进工作作风。顺利通过省级文明单位（标兵）复审。

萝北海关党委对习近平总书记重要指示批示精神第一时间学习落实，坚持月度形势分析及工作督查例会“第一议题”制度，坚决捍卫“两个确立”、切实增强“四个意识”、坚定“四个自信”、做到“两个维护”。落实意识形态责任制，通过理论学习中心组学习不断提高党委班子政治能力，通过各科室、各支部理论学习不断提高党员干部政治素质，通过谈心谈话、征求意见等方式及时了解干部职工思想动态和工作状态。与地方生态环境部门建立固体废物移交处置联系机制，持续开展打击“洋垃圾”走私等工作。

萝北海关党委坚持党委引领，上下联动，成立组织机构，制定工作方案，落实学习计划，扎实推进党史学习教育走深走实。先后组织专题学习、交流研讨、主题党日、党课教育等各类学习活动30余次，利用微信群推送学习资料260余份，开展主题征文、重温入党誓词、观看红色影片、参观“铭记红色历史、传承革命精神”等各类活动10余次。深入推进“我为群众办实事”实践活动，围绕优化通关流程、促进贸易便利化制定针对性措施，汇总口岸改扩建及疫情防控、货物进出口通关、改善职工工作生活等“我为群众办实事”项目清单10条，有针对性地制定解决措施，积极推进落实，增强企业和群众的获得感。

▲2021年6月28日，萝北海关参加哈尔滨海关党史知识竞赛

萝北海关党委开展“现场监管与外勤执法权力寻租”专项整治，成立领导小组，召开专题会议，制订实施方案，细化措施和要求，张贴海报30余张，悬挂举报箱7个，主动向辖区25家企业告知宣传，接受企业和社会各界监督。认真开展摸底调查和违规事项个人申报工作，回收调查问卷31份，撰写心得体会27份，纪法教育答题通过率100%，排查出廉政风险点3个，并结合实际抓好整改。

萝北海关党委加快推进高素质队伍建设，坚持树立“重实绩、重实干”的选人用人导向，坚持科学精准识别考察干部，在疫情防控中考察干部，规范开展选拔任用和职级晋升工作。坚持正向激励，发挥典型引领作用，2名同志分别被评为关区优秀共产党员和优秀党务工作者。认真抓好准军事化纪律部队建设，严明纪律规矩，严格管理监督，扎实开展“内务规范强化月”活动，定期开展内务规范检查，发现问题及时整改。深入开展岗位练兵，增强业务本领，积极参加哈尔滨海关组织的入境人员采样及防护技能实操现场考核、旅客通关系统卫生处置应用培训，组织现场疫情防控工作组开展疫情防控个人防护、采样和预防性消毒工作培训 4 次，组织开展新型冠状病毒感染的肺炎疫情防控演练和冷链食品阳性应急处置演练各 2 次。

【维护国门安全】2021 年，萝北海关持续落实重大动植物疫情口岸防控工作，重点加强对非洲猪瘟疫病的防控，严格执行查验流程，严防夹带走私。推进口岸初筛实验室建设，提升检出能力。采取多种监测手段，在口岸周边开展检疫性实蝇、外来杂草和马铃薯甲虫等监测任务，未发现有害目标生物。严守检验安全底线，落实食品安全“四个最严”要求，持续推进进口食品“国门守护”行动。完成目的地查验 1 批次、产地出口查验 62 批次，拟制检疫证书 95 批次，实验室送检 5 批次，落实哈尔滨海关 2021 年度出口动物源性食品安全风险监测计划 6 批次。

【监管工作】2021 年，萝北海关全面落实总署深化改革重点任务，积极推进“两步申报”通关模式，大幅压缩通关时间，推进“先放后税，汇总缴税”征税模式，实施税收保证保险等便利化措施，加强对税收优惠政策和改革措施的宣传，使更多企业享受到改革带来的实惠和便利。做好 RCEP 宣讲推介，助力企业享惠增效，积极参加海关总署、商务部举办的 RCEP 相关培训，组织业务骨干进行学习交流和专题研讨，实现学用结合、学研融合。组织辖区企业开展相关业务培训，通过宣讲会及 QQ、微信等网络形式宣传 RCEP 优惠政策，助力企业抢抓发展新机遇。积极落实减免税政策，助力科技创新发展，开展属地纳税人管理服务探索，组建属地纳税人专项工作小组，召开属地纳税人税政宣讲会，开展“一企一账”“一企一策”“一企一专员”定向服务。

【缉私工作】2021 年，萝北海关扎实开展“国门利剑”专项行动，加强与边境管理、地方公安等部门的联系配合，保持打击走私力度，坚决防止境外疫情通过走私渠道传播入境。发挥情报先导作用，充分收集境外非法携带、夹带外来物种和种子苗木进境信息及以往案例。做好“国门绿盾 2021”行动相关工作，强化境外劳务种植企业主体责任，严防出现境外回运黄大豆非法引种、伪瞒报等行为。对旅检现场的 X 光机等检查设备进行维修、维护，通过组织线上学习、线下实操等方式，开展专业技能教育培训，提升现场实操技能。强化部门协调，对于在查验等环节发现的外来物种第一时间进行处置，同时联系相关单位进行无害化处理，并向哈尔滨海关报备。

【优化营商环境】2021年，萝北海关打造“办理海关事项不求人”服务品牌，持续优化口岸营商环境，在践行“四零”服务承诺的基础上，提出“接待文明、反馈及时、服务热情、执法严格”标准，编写萝北海关服务指南及常见问题手册，重制办事不求人指引牌。简化工作流程，提高办事效率，实行“预约办理”工作模式，让企业以最便捷的方式、最短的时间得到最优质的服务。落实哈尔滨海关关于做好疫情防控促进外贸发展各项措施，通过微信、电话等方式及时了解企业需求和存在的主要困难，为企业提供政策支持和业务咨询，帮助企业解决新冠肺炎疫情期间产地检疫、证书领取等方面问题。全年，办理属地出口业务201批次，货值1,562.3万美元。制定定期走访制度，对辖区重点企业开展“点对点”走访服务活动，积极解决五矿萝北国际贸易有限公司企业业务需求，帮助企业办理关税保证保险业务，减少企业资金周转压力。

【综合保障】2021年，萝北海关全面贯彻落实“过紧日子”要求，开展节约型机关创建行动。制定印发《萝北海关关于进一步贯彻落实“过紧日子”要求的通知》，将“紧”的要求贯穿到行政办公、综合保障、公务出差的方方面面，优先保业务、保民生、保发展。积极推进关区安全生产专项整治三年行动集中攻坚工作各项部署，组织安全学习教育6次，落实海关监管作业场所（场地）定期巡查制度，开展海关监管场所安全生产隐患排查工作，发现安全隐患6处并整改完成。举全关之力做好配套用房项目建设工作，把哈尔滨海关党委的暖心工程落到实处，已完成主体施工，正进行内部装修装饰工程。关心关爱关员工作生活，发挥工会“桥梁纽带”作用，做好职工食堂管理，帮助关员解决实际困难。做好单身干部宿舍管理，改善单身关员生活条件。

【疫情防控】2021年，萝北海关坚决贯彻落实习近平总书记对疫情防控工作的重要指示批示精神，坚决扛起筑牢外防输入“第一道防线”的政治使命和担当。紧跟国家、省、市、县疫情防控的部署安排，按照“一口岸一方案”要求，先后组织召开疫情防控专题会议12次，研究细化疫情防控关键节点，层层压实工作责任，落实“人不见面”查验模式。坚持“人、物、环境”同防，研究调整完善口岸监管区设置，强化货运通道、监管仓库管理监督。进一步优化口岸执法人员配置，充实一线队伍，组织疫情防控实战演练5次和职业暴露应急处置演练2次。强化内部人员管控，坚决落实哈尔滨海关和地方政府各项疫情防控工作要求。加强人员管理，出行返回人员认真落实新冠病毒核酸检测相关要求。做好办公场所和快递管理，对办公楼每天进行消毒，要求进出人员扫码、测温、戴口罩，对快递物品集中管理，消毒后进入办公区域。严格执行领导

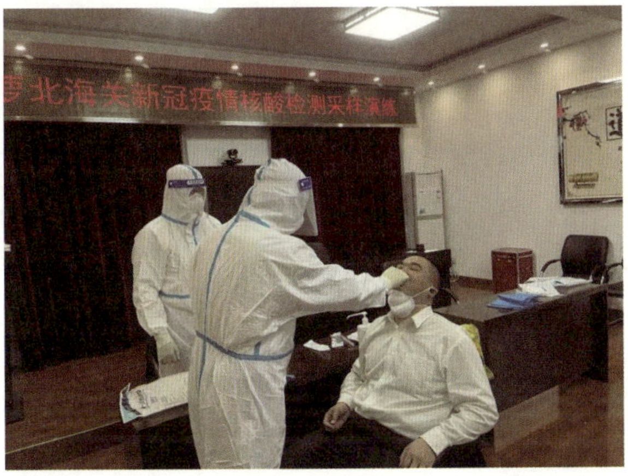

▲2021 年 3 月 15 日，萝北海关组织开展新冠病毒核酸检测采样演练

干部带班和值班人员 24 小时值班制度，保持通讯畅通，及时应对突发情况，确保海关工作安全稳定有序。

（供稿人：于志永　王文博　邓伟光　刘彬傲　孙晓明　杜彦忠　李广祥　罗士贺　周　锐　赵鲁阳　徐芮佳）

黑河海关

【概况】黑河海关前身是瑷珲海关，于1909年8月1日设在瑷珲。百年来，黑河海关经历了洋人帮办、日伪强占、新中国海关三个历史阶段，经历了四次开关（1909年、1930年、1962年、1985年）、三次闭关（1929年、1935年、1973年）和四次易名（瑷珲分关、瑷珲海关、黑河支关、黑河海关）的不寻常历程。1985年9月10日，黑河海关正式恢复建关。1987年5月20日，总署批准黑河海关为哈尔滨海关所属正处级海关，业务管辖范围为黑河市（除逊克县外）。

2021年，黑河海关全面深化“五关”建设，经受住2轮本土疫情、8轮洪峰过境等严峻考验，统筹推进口岸疫情防控和促进外贸稳增长工作取得新成绩。全年，报关且已结关进出口货物353.3万吨，同比增长98.1%，其中，进口341.6万吨，同比增长108.6%，出口11.7万吨，同比减少20%；实际监管货运量795.5万吨，同比增长121.4%，其中，进口783.5万吨，同比增长127.5%，出口12万吨，同比减少19.5%；口岸监管进出境运输工具758辆艘/次，同比减少94.1%；征收税款3.3亿元，同比减少13.5%，其中，关税1,374万元，代征税3.2亿元。

▲2021年12月6日，黑河海关关员在中俄东线天然气管道黑河首站现场监管

【党的建设】2021年，黑河海关党委深入学习贯彻落实习近平总书记重要指示批示精神，坚持“第一议题”制度，通过召开的70余次各类会议进行督办落实，认真组织学习党的十九届六中全会精神。逐级签订党风廉政建设责任状，开展任前和廉政提醒谈话60人次。开展“现场监管与外勤执法权力寻租”专项整治，与346家企业“一对一”建立沟通机制。全力配合总署巡视工作，政治监督效果进一步显现。抓好巡察整改工作，持续开展纪法教

育、警示教育、自查阶段“回头看”。做好新海廉系统应用，关联有效联系单124份。常态化开展“内务规范强化月”行动，抓住关键、盯住重点、严在平常、重在管理，强化结果运用。认真对照反馈意见，逐条落实完成整改任务35项。全力配合总署巡视工作，政治监督效果进一步显现。

黑河海关党委实施“书记工程”，搭建“云课堂”，启动“天天学”，推进党史学习教育开展，组织“阵地教育”200余人次，举办知识竞赛，拍摄专题宣传片，利用职工影院播放红色经典故事片17部，组织参观红色教育基地120人次，回顾党的历史，缅怀革命先烈，重温入党誓词。将党史学习成果与“微党课、微宣讲、微故事”活动相结合，开展“因地制宜学党史，见缝插针促宣传”活动，各党支部在党史学习教育专栏每周接力发布党史知识，利用办公楼一楼大厅、门前电子屏、电梯间、楼梯间等场地展示党的光辉历程、英烈模范事迹等。团支部组织青年团员参加2021年“龙江读书月”阅读马拉松活动短音频活动。坚持学做结合，深入辖区调研10余次，为结对共建少数民族村解决100根内涝排水涵管，完成“我为群众办实事”项目清单8项内容。推进党建和业务深度融合，9个党支部被评为关区红旗党支部和“四强”党支部，旅检一科党支部“惠风之旅”党建品牌被总署复评为全国海关示范品牌，物流监控科党支部成为总署国际合作司基层党支部联系点，荣获关区“先进基层党组织”称号，12名同志被评为关区不同层级优秀共产党员和优秀党务工作者。

▲2021年6月4日，黑河海关举办党史知识竞赛

黑河海关党委实行人力资源动态管理，通过岗位练兵、技能比武、实战演练提高业务素质和岗位技能，组织开展桌面推演2次、实操应急演练2次。开展全员谈心谈话，组织观看《叩问初心》警示教育片、专题研讨6次，签署《预防酒驾醉驾承诺书》《家庭助廉责任书》，发放《廉政慰问信》，杜绝酒驾行为，全年无违反廉政纪律和酒驾醉驾情事发生。开展选拔任用科级领导干部、公务员职级晋升、提任事业单位管理岗位职员工作。狠抓干部人事档案的标准化、科学化和制度化管理，共建立干部人事档案133卷。

【外事工作】2021年，黑河海关推进中俄海关“三智”合作，牵头组织召开“两国四关”（中国、俄罗斯，黑河海关、漠河海关、逊克海关、哈巴罗夫斯克海关）视频会议，及时解决货物通关、司乘人员管控等问题，总结2020年以来海关合作方面的成果，通报组织机构调整等情况，并就黑河公路口岸开通后工作安排、提升中俄海关监管结果互认合作水平、优化口岸营商环境提升通关效率等议题进行交流探讨，初步拟订下一步合作计划。

▲2021年7月28日，黑河海关、逊克海关、漠河海关与俄罗斯哈巴罗夫斯克海关开展2021年度工作会谈

【维护国门安全】2021年，黑河海关加强国门生物安全监测和安全风险监控，开展作业48人次。做好新冠肺炎疫情防控的同时严防埃博拉、鼠疫、黄热病等疫情叠加，防控非洲猪瘟等动植物疫病疫情传入传出。落实食品安全要求，在俄罗斯进口蜂蜜中检出“欧洲幼虫腐臭病”2批次，在出口生菜中检出检疫性有害生物西花蓟马1批次。严把进出口商品质量关，探索智慧能源监管模式，保障进口能源资源类商品安全高效通关。

【税收征管】2021年，黑河海关坚持依法科学征管，做好属地纳税人管理平台应用，推进主要业务100%通过国际贸易“单一窗口”办理，税款、保证金及滞报金等全部采用新一代电子支付方式网上支付。推广自报自缴、汇总征税、关税保证保险改革，助力企业节约资金扩大进口。通过关企联络微信群推送RCEP规则解释及享惠通关等宣传50余次。密切监控辖区税收增减情况和重点税源企业税收走势，主动征集企业需求，开展态势分析，帮助企业反映合理诉求。加大对2021年规范申报易错点提示及RCEP原产地规则介绍等最新文件规定推送，加大政策解读力度，重点就企业关心关注的煤炭、废钢进口及申报问题进行现场业务指导和问题解答，以实际行动为企业提供支持帮助。

【监管工作】2021年，黑河海关规范“双随机、一公开”，强化海关监管场所监督管控，开展巡查28次。推动互贸商品溯源管理，进一步完善入区商品申报信息，做到货物来源清、去向明。强化后续监管，对重点有效稽核查作业设置“一企一底稿台账”，实施流程追溯负责制。全年，开展稽核查外勤执法42次，发放《海关工作人员外出执法廉政纪律告知和反馈表》26份，电话回访62次，廉政法规宣传25次。加强海关知识产权保护，销毁侵权物品194件。

黑河海关积极推进业务改革，受理“两步申报”报关单占比为28.74%。细化促进黑河外贸创新发展措施36项。承接嫩江等四市的食品和农产品委托抽样检测任务，总计 2,275 批次。积极研究、复制、推广自由贸易试验区改革试点经验 6 批，在黑河片区复制推广 52 项。推进“俄罗斯低风险植物源性中药材试进口”自贸创新举措落地，监管进口中药材 101 吨。荣获中国（黑龙江）自由贸易试验区黑河片区创新成果部门贡献奖，“跨境运输车辆管理信息一站式备案”创新案例获部委级表彰，4 项创新案例获市级表彰。实施精准信用培育，辖区 1 家企业顺利成为中国（黑龙江）自贸试验区首家 AEO 高级认证企业。支持新兴业态发展，东北地区首家菜鸟跨境中心仓落户黑河。

▲2021 年 4 月 21 日，哈尔滨海关在中国（黑龙江）自由贸易试验区黑河片区开展 AEO 企业认证培育交流会

【监管场地建设】2021 年，黑河海关积极支持黑河公路大桥口岸建设，落实落细口岸开关前各项准备工作，成立工作专班进驻现场工作 6 个月；加强与口岸主管部门联系配合，提出意见建议，科学规划各类用房 108 间，协调解决口岸设施设备、设置标准、通关流程等问题 40 余项；争取海关总署、哈尔滨海关支持，累计向公路口岸配套价值 5,000 余万元的监管设备，有力支持保障了黑河公路大桥口岸 9 月 2 日正式通过国家验收。开展政策解读，配合做好公路口岸进境粮食指定监管场地申建工作。提前介入黑河（步行）口岸规划建设，对标疫情防控和海关监管最新建设标准和要求，助力黑河搭建对外开放新平台。

【安全生产】2021 年，黑河海关坚持“从根本上消除事故隐患，从根本上解决问题”的要求，成立安全生产工作领导小组，对监管作业现场、口岸卫生检疫安全、进出境动植物检疫、进出口食品安全、海关办公场所安全风险隐患开展排查 5 次，整改安全隐患 47 项。在货运现场、大桥公路口岸、天然气首站等场所张贴宣传海报 20 份，制作专题宣传栏 2 块，悬挂宣传横幅 2 个，机关大楼门前 LED 屏滚动播放宣传口号，营造“落实安全责任，推动安全发展”良好氛围。积极参与“接力传安全——我为安全生产倡议”“应急管理科普宣教和安全体验基地分类展示”线上展馆等活动，教育引导干部职工强化“人民至上、生命至上”理念，有效防范和化解风险隐患。

【统计分析工作】2021 年，黑河海关坚持数据质量是统计工作核心价值理念，按季度开展数据质量评估，防范统计数据虚报瞒报、造假作假。严把贸易统计数据审核关，有效保障统计数据质量。对异常波动数据开展原因分析，对逻辑检控错误项进行专题复核，及时修正差错数据，防范数据质量风险。全年，共审核统计数据超过1万条，撰写统计监督信息2篇。积极参加理论研究工作，研究成果在关区排名第一，获中国海关学会优秀论文1篇，大连分会一等奖1篇、二等奖1篇，哈尔滨海关学会优秀奖1篇，并荣获关区组织推动奖。

【缉私工作】2021年，黑河海关不断深化打私专业能力建设和执法规范化建设，扎实推进反走私社会综合治理，强化边境管控。重点围绕中央关注、社会关切、群众关心的“洋垃圾”、濒危物种及其制品、冻品、涉枪、涉毒和涉疫等重点方面，全面推进“国门利剑2021”专项行动，共立案侦办刑事案件3起，案值2.67亿元；立案办理行政案件9起，案值214.98万元。推进打击跨境电商进口走私“断链刨根”专项整治行动。

【优化营商环境】2021年，黑河海关打造“办理海关事项不求人”服务品牌，设立专门受理窗口，实施7×24小时预约通关。进出口货物整体通关时间分别压缩至5.86小时和0.36小时，比2017年分别减少89.92%和51.25%。对中方船舶开展集中检疫查验，保障运输船舶安全、快速投入运营。采取“云审核、随时办”方式开展验估工作，实行公路“舱单归并”，开辟农产品进口绿色通道，优化果蔬出口“提前申报+抵港直装”模式，采取切实有效措施大幅缩减煤炭、大豆进口通关时间。监管保税物流中心（B型）进出区货物2,443吨，货值3,941万元，同比增长415倍。

【风险防控】2021年，黑河海关推动口岸精准检疫、病媒生物监测、口岸食品安全、卫生监督、卫生处理、突发事件应急处置向信息化、智能化、现代化转变。按照风险管理工作要点，发送风险预警信息和协调联系单，有4名同志被选拔进入哈尔滨海关业务风险分析研判常设专家组。发挥三级监控指挥中心作用，加强业务运行监控和回放排查，确保视频监控系统100%在线。

【综合保障】2021年，黑河海关落实“过紧日子”要求，严格控制“三公”经费，严格执行财经纪律，做好政府采购。建立疫情防控物资管理台账，严格按要求发放防疫物资。清理涉案财物管理系统数据异常项目126条，采取异地存储方式入库涉案生产线、原材料等合计26吨，处置涉案电子烟弹229条、菟丝子9.96吨。推进与政府相关部门建立固体废物归口处置工作机制。推动黑河海关缉私码头、应对重大疫情基础设施等项目建设并通过验收，完成工程决算审计。

【疫情防控】2021年，黑河海关完善“一办十二组”（指挥部办公室、物资保障组、人力资源保障组、信息宣传组、旅检现场防控组、货检现场防控组、防疫物资通关组、采样检测组、后勤保障组、防护保障监督组、医疗物资监管组、促进外贸稳增长工作组、进口商品风险监测工作组）工作质效，确保常态化和应急状态随时切换。动态梳理防控文件472份，优化完善“一口岸一方案”。用好三级监控指挥中心，关领导每日检查指导一线防控。压实“四方责任”，提出海关意见，确保联防联控闭环无死角。严格落实“三查三排一转运”要求，100%执行规定动作。树立“口岸一盘棋”理念，向黑河市口岸办、港务局等部门制发疫情防控业务联系单6份。每日编发毗邻国家疫情信息累计360余期，建立中俄籍入境人员管理档案。严格执行封闭管理措施，顶格做好人员安全防护。成立“挑毛病”工作专班，建立上岗前评分考核制度，满分方可上岗。逐人逐项评分考核，开展月自查22次、季巡查4次、全流程应急演练4次。坚持“人、物、环境”同防，落实高风险非冷链集装箱货物防控措施，做好采样检测、预防性消毒和医疗废弃物处置，监督指导检疫处理单位问题整改到位。加大海关监管区监督掌控力度，主动排查黑河港区内不规范情事11起。按照一线疫情防控及监管工作要求，统筹人力资源，组建6个现场监管组、1个后备组和1个监督组。组织防护服穿脱、新冠病毒核酸采样等专题培训和多轮现场实操演练。加强实验室生物安全管理，建设核酸样本专用通道。积极应对本土疫情，严格执行内部人员防控各项规定，270名工作人员全部做到“零感染”。支持黑河市疫情防控大局，参与黑河市2个小区值守1,672人次，配合疫情溯源，提供海关各种材料21份，充分印证海关各项疫情防控措施执行到位、科学规范。

（供稿人：于小寒　于　超　马路平
王志强　王佳卓　田　天
刘亚卓　刘　猛　李保岐
邱　实　陈　铮　赵晓东
陶　军　韩文赫）

逊克海关

【概况】逊克海关于 1992 年 6 月 1 日正式建关，2018 年 2 月 1 日撤逊克海关，设立哈尔滨海关驻逊克办事处。2019 年 1 月 18 日，撤驻逊克办事处，成立逊克海关，为哈尔滨海关所属正处级海关，业务管辖范围为逊克县。

2021 年，逊克海关深入贯彻党中央重大决策部署，全面落实两级海关工作会议和全面从严治党工作会议精神，认真做好疫情防控和业务各项工作，全力应对汛情。编发海关工作情况专报 1 期，得到逊克县领导肯定和批示。全年，监管进出口货物 2.9 万吨，同比减少 40%；监管运输工具 97 辆/艘次，同比减少 95%；征税 385 万元，同比减少 82%。

【党的建设】2021 年，逊克海关党委持续深入学习贯彻习近平新时代中国特色社会主义思想、党的十九大和十九届历次全会精神，发挥党委理论学习中心组引领作用，组织学习 7 次，讲党课 4 次，研讨 6 次，主题党日 13 次。坚持“第一议题”制度，着力提高把握方向、大势和全局的能力。落实意识形态工作责任制，把意识形态工作纳入年度工作任务，密切关注舆情，召开 2 次专题会议分析研判风险，严把网络等信息发布审核关。

逊克海关党委严格执行党建工作要求，做到每月有学习、每季有党课、定期有会议、时时有活动。严格落实双重组织生活、“三会一课”等制度，建立基础台账 30 余册，党委委员讲授主题党课 5 次，开展全员谈心 2 次，召开民主生活会 2 次、组织生活会 3 次。加强对预备党员、入党积极分子教育培养力度，发展 1 人为预备党员，1 人转为正式党员。继续完善“积量致远”党建品牌内涵，制定《党建品牌推广方案》，推动成立“口岸党员之家”和关员理论学习小组，建立口岸党建活动室，评选“业务之星”“志愿服务之星”“学习之星”，2 人分别被评为关区优秀共产党员和优秀党务工作者。逊克海关志愿服务队被省文明委授予“优秀志愿服务组织”，1 人获县级精神文明建设工作先进个人，2 篇论文分获关区一等奖和优秀奖，2 人分获扎根边关金质和铜制奖章，实现物质、精神“双丰收”。

▲2021 年 5 月 8 日，逊克海关组织参观瑷珲历史陈列馆

逊克海关党委组织开展庆祝中国共产党成立 100 周年系列活动，制作党史图片展板 12 块，在微信群中推送党史大事记和“跟着习近平总书记学党史”等专题学习 64 期，利用 LED 大屏幕、党史展板、哈尔滨海关“龙青畅谈”微信公众号宣传典型做法。融入红色文化资源，参观红色基地，观看红色电影，举办“唱红歌、颂党恩”诗歌朗诵等活动，开设以微平台、微故事、微讨论为载体的流动课堂，营造“平台处处有，党史时时学”的氛围。扎实开展“我为群众办实事”实践活动，组织开展协助互贸区完善基础设施、捐献健身器材、助力煤炭粮食快速通关等活动 7 项。为地方经济发展出谋划策，为群众办好事实事，收到企业赠送锦旗 2 面。

逊克海关党委认真开展“警示教育月”活动，集中学习案例通报，每周末进行廉政和禁止酒驾醉驾提醒，签订《预防酒驾醉驾承诺书》，严格平时考核，强化日常养成，加强监督管理。全力支持派驻纪检组发挥“前哨”作用，积极主动接受监督。召开特约监督员廉政分析会，加强新海廉系统应用，制发联系单 22 份，2 篇应用成效类信息被总署采用。推进巡察整改工作，制定措施 25 项，确保整改到位。成立“现场监管与外勤执法权力寻租”专项整治领导小组，制定工作方案，向 8 家企业通报情况，组织做好个人申报。召开 13 次工作推进会传导压力，制发 17 份提示单督促落实，跟踪督导 6 次，编发工作信息简报 38 条、经验做法 3 期，查找廉政风险 6 个，建立工作机制 3 个，完善作业流程 3 个，所有问题全部整改完毕，专项整治工作取得实效。

【法治综合】2021 年，逊克海关积极做好法治工作，开展《中华人民共和国民法典》《中华人民共和国行政处罚法》等普法讲座，通过党委理论学习中心组（扩大）学习、集中学习、收看庭审等方式，提升法律素养。加大普法力度，开展“4·26”知识产权、“8·8”海关法治宣传日、“12·4”法制宣传日等普法宣传活动，主动送法到企业，营造良好法治氛围。加强统计基础工作，不断提升统计数据质量。做好数据安全工作，组织学习《中华人民共和国数据安全法》，切实履行本领域数据安全监管职责和主体责任，采取有效措施做好海关业务数据日常安全管理。

【维护国门安全】2021 年，逊克海关细化工作职责，制定《2021 年国门生物安全监测实施方案》，在设定的9个监测点开展检疫性实蝇监测8次、外来有害杂草监测3次、马铃薯甲虫监测3次，均未发现检疫性实蝇、杂草和马铃薯甲虫等其他有害生物。截获进境植物有害生物7种次。严防动植物疫病疫情传入传出，全年未发现非洲猪瘟相关产品进境。扎实做好病媒生物监测工作，共完成捕抓鼠41只、蚊1,304只、蝇385只、蜱108只。

▲2021年8月13日，逊克海关开展马铃薯甲虫监测工作

【监管工作】2021年，逊克海关共查验进口货物37批次，查验率92.5%。针对口岸实际，优化监管流程，协调实验室缩短检测时间。共监管进口煤炭24批次，共计1.24万吨，采样送检21批次，检测项目累计130项次；监管进境粮食13批次，共计9,000吨，采样送检2批次，检测项目累计31项次；出口机械237台。

【安全生产】2021年，逊克海关成立安全生产专项工作组，负责统筹组织辖区安全生产工作，组织召开安全生产专题会议1次、安全生产教育动员会议1次，参加相关视频培训会议1次，主要领导带队检查各业务现场及监管场所安全生产7次，分管领导组织召开安全会议3次。制定演练脚本，针对安全生产相关内容开展联合应急演练1次，开展以防汛及洪水暴发为脚本的安全生产演练1次，组织全体关员观看《生命重于泰山——学习习近平总书记关于安全生产重要论述》专题片，在逊克县主要街区开展“落实安全责任，推动安全发展”主题宣传。

【互市贸易】2021年4月，逊克县互贸管委会成立逊克北雁互市贸易服务有限责任公司，全面接管逊克县互贸场所和相关业务。逊克海关及时了解互贸经营主体变更和互贸场所设置遇到的困难，开展业务指导，督促整改落实，协调地方政府对互市贸易区进行升级改造。经哈尔滨海关口岸监管处实地验收，已通过注册备案。同年9月，黑龙江省商务厅同意逊克县作为边民互市贸易进口商品落地加工试点，逊克海关积极配合逊克县政府加快组织实施落地加工试点方案。

【企业管理和稽查】2021年，逊克海关深化“放管服”改革，激发市场主体活力，做好海关报关企业行政许可改备案、出口食品生产企业行政审批改备案的“优化审批服务”改革，实现申请、审批全部网上办理。推进信用分级分类监管，运用“中国海关信用管理”微信平台、关企工作微信群、制发宣传册等方式，加大海关信用宣传力度。全年，新增备案企业5家，完成注销作业19笔，开展稽查作业1笔。

【缉私工作】2021年，逊克海关深入贯彻落实习近平总书记重要指示批示精神，对“洋垃圾”走私、象牙等濒危物种及其制品走私、防疫物资和疫苗非法出境，保持高压打私态势。组织开展“国门利剑2021”等专项行动，严厉打击农产品、冻品、涉枪、涉毒、重点涉税商品等走私违法活动。深化与地方打私办成员单位的协作配合，在口岸管理、边境封堵、清理整顿市场、规范企业行为等各环节开展联合行动，切实提升打击走私综合治理整体效能。全年共办理行政案件4起，均为简易程序案件。

【优化营商环境】2021年，逊克海关深入推进“两步申报”“提前申报”“关税保证保险”“汇总征税”改革，落实税费电子支付、税单和原产地证书自助打印等通关便利化措施。推行回运粮食价格预裁定，全年完成价格预裁定企业1家、价格磋商企业1家，辅助回运农产品顺利通关。优化货物通关流程，进一步压缩通关时间，持续推进“办理海关事项不求人”品牌创建，加强现场办事大厅、公开服务窗口规范化建设，提高行政执法透明度，畅通对外咨询服务渠道，及时为企业答疑解惑，展示优质服务窗口形象。实现咨询业务、行政审批、办理通关等方面的网上通办和自助办理，运用“互联网+海关”关企信息交互平台，线上受理企业备案、变更申请，实施“企业注销便利化”，倡导政务“不见面审批、无接触办理”。

【疫情防控】2021年，逊克海关完善明水期口岸货检新冠肺炎疫情防控工作方案，细化10个岗位、36项责任分工，落实落细各项防疫措施。与逊克县口岸办、卫健委等6部门签署联防联控协议，召开各类会议16次，形成防控合力。积极协调当地政府新建负压检疫方舱，创新设计“三区三通道——C型采样方舱”，采用“平急结合”方式与旅检大厅相连，同时满足疫情防控和非疫情时口岸核心能力建设功能用房的需求。积极协调当地政府完善查验平台、消毒场地等设施建设，确保查验、消毒场地符合要求。制定《逊克海关一线新冠肺炎疫情防控人员职业暴露应急处置预案》，组织开展内部人员感染新冠肺炎应急处置等演练5次，对入境人员严格实施“三查三排一转运”，配合地方政府对登陆船员17人严格实施闭环管理。对入境卫生检疫岗位工作人员实行两班轮转，严格执行封闭管理要求。做好社区网

▲2021年7月12日，逊克海关关员对进境船舶实施登临检疫

格化封闭管理，出勤 1,560 人次。组织关员及协管人员接种疫苗 29 人次。加强出差出行人员管理，做好健康监测和台账管理，严格落实消毒、测温等内部防控措施，确保“打胜仗、零感染”。

【抗洪抢险】 自 2021 年 5 月份以来，受黑龙江上游持续降雨及俄罗斯结雅河泄洪等因素的影响，黑龙江逊克段水位不断上涨，连续出现 5 次洪峰，最高峰值达到 99.75 米，超警戒水位 1.25 米。逊克海关积极参加抗洪抢险工作，6 月 21 日至 7 月 5 日，累计出动人员 200 余人次，排放内渗积水近 300 次，灌装运送沙袋 200 余个，值守口岸码头堤坝 14 昼夜，排除险情隐患 8 起，圆满完成抗洪抢险任务。

（供稿人：马磊磊　许　娟　张鹏宇　宗　荔　魏宇菲）

绥化海关

【概况】经总署批复同意，绥化海关于2020年12月28日开关（署人发〔2020〕221号），正式对外办理海关业务，为哈尔滨海关所属正处级海关，业务管辖范围为绥化市。辖区现有海关注册备案企业近400家，进境粮食定点加工企业9家，备案危化品进出口企业26家。

2021年，绥化海关坚持以习近平新时代中国特色社会主义思想为指导，认真学习贯彻习近平总书记重要讲话和指示批示精神，推进“五关”建设，深化“强基提质工程”，推动绥化海关各项工作有序开展，取得较好成效。全年，进出口贸易总值43.12亿元，同比增长22.5%，其中，进口27.93亿，同比增长1.2%，出口15.19亿元，同比增长100.2%。辖区现有海关注册备案企业近400家，进境粮食定点加工企业9家，备案危化品进出口企业26家。

【党的建设】2021年，绥化海关党委建立“第一议题”学习、部署、落实相贯通的闭环机制，召开党委会25次、党委理论学习中心组学习11次、形势分析及工作督查例会12次。通过党委会、党委理论学习中心组学习、“三会一课”、主题党日、青年理论学习小组等形式，认真学习领会党的十九大和十九届历次全会精神，贯彻习近平总书记重要指示批示精神，落实党中央重大决策部署。绥化海关党委认真落实两级海关全面从严治党会议精神，结合绥化海关实际细化15项任务、37条措施，制订《绥化海关2021年全面从严治党工作重点任务分解表》，明确责任，清单管理，对账销号，落实到位。以迎接总署党委巡视和哈尔滨海关党委巡察为契机，进一步强化党委全面从严治党主体责任，党委书记第一责任人职责、党委委员“一岗双责”，不断推动管党治党从“宽松软”向“严实硬”转变。

绥化海关党委坚持党建引领，确立“抓党建、带队伍、促业务建设”工作思路，召开党委会3次，党委专题会议1次，专题研究支部党建工作。在业务科室设立党员示范岗，成立党员先锋队，窗口党员干部均佩戴党员徽章上岗，亮明党员身份。深化“强基提质工程”，开展“四强”

党支部建设，提升基层党组织政治功能，打造绥化海关“寒地黑土拓荒牛”支部品牌，提炼挖掘“四劲”（以求真务实的“真劲”推动业务工作发展，以滴水穿石的“韧劲”加强自身能力建设，以勇往直前的“冲劲”打通全面从严治党“最后一公里”，以干事创业的“拼劲”积极推动地方外向型经济发展）工作法。加强对“一把手”和领导班子监督，支持第一派驻纪检组工作，严格落实会商制度，形成监督合力。

绥化海关党委坚持学原著、读原文、悟原理，购买党史学习教育书籍50余套。党委书记讲授专题党课5次，党员讲党课8次，党史读书分享20余人次。坚持开展“晨学半小时”活动，集中收听收看党史教育片10余部。开展线上“每周一测”党建和廉政基础知识答题活动11期，以考促学。运用“加减乘除工作法”（“加”红色资源之料，推动学习教育走新；“减”蜻蜓点水之风，推动学习教育走实；“乘”为民服务之效，推动学习教育走深；“除”形式主义之尘，推动学习教育走心）推动“我为群众办实事”实践活动，确保企业和群众“急难愁盼”问题“动态清零”。建立“我为群众办实事”工作台账，共征集企业意见建议30余条，帮助企业解决问题近20个。黑龙江省《新闻联播》、《绥化新闻》、《绥化日报》、“中国海关”学习强国号等媒体先后7次宣传报道绥化海关在党史学习教育中取得成果和务实举措。开展精神文明单位创建活动，主动走访绥化市文明办，提交精神文明单位创建申报表，迎接绥化市文明办检查，按照测评体系建立创建台账16册。

▲2021年4月7日，绥化海关开展主题党日活动，重温入党誓词

绥化海关党委配合哈尔滨海关党委第三巡察组开展常规巡察。抓好“现场监管与外勤执法权力寻租”专项整治工作。组织纪法教育和警示教育活动，联系辖区企业共53家，排查廉政风险点3个，确定高风险岗位2个。深入推进准军事化纪律部队建设。

绥化海关党委树立正确选人用人导向，优先使用政治立场坚定、工作实际突出、扶贫期间表现良好的干部，开展选拔任用科级领导干部、晋升公务员职级工作。健全完善制度建设，制定印发12项制度，全面提升绥化海关内部管理绩效，提高工作运行科学化、规范化水平，形成用制度管人、管事、管权的良好局面。

【维护国门安全】2021年，绥化海关坚决扛起维护国门生物安全政治责任，学习贯彻习近平总书记关于生物安全的重要讲话精神，制定打击“洋垃圾”和象牙等濒危物种及其制品走私、“国门绿盾2021”、进境大豆后续监管等工作方案，多举措筑牢国门安全防线。科学开展国门生物安全监测，共完成监测任务3次，出勤10人次，发现检疫性有害生物豚草1株。认真领会落实习近平总书记关于做好统计工作的重要论述，制定数据安全管理办法，切实保障数据安全。组织开展“安全生产月”活动。

【监管工作】2021年，绥化海关辖区有70余家企业近三年开展了进出口业务。全年，绥化海关共监管出口货物1,176批次，签发各类证书1,800余份，开展目的地查验8次，快速验放各类设备8台/套。对辖区19家进境粮食指定加工企业进行排查清理，共清理不符合标准企业10家，对2家企业开展专项稽查。严格履行进口粮食监管职责，重点关注原料入厂、卸车入库、下脚料处理等关键环节，共监管进境粮食3,000吨。

【企业管理和稽查】2021年，绥化海关辖区有6家危化品企业开展了进出口业务。5家企业开展加工贸易业务，分别在兰西、海伦、北林区，办理账册44份。全年，组织开展加工贸易验厂工作2次，进行日常监管4次，指导黑龙江天有为电子股份有限公司开展以企业为单元加工贸易业务。共备案进出口收发货人、出口食品生产企业50余家，备案种/养殖基地6家（分别在庆安、绥棱、海伦），现场考核出口饲料生产企业5家（分别在海伦、北林区），现场考核出口粮食加工仓储企业1家（海伦）。办结核查作业9起，查发各类问题5起，开展专项稽查3起，目前已办结2起，在办1起，其中查发进境粮食违规案件1起。

▲2021年8月26日，绥化海关关员对进境粮食指定加工企业进行检查

【优化营商环境】2021年，绥化海关建立关企微信群，及时推送海关惠企政策，远程指导企业办理海关业务。落实“放管服”和“多证合一”改革，持续推进“不见面审批”，加大联网验核力度，“让数据多跑路，让群众少跑腿”。实行7×24小时预约通关模式，实现“即到即查”“即到即放”，全力压缩通关时间。持续打造具有绥化特色的“办理海关事项不求人”服务品牌，不断提升企业的获得感和满意度，助力辖区外贸进出口总值增速由负转正。实地走访辖区20余家企业宣传海关知识产权保护政策，指导黑龙江农垦龙王食品有限责任公司在总署完成知识产权

备案。采取有效措施落实“回国服务的留学人员购买免税国产汽车”政策，严格执行总署针对新冠肺炎疫情期间回国留学人员申请免税车相关规定，简化和规范手续，快速为留学回国人员办理业务 7 笔。收到企业赠送锦旗 6 面。

【科技发展】2021 年，绥化海关加强“三智”建设，对“三智”体系中处于基础位置、具有基点作用的“智慧海关”建设进行重点研究、超前谋划。把打造“智慧海关”与在建的绥化海关业务技术用房同谋划、同部署、同推动，确立“集约高效、系统集成、智能监管”的绥化海关科技工作思路。加强与哈尔滨海关科技部门沟通协调，共商智慧型绥化海关发展方向。加强综合业务技术用房项目建设管理，提出“走出去”“动起来”“反向推”工作方法，成立基建工作专班，建立“周走访”机制，掌握项目进度和推进过程中的难点、堵点，提出针对性意见建议，积极协助配合相关部门开展工作。截至 2021 年年底，绥化海关业务技术用房项目主体工程已完工，预计 2022 年 7 月末可投入使用。

【疫情防控】2021 年，绥化海关抓实“六稳”“六保”工作，做好常态化疫情防控，成立绥化海关统筹口岸疫情防控和促进外贸稳增长工作指挥部，召开工作会议 11 次。严格落实属地疫情防控政策，执行健康监测“日报告、零报告”制度，强化扫码、测温、戴口罩，积极推进新冠病毒核酸检测和疫苗接种工作，确保“应检尽检”“应接尽接”。受本土疫情影响，春节、国庆期间，全体关员就地过节，身体力行支持全省疫情防控工作。提升关员应对新冠肺炎疫情防控意识和能力，成立专兼职安全防护监督队伍，制定应急工作方案，组织开展应急处置演练 2 次。

▲2021 年 11 月 11 日，绥化海关组织全体关员开展疫情防控应急处置演练

（供稿人：朱　齐　杨怀忠）

漠河海关

【概况】漠河海关于 1994 年 12 月 22 日设立。1996 年由齐齐哈尔海关代管，为哈尔滨海关所属正处级海关。2002 年 12 月，开始有常驻关员开展海关各项工作，关长由齐齐哈尔海关关长兼任。2007 年 1 月，漠河海关业务工作正式从齐齐哈尔海关分离，业务管辖范围为大兴安岭地区，地域范围 8.3 万平方千米。辖区有国家一类口岸 1 个、临时过货通道 1 个、管输原油监管点 1 个，是国家能源战略中俄原油管道中方输运第一站。

2021 年，漠河海关坚决贯彻落实习近平总书记重要指示批示精神，坚持“五关”建设，党建引领，打牢基础，各项工作实现高质量发展。加强对外宣传，先后在中央电视台《新闻联播》、“学习强国”、“海关发布”等新闻媒体和微信公众号上发布党建工作、服务能源监管等方面的影音、图文 10 余次，完成中央电视台《中国海关》节目约稿，重拍《霜凝雪铸北极关》宣传片，展示漠河海关良好形象。

【党的建设】2021 年，漠河海关党委加强政治建设，开展党委理论学习中心组学习 10 次，深入学习宣传党的十九大和十九届历次全会精神。严格执行“第一议题”制度，例会学习贯彻习近平总书记重要指示批示精神 12 次，完善工作台账 10 项，开展督查督办 4 次，研究部署全面从严治党、党风廉政建设工作 4 次。录制“基层书记组长谈责任”，经哈尔滨海关政工办推荐报送总署政工办。

漠河海关党委加强党建工作，创新应用支部工作法，有效解决“两层皮”问题，第二党支部“实践‘1234’（即紧扣党建引领，服务国家能源战略通道 1 条主线；做到认真抓好党建活动的开展、认真抓好党建加业务的工作组合 2 个抓好；达到提升工作合力、提升工作成效、提升工作规范 3 个提升 ；坚持做到责任落实到位、党员管理到位、制度覆盖到位、作用发挥到位 4 个到位）支部工作法，当好能源守护者”案例成为第一批全国海关党建创新 12 个案例之一。海关系统支部书记网上培训示范班介绍第三党支部建设经验，漠河北极流动党员驿站微党课平台收录“霜凝雪铸北极关”微党课。党总支与深圳海关所属观澜海关机关党委开展线上主题活动2次，以“三促一提一比”模式相互促学。党总支荣获“黑龙江省先进基层党组织”荣誉称号，“北极星”党建品牌通过全国海关基层党建示范品牌复评。参加哈尔滨海关创建党建实训点工作专班，到全国党员教育培训示范基地——大庆铁人学院学习借鉴办学经验。结合漠河海关党建工作实际，提出“1+M+N”基层党建实训课程体系，根据不同培训对象开发出6套培训课程，建立9个模块，编排163门课程。开发最北党建资源特色，编排理论课程和体验式、访谈式课程各3门，开展“课堂+基地”模式现场教学等培训。原油监管工作组获得“全国青年文明号”称号。

漠河海关党委抓实“我为群众办实事”实践活动，党委班子深入企业和执法一线调研17次，形成调研报告4篇，推进项目清单6项任务全部“清零”，向哈尔滨海关政工办报送“我为群众办实事”案例3篇。购买党史学习教育书籍60余册，设立“党史学习教育读书角”，编发学习资料，开辟微课堂，每日推送“党史百年天天读”“哈尔滨海关党史学习教育云课堂”。2021年6月30日，哈尔滨海关党委书记、关长卢厚林通过视频连线方式，参加第三党支部和执法一线科室的“赓续红色血脉、奋力建功新时代”主题党日活动。

推进哈尔滨海关党委第三巡察组对漠河海关党委巡察整改工作，召开专题会议3次，完成巡察整改问题23项，修订制度和工作机制6项，在管理网公开落实整改情况4次。加强与哈尔滨海关监察室、第九派驻纪检组的协作，全年无违法违纪情事发生。强化准军事化纪律部队建设，开展“内务规范强化月”活动，每月开展内务检查2次，队列训练满学时、全达标。在重要节假日进行党风廉政提醒，签订《预防酒驾醉驾承诺书》3轮。向企业发出《海关工作人员外出执法监督告知单》4份，均无违规违纪和投诉情况。应用海关政务服务“好差评”系统，推动窗口增强服务意识，全年无差评。走访驻地政府、相关单位和企业，与特约监督员“一对一”电话或书面征求意见建议。开展“现场监管与外勤执法权力寻租”专项整治，规范执法一线科长行为，观看警示教育片，开展纪法教育答题活动，张贴海报及奖励公示，编发专项整治工作简报19期。全面起底2012年以来从事涉及“现场监管与外勤执法权力寻租”的岗位，20人如实开展申报，完成问题整改2项。

【维护国门安全】2021年，漠河海关加强食品安全监管，抽检样品5次，送检2次。完善非洲猪瘟疫情等防控预案，与漠河市医院、边检站建立联防机制。以实战、桌面推演等方式开展内部工作人员感染应急处置演练3次。成立国门生物安全监测工作领导小组，开展国门生物安全监测，设置监测点4个，监测面积10,600平方米，未发现马铃薯甲虫等外来有害生物。全面加强海关生物安全风险防控，切实筑牢国门生物安全屏障，积极宣传《中华人民共和国生物安全法》，与辖区内出口果蔬企业开展线上座谈会2次，开展国门生物安全宣传教育活动1次。

【原油监管】2021年，漠河海关积极服务国家能源战略，落实进境原油先放后检措施，加强口岸查验评定放行工作。全年，监管进境原油3,000万吨，查验放行进境清管器8票10台次，截至2021年年末累计监管进境原油2.287亿吨，安全监管超过4,000天。委托大庆—漠河石油检测实验室实施法定检验47批次、372项次，原油检验77批次。推进管输原油智慧监管，与中国管网加格达奇管道公司沟通，将SCADA系统分屏接入哈尔滨海关监控系统。开展风险监测实验33批次、165项次，报送《进出口危险品及其包装检验工作质量分析》3篇，撰写的《进口原油风险监测质量分析》被推荐报送到总署商品检验司，撰写11篇《原油专项监测

▲2021年1月1日，漠河海关监管人员进行原油登罐取样

预警分析》。加强对原油检验监管岗位人员资质管理，开展危险货物及包装检验岗位资质学习，4名关员通过资质考试。

【企业管理和稽查】2021年，漠河海关认真开展企业管理工作，对现有企业全部摸排，实行统计分类管理。完成常规稽查2家，“双随机”核查1家。推进打击跨境电商进口走私“断链刨根”专项整治行动，对涉及的3家企业第一时间验核，及时上报情况。

【优化营商环境】2021年，漠河海关全面落实“放管服”，推进“证照分离”改革。打造“办理海关事项不求人”服务品牌，推出工作举措16条，列明办事清单18项，明确海关业务协调员7项职责，提升通关效能。通过鼓励企业“提前申报”、协调业务环节无缝衔接，压缩进口通关时长25%。推进“一网通办”“一窗受理”和新一代通关管理系统3.0版应用，促进通关业务模式不断优化。全年，受理出口申报128批次，货值3,065万元，同比分别增长184%、110%，出具入境货物检验检疫证明25单、普惠制原产地证12单。实施“一企一策”个性化指导，帮助1家企业成功备案“龙腾”企业，知识产权海关保护工作取得历史性突破。成立漠河海关推动边民互市贸易建设工作专班，向地方政府提出意见建议23条，积极争取政策，帮助获得边民互市贸易移址批复。积极与大兴安岭地区营商局、商务局等部门沟通联系，协助大兴安岭地区成为跨境贸

易指标考核参评城市第二名，质量强区晋级为一类城市。

▲2021 年 10 月 18 日，漠河海关关员解答企业咨询

【综合保障】2021 年，漠河海关调整网络与信息系统安全应急指挥部，完善网络与信息安全事件应急预案，开展网络安全检查 2 次、应急演练 1 次。完成“初心馆”展厅升级、修缮办公大楼、改造档案室和机要室、置换原口岸办公楼产权等项目工作，增加职工书屋图书，提升食堂饭菜质量，改善工作生活环境。发挥工会作用，组织羽毛球、乒乓球、台球、“读书月”等文体活动 6 次。

【疫情防控】2021 年，漠河海关召开疫情防控指挥部工作会议 10 次，统筹部署新冠肺炎疫情防控工作。落实扫码、测温、戴口罩，安装双控测温通道，严格人员出行和进出办公场所管理。落实联防联控职责，深入责任区开展防控工作 5 次。参与全员新冠病毒核酸检测 5 次，推进第三针疫苗接种，“应接尽接”，实现“零感染”。提高安全防护应急能力，按照新冠肺炎疫情防控专项自查督查要求，动态完善疫情防控工作预案方案和机制，在原有 10 项基础上又新增 34 项，开展新冠肺炎疫情防控应急演练 2 次、防护服穿脱实操演练 2 次。

（供稿人：王云峰　王国政　孙　新　杨天荣　李国军　赵洪杰　郭瑞峰）

第七篇

直属事业单位

中国电子口岸数据中心哈尔滨分中心

【概况】中国电子口岸数据中心哈尔滨分中心（以下简称“数据分中心”）成立于2003年，为总署委托哈尔滨海关管理的所属事业单位。数据分中心内设机构包括综合部、技术开发部。数据分中心主要职责是负责本地区电子口岸应用项目及联网企业的技术支持、操作培训、热线值班及电子口岸政务卡、企业卡入网的身份鉴别、录入、制作等工作；协助承担海关信息系统项目开发、运行维护职责；承担电子口岸专网分中心节点的网络系统和信息安全保障工作；协助做好本地区国际贸易“单一窗口”标准版推广运维工作；参与地方电子口岸应用项目建设，做好相关技术支持工作。

2021年，数据分中心共办理新入网企业933家，变更数据310家，IC卡解锁、延期、补办、注销、新制卡3,109张。接听1504制卡窗口咨询电话2,631次，接听1717电子口岸热线2,834次，接听拨打咨询电话65次，接收申报工作单10次。完成数据传输报文297.8万票，数据传输成功率99.99%。

【党的建设】2021年，数据分中心党委深入学习贯彻习近平总书记在党史学习教育动员大会、庆祝中国共产党成立100周年大会上的重要讲话精神，领导班子成员带头讲授专题党课，激发全体党员干部学习党史的热情。坚持政治理论学习和思想建设，积极参加哈尔滨海关组织的政治学习和培训，认真抓好贯彻落实。加强团队凝聚力，打造清廉队伍，强化纪律作风建设，严格遵守中央八项规定精神，坚决纠正“四风”，严格遵守各项纪律规定，杜绝酒驾醉驾情况发生。在电子口岸窗口开展“四零”服务活动，制作服务承诺宣传板，及时向进出口企业宣传入网政策信息、操作流程，落实首问负责制、限时办结制、一次告知制、热情服务制等各项要求，切实把“迅速、准确、主动、亲切”的服务宗旨贯彻到日常工作中，为企业提供优质服务，助力龙江经济发展。

【黑龙江国际贸易“单一窗口”暨跨境电商公共服务平台硬件运行维护项目】2021年8月，数据分中心中标黑龙江省商务厅“黑龙江国际贸易‘单一窗口’暨黑龙江省跨境电商公共服务平台硬件及机房运维服务”项目，中标金额229.7万元。组织该项目部署调试，并与黑龙江省商务厅签订三年服务期合同。按时完成验收并投入使用，平台运行状况良好。

▲2021年11月12日，黑龙江省跨境电商公共服务平台机房通过黑龙江省商务厅验收

【外网建设项目】2021年，数据分中心参与黑龙江电子口岸平台建设，做好国际贸易“单一窗口”的完善和推广工作，推进跨境电子商务平台建设，搭建数据传送通道，为海关与地方电子口岸之间的数据交换及联网应用提供网络支撑及技术保障。

【哈尔滨关区运维服务项目】2021年，数据分中心承接哈尔滨海关和缉私局办公楼计算机软硬件和前台设备、内外网点配置及网络设备、关区视频会议系统、通信系统及其他日常信息化相关的业务，并提供技术运维服务。全年，为关区安装安全卫士360杀毒软件600台次，安装管理网互联网WIN7操作系统650余台次，安装更新操作系统补丁680余台次，调试培训教室投影仪及安装相应软件150余次，调试安装IP电话600余台次，调试视频会议130次，联通管理网互联网网点700余次，互网行动360天擎安全查杀12,306条，送修电脑主机、打印机、笔记本电脑等设备160余台次，报废管理网主机100余台，发放新电脑120台、显示器及打印机等设备60余次，解决各类其他故障（包括安装软件故障排除、各类设备驱动程序安装、网页故障排除）1,200余次，管理发放各类耗材1,000余件，提供技术服务保障3,915次，其中技术维护3,440次、视频会议支持保障475次，关区1900技术服务热线接单量为3,848份，受理办结率为100%，用户满意度为100%。

【管输能源智慧监管平台建设项目】2021年10月，数据分中心与哈尔滨海关商品检验处签订“哈尔滨海关管输能源智慧监管平台”软件开发合同，标的金额19.88万元。该项目是与国家管网集团北方管道有限公司进行跨网数据交换传输，现全部完成跨网数据传输模块安装，能够满足当下监管需要，下一步将根据实际需求不断完善智慧展示功能开发。

【哈尔滨新区保税物流中心项目】2021年，数据分中心参与哈尔滨新区保税物流中心建设，协助建设方黑龙江省交通投资集团有限公司开展信息化方案设计，提出合理化建议。与中标单位达成合作意向，由数据分中心负责提供服务器等硬件设备，采购数据传输软件、卡口管理等系统。

【牡丹江海关配置远程流行病学调查系统项目】 2021年7月，数据分中心中标牡丹江开发区管委会“牡丹江海关配置远程流行病学调查系统及相关设备”项目，中标金额26万元。全面完成设备采购、软件开发与集成工作。

（供稿人：王永威 刘 蕊 徐 峰）

后勤管理中心

【概况】哈尔滨海关后勤管理中心为哈尔滨海关所属事业单位，内设部门 11 个。主要职责为：承担哈尔滨海关机关安全保卫、环境卫生、绿化、消防管理工作；承担哈尔滨海关机关固定资产、房产日常管理、办公生活基础设施使用维护及服务管理工作；承担哈尔滨海关机关办公区物业管理及集体宿舍管理工作；承担哈尔滨海关机关食堂、招待机构等关区内部生活服务的管理工作；承担哈尔滨海关公务车辆管理及罚没物品保管工作；承担哈尔滨海关在哈尔滨召开重大会议及重大活动后勤保障工作；承担本单位内设部门负责人以下人员岗位聘用以及自身队伍日常管理考核工作；承办哈尔滨海关交办的其他工作。

【党的建设】2021 年，后勤管理中心党委提出以“打造‘绿叶’品质、秉持‘五心’（坚持不忘初心、倾注热心、融入细心、秉持真心、永葆虚心）服务”为品牌的创建口号。强化党委集中统一领导，加强领导班子建设，明确领导班子分工，履行管党治党责任。党委书记履行全面从严治党第一责任人职责，班子成员履行“一岗双责”职责，重大事项集体研究、集体决策，层层传导压力，层层落实责任。扎实开展好党史学习教育。

▲2021 年 6 月 23 日，后勤管理中心全体党员参观哈尔滨工运历史展览馆

【服务保障】2021 年，后勤管理中心紧紧围绕关区中心工作，主动服务，高效保障，科学管理，努力实现管理科学化、服务暖心化、保障有力化，圆满完成各项目标任务。后勤管理服务涉及的“人、财、物”主要包括财务资金、安全保卫、单证制装、涉案财物、水电燃气、防护用品、餐饮服务、车辆保障等。加强涉案仓库管理，接收罚没物品 12 批次，分类存放、账实相符。做好办公区绿化养护、清

雪、保洁、维修、清障等工作，完成维修任务 1,500 余次，完成会议服务 590 次，清障 110 余次。对办公楼内水电进行节能改造，完善相关工作制度。严格执行公务用车管理制度，实行网上派车，一车一卡，全年派车 1,104 次。餐饮服务精准多样，适时采取分餐制及错时用餐，完成食堂改造项目前期招标和进场施工准备。推进“我为群众办实事”实践活动，在关区增设洗车点，累计洗车 500 余辆。全年，完成证单征订发放、服装预定发放、疫情防控物资采购发放，实现两处房改房更名，积极解决公有房产出租纠纷，完成委托采购项目 16 个。

【安全生产】2021 年，后勤管理中心以安全生产三年整治为契机，在餐饮服务、物业管理、车辆管理、政府采购及涉案财物管理等方面，完善规章制度，确保管理制度化、作业标准化，以制度管人管事，用标准衡量服务质量。全面排查水电

▲2021 年 6 月 28 日，哈尔滨海关开展消防安全演练

暖、安防等方面风险隐患，及时整改，改善和检修现有门窗等基础设施，对存在安全隐患的消防设施进行全面维修。发挥技防在安全防范和疫情防控中的突出作用，对办公楼内陈旧老化的安防监控设备设施进行维修和更换。制定完善突发事件、灾难事故等各项应急预案，开展消防安全知识宣讲和消防灭火演练。

【绿色机关建设】2021 年，后勤管理中心推动节能降碳，创建绿色机关。对办公区域重点用能设备设施进行检查检测、定期维护保养，对供暖、空调、配电、照明、电梯等重点用能设备进行维护，更换节能产品，逐步淘汰传统的高能耗、低效能设备。在办公区域张贴办公设备节电、随手关灯、减少使用电梯频次、合理设定空调温度、节约用水、节约粮食等提醒标识。推广无纸化办公，减少使用不可降解一次性塑料制品，办公、会议等场所严格限制使用一次性办公用品。开展“光盘行动”，倡导文明用餐，杜绝餐饮浪费。结合全国节能宣传周、低碳日、世界环境日等重要节点，利用展板、电子屏、网络等形式开展节能节水低碳环保宣传活动。

【创新发展】2021 年，后勤管理中心树立全新的后勤管理理念，加强后勤管理工作宣传力度，提高服务保障对象思想认识和自觉意识。结合后勤管理特点以及未来发展方向，学习新技术、新思维，探索实施新的管理理念、管理模式。在日常管理工作中总结、调整、完善现有后勤管理

工作内容与流程，结合工作状态、岗位要求，采取相应措施强化工作人员角色意识，明确自身岗位责任，实现以最佳的精神、心理、身体状态投入到工作中。树立创新意识，发挥互联网优势，利用信息技术、互联网技术辅助后勤管理工作，提高工作质量，提升后勤管理水平。

【疫情防控】2021 年，后勤管理中心压实新冠肺炎疫情防控责任，落实落细疫情防控措施，查找补齐短板漏洞，加大防控精准度，确保疫情防控各环节不留死角、不出疏漏。推进新冠病毒疫苗接种“应接尽接”，重点岗位人员核酸检测“应检尽检”。严格执行办公区人员进出管控制度，定期对办公楼、食堂等公共区域开展消杀，配合开展新冠肺炎疫情防控应急演练。

（供稿人：左　嵩　付海彪　赵　伟　赵　锴）

技术中心

【概况】哈尔滨海关技术中心（以下简称“技术中心”）前身为黑龙江出入境检验检疫局检验检疫技术中心，2019 年 6 月正式挂牌运行，为哈尔滨海关直属事业单位，具有独立法人资格，属于第三方检测机构，主要负责黑龙江地区出入境食品农产品检测、动物检疫、植物检疫，以及社会委托检测。技术中心持续加强队伍建设，完善各项工作机制，为海关执法提供技术支持。技术中心现有内设机构 15 个，另有总署规划国家检测重点实验室 5 个，实验室面积 1.4 万平方米，分别是国家有机食品检测重点实验室（黑龙江）、国家动物遗传物质检测重点实验室（黑龙江）、国家马铃薯病毒检测重点实验室（黑龙江）、国家煤焦炭和石墨检测重点实验室（鹤岗）、国家石油检测重点实验室（大庆）。

【党的建设】2021 年，技术中心党委以党建引领推动检测事业发展，提出“科学严谨，公正准确，优质高效，合作共赢”的质量方针和“转变观念，探索创新，打造一流检测机构”的质量目标。将质量方针、质量目标与党史学习教育和党建工作紧密结合，培育“食安防线”“至诚之窗”“检科融，筑国门”3 个党建品牌。以党委理论学习中心组学习带动基层政治理论学习制度化、规范化、常态化。加强教育引导，开展谈心谈话，及时了解掌握干部职工思想动态，进一步统一思想，开展好党史学习教育。

▲2021 年 6 月 30 日，技术中心党支部党员重温入党誓词

【检测资质】2021 年，技术中心是国家认证认可监督管理委员会资质认定和中国合格评定国家认可委员会认可实验室、国家食品复检机构、国家绿色食品产品质量定点监测机构、国家有机产品检测机构、国家无公害农产品定点检测机构、国家绿色食品发展中心绿色产地环境检测机构、全国农产品地理标志产品品质鉴定检测机构、省级农产品质量安全检测机构、省级非洲猪瘟检测授权实验室、省内首个具备食品转基因检测能力的实验室、省内首家获得中农药残留等多项指标检测资质机构、省级检验检测服务创新联盟理事长单位、黑龙江消费者协会指定实验测试咨询中心，具有食品、农畜食品、化妆品、工业品微生物、重金属、生物毒素、农药、兽药残留、转基因检测等多种检测能力。有效资质包括实验室认可、资质认定，农产品绿色、有机、无公害、地理标志指定检测机构，实验室认可证书 9 个，检验检测机构资质认定证书 9 个。

【技术能力】2021 年，技术中心完成

▲2021 年 10 月 21 日，哈尔滨海关技术中心实验室人员进行理化检测实验

实验室检测 21.9 万项目批次。通过了国际能力验证、国家认监委、CNAS 等专项检查和飞行检查，未出现因检测结果争议的重大投诉和有效诉讼。

【科研能力】2021 年，技术中心承担省部级科研项目 2 项、行业标准和地方标准 3 项；发表 SCI 和国内核心期刊论文 7 篇；获得授权专利 2 项，送审待批 2 项。

【核心设备】2021 年，技术中心仪器设备超过 1,000 台套，总值超过 2 亿元，是黑龙江省首批引进应用高精尖液相色谱-串联飞行时间质谱仪（LC-QTOF）、液相色谱-串联质谱仪（LC-MS/MS、LC-Qtrap）、气相色谱-质谱联用仪（GC-MS、MDGC-MS/MS）、稳定同位素质谱仪（IRMS）、电感耦合等离子体-串联质谱仪（ICP-MS/MS）等高端检测仪器设备的检测机构之一，并拥有包括离子色谱仪、氨基酸分析仪、红外光谱仪、原子吸收光谱仪、原子荧光分光光度计、液相色谱仪、气相色谱仪、杜马斯定氮仪、膳食纤维分析仪、全自动微生物鉴定系统、荧光 PCR 仪等系列食品、农产品、化妆品、工业品专用通用检测设备。

（供稿人：吴　岩　张喜伟）

黑龙江国际旅行卫生保健中心（哈尔滨海关口岸门诊部）

【概况】黑龙江国际旅行卫生保健中心（哈尔滨海关口岸门诊部）（以下简称“保健中心”）前身是隶属于黑龙江检验检疫局的黑龙江国际旅行卫生保健中心，成立于1999年，2019年5月正式更名，为哈尔滨海关直属事业单位。

2021年，保健中心围绕“服务中心和建设队伍”两大任务，不断提高政治站位，统一思想，凝心聚力，攻坚克难，为出入境人员疾病监测和口岸疫情防控工作提供坚强有力的技术保障。

【党的建设】2021年，保健中心设1个党支部，结合法定职责和相关业务情况，以守护国门和为人民群众提供健康咨询为内涵，培育“守国门、保健康”党建品牌。落实全面从严治党主体责任，发挥党支部核心作用，加强支部品牌建设，履职尽责，服务社会，为海关执法提供支持保障，筑牢口岸卫生检疫防线。

▲2021年12月10日，保健中心党支部开展理论学习活动

【入境人员新冠病毒核酸检测】2021年，保健中心在支援口岸新冠肺炎疫情防控工作中，积极调配专业技术人员24小时轮班驻守哈尔滨太平机场口岸，开展出入境旅客医学巡查、采集疑似染疫旅客样本、输送样本、消毒处理、防控物资管理等工作，实验室做到样本随到随检，机场口岸送检样本均在6小时内出具检测结果，为后续采取必要疫情防控措施争取有效时间。全年，在哈尔滨太平机场口岸共采集入境人员鼻咽拭子20,000余人份、环境和商品样本2,000余份。

【法定体检和预防接种】2021年，保健中心始终坚持“人民至上，生命至上”的原则，践行“人民海关为人民”的服务宗旨，面对复杂多变的新冠肺炎疫情防控形势，合理调配工作人员和岗位设置，优化服务流程，发挥信息化技术手段，开发出入境人员体检和预防接种网上预约程序，分流各类业务办理人群，避免聚集，确保疫情期间出入境人员体检、新冠病毒核酸检测、预防接种等服务项目有序开展，满足群众疫情期间办理出入境相关业务的迫切需求。强化服务意识，持续深入推进窗口规范化建设，结合“我为群众办实事”实践活动，落实“预防接种不求人”，保证符合免费体检和预防接种的出国劳务、留学、船员等人群享受国家惠民政策。全年，保健中心累计办理出入境体检健康证书4,000余份、预防接种疫苗1,000余人次。

【社会委托检测】2021年，保健中心在确保完成口岸疫情防控工作的同时，充分发挥“黑龙江省具备新型冠状病毒核酸检测能力的第三方检测机构”资质作用，主动承接地方社会人员样本检测和其他人员等新冠病毒核酸检测。全年，共接收地方委托新冠病毒检测样本33,491份，均在规定时间内反馈检测结果。保健中心高效、精准的检测能力获得黑龙江省、哈尔滨市卫生健康部门充分认可。

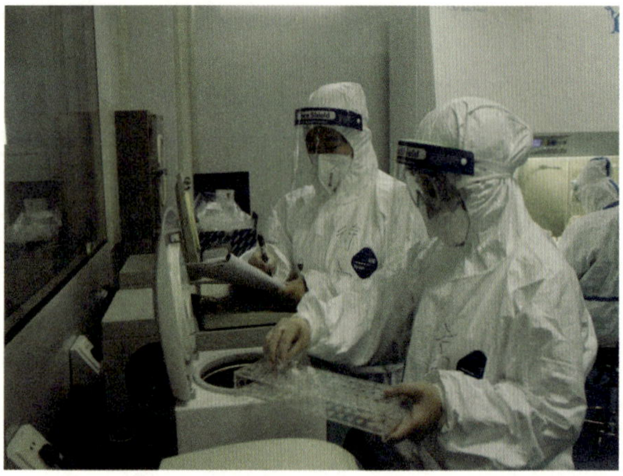

▲2021年10月1日，黑龙江国际旅行卫生保健中心检验部人员进行新冠病毒核酸检测

（供稿人：王天元　耿　聪）

第八篇

荣誉榜

哈尔滨海关系统2021年度荣获国家级、省部级表彰奖励情况

国家级奖励情况				
荣誉名称	获奖单位或个人	颁奖单位	发文字号	发文时间
全国食品安全工作先进集体	进出口食品安全处	国务院食品安全委员会	食安委〔2021〕1号	2021-02-25
2021年全国“扫黄打非”先进集体	冰城海关驻邮局办事处	全国“扫黄打非”工作领导小组		2022-01-14
省部级奖励情况				
荣誉名称	获奖单位或个人	颁奖单位	发文字号	发文时间
全国海关党建示范品牌	漠河海关党总支	海关总署	署党发〔2021〕39号	2021-07-08
第20届全国青年文明号	哈尔滨太平机场海关报关厅、大庆海关综合业务科、漠河海关原油监管组	共青团中央	中青联发〔2021〕6号	2021-08-18
商检领域“万人争先”线上练兵百强	孙晓璐　何云松（绥芬河海关）	海关总署	政办发〔2021〕5号	2021-12-23
全省扫黑除恶专项斗争先进集体	哈尔滨海关扫黑除恶领导小组办公室	黑龙江省扫黑除恶专项斗争领导小组	黑扫组〔2021〕7号	2021-04-29
全省扫黑除恶专项斗争先进工作者	张相禹　陈丽萍（缉私局）	黑龙江省扫黑除恶专项斗争领导小组	黑扫组〔2021〕7号	2021-04-29
全省扫黑除恶专项斗争先进成员单位	抚远海关	黑龙江省扫黑除恶专项斗争领导小组	黑扫组〔2021〕8号	2021-04-29
黑龙江省脱贫攻坚先进个人	朱齐（绥化海关）	黑龙江省委	黑委〔2021〕8号	2021-05-14
省直机关优秀共产党员	公彦超（绥化海关）	黑龙江省直机关工委	省直工发〔2021〕14号	2021-06-22

续表

省部级奖励情况				
荣誉名称	获奖单位或个人	颁奖单位	发文字号	发文时间
全省先进基层党组织	漠河海关党总支	黑龙江省委	黑委〔2021〕9号	2021-06-28
黑龙江省人民政府2017—2019年度全省重大动物疫病防控工作先进单位	动植物检疫处	黑龙江省人民政府	黑政发〔2021〕13号	2021-10-22
黑龙江省人民政府2017—2019年度全省重大动物疫病防控工作先进个人	邹慧蛟（动植物检疫处）	黑龙江省人民政府	黑政发〔2021〕13号	2021-10-22

第九篇

大事记

2021 年哈尔滨海关大事记

1 月

▲1 日　据统计，哈尔滨海关 2020 年征收关税和进口环节税净入库 113.02 亿元。受新冠肺炎疫情冲击、原油进口价格大幅下降等因素影响，2020 年税收入库比去年同期（下同）减少 52.27 亿元，同比减少 31.62%。其中，征收关税 4.01 亿元，同比减少 23.18%；征收进口环节税 109.01 亿元，同比减少 32.11%。2020 年，哈尔滨海关监管进境植物种子种苗 30 批次、5,233.63 千克，包括玉米种子、甜菜种子等 10 个品种，助力龙江企业打赢“种业翻身仗”。

▲13 日　哈尔滨海关所属冰城海关查获涉嫌走私进境玻尿酸针剂 4,306 支。

▲21 日　哈尔滨海关开辟对俄邮政小包出口新通道。首批共计 12.69 万件、重 44.19 吨对俄罗斯邮政小包，经“平房现场—香坊火车站—绥芬河铁路口岸”物流通道顺利出境。

▲26 日　总署印发《中共海关总署委员会关于统筹建立总署党委委员执法一线科室和基层党支部联系点的通知》，将哈尔滨太平机场海关旅检四科确定为总署党委委员、办公厅（国口办）主任黄冠胜同志的基层联系点。

▲27 日　党委纪检组组长赵希康视频检查关区开关口岸疫情防控工作。

▲29 日　哈尔滨海关召开党委会议，专题研究贯彻落实 2021 年全国海关工作会议、全国海关全面从严治党工作会议、全国海关纪检监察工作会议精神，关党委委员谈学习体会和贯彻落实意见。

2 月

▲3 日　哈尔滨海关召开 2021 年关区工作会议。会议以习近平新时代中国特色社会主义思想为指导，深入贯彻党的十九大和十九届二中、三中、四中、五中全会及中央经济工作会议精神，认真落实全国海关工作会议部署，总结 2020 年工作，分析面临形势，研究安排 2021 年工作。

哈尔滨海关召开 2021 年全面从严治党工作会议。传达习近平总书记在十九届中央纪委五次全会上的重要讲话精神，围绕贯彻落实十九届中央纪委五次全会精神和全国海关全面从严治党工作会议部署，就关区全面从严治党工作作出安排。

▲5日 关长卢厚林通过视频连线慰问退休干部。

▲7日 海关总署党委通过视频指挥系统对包括哈尔滨海关所属绥芬河海关在内的8个边关进行春节慰问。绥芬河海关主要负责同志简要汇报本单位基本情况及口岸疫情防控工作情况。

▲10日 俄罗斯远东海关局、乌拉尔海关局、阿穆尔州公益监督局分别向哈尔滨海关致新春贺信。

同日俄罗斯远东缉私海关向哈尔滨海关缉私局致新春贺信。

▲12日 农历大年初一，海关总署署长倪岳峰通过视频连线慰问春节期间坚守一线的绥芬河海关铁路口岸现场关员。

▲20日 哈尔滨海关召开安全生产专项整治三年行动工作领导小组会议暨关区安全生产工作视频会议。

▲22日 黑龙江省人大代表、关长卢厚林参加黑龙江省第十三届人民代表大会第五次会议。

▲26日 关长卢厚林陪同黑龙江省省长胡昌升到绥芬河市、东宁市调研疫情防控措施落实情况。

3月

▲4日 哈尔滨海关所属绥芬河海关首次办理进境中欧班列货物“舱单归并”业务。

▲5日 哈尔滨海关召开2021年关区缉私工作会议，深入贯彻落实两级海关工作会议、全国公安厅局长会议和全国海关缉私工作会议精神，回顾总结2020年及“十三五”时期关区打击走私工作，安排2021年打私工作任务。

▲11日 黑龙江省副省长、公安厅厅长李毅到哈尔滨海关、哈尔滨海关缉私局调研公安机关打击走私违法犯罪和服务更高水平对外开放工作。

哈尔滨海关所属冰城海关“优化加工贸易料件消耗申报核销管理”案例荣获“中国（黑龙江）自贸试验区哈尔滨片区首批十佳创新案例”。

▲12日 北大荒垦丰种业股份有限公司向哈尔滨海关赠送“心系企业鼎力相助，业务精湛高效服务”的锦旗，感谢哈尔滨海关帮助企业纾难解困，解决进口种子口岸转关、查验、检疫等难题。

▲15日 哈尔滨海关组织参加全国海关党史学习教育动员会。

▲16日 哈尔滨海关所属冰城海关在进境邮件中查获西洋参4,792.6克。

▲17日 哈尔滨海关召开“现场监管与外勤执法权力寻租”专项整治工作动员部署视频会议。

▲19日 哈尔滨海关与大连商品交易所召开推进进口非转基因大豆期货交易国际化进程座谈会。

▲20日 哈尔滨海关顺利完成2021

年度公务员考录面试工作。

▲22日　哈尔滨海关党委召开理论学习中心组2021年第一次集体学习会议。哈尔滨海关党委书记、关长卢厚林主持会议并领学习近平总书记在党史学习教育动员大会上的重要讲话、在中央党校中青年干部培训班开班式上的重要讲话精神。

哈尔滨海关全力助推黑龙江省企业抢抓RCEP新机遇。1—2月，共为省内企业出口至RCEP成员国的货物签发自贸协定原产地证书3,052份，货值7.15亿元，有关出口货物预计可享受RCEP成员国进口关税优惠3,500万元。

▲23日　哈尔滨海关召开加强知识产权保护工作视频会议，传达全国海关“龙腾行动2021”电视电话动员会议精神，就关区开展2021年“龙腾”行动进行安排。

副关长曾庆财会见双鸭山市宝清县县长徐斌义。

▲25日　关长卢厚林会见黑河市市长李世峰。

▲26日　关长卢厚林带队走访黑龙江省交通投资集团有限公司，会见省交投集团董事长尚云龙。

4月

▲1日　哈尔滨海关通过视频会议方式参加全国海关党史学习教育宣讲报告会。

▲6日　关长卢厚林到双鸭山市调研。

▲7日　黑龙江省省长胡昌升到黑河保税物流中心（B型）调研。

▲8日　哈尔滨海关缉私局局长季永新拜会黑龙江省政府副秘书长、省打私办主任于宸。汇报“十三五”期间和2020年关区打击走私工作情况，介绍2021年打私重点任务，并对贯彻落实全国打私办主任会议精神提出意见建议。

▲8—9日　关长卢厚林到抚远海关调研。

▲9日　据统计，1—3月哈尔滨海关服务企业引进新西兰种鸡雏11.7万只，保障黑龙江百姓“菜篮子”供应。

▲14日　副关长车成利会见哈尔滨哈飞空客复合材料制造中心有限公司总经理布莱恩一行，表示将持续精准对接企业需求，支持企业做大做强。布莱恩感谢哈尔滨海关在企业通过AEO高级认证、打造便捷通关环境等方面给予的大力支持，赠送“严格把关促发展，真诚服务为企业”的锦旗。

▲15日　哈尔滨海关在业务监控指挥中心组织所属绥芬河海关开展进口冷链食品新冠病毒核酸检测阳性应急处置演练。

哈尔滨海关所属冰城海关驻邮局办事处截获装有秀丽隐杆线虫的培养皿3个。

关长卢厚林在黑龙江省分会场参加全国食品安全工作先进集体和先进个人表彰电视电话会议。哈尔滨海关进出口食品安全处获得“全国食品安全工作先进集体”荣誉称号。

▲19日　哈尔滨海关召开2021年关

区综合业务和法治工作视频会议。

▲20日 哈尔滨海关与大连、沈阳、长春海关联合开展知识产权执法能力线上专题培训。

▲21日 哈尔滨海关以网络攻防演习为契机，集中开展关区网络安全专项整治，进一步提升关区网络安全防护能力。

哈尔滨海关所属冰城海关为龙科种业7个非转基因大豆品种顺利实施产地植物检疫，并出具官方植物检疫证书。

▲24日 哈尔滨海关参加黑龙江省暨哈尔滨市集中销毁侵权盗版和非法出版物活动。

▲26日 由哈尔滨海关主办、黑河海关和中国（黑龙江）自由贸易试验区黑河片区管委会承办的“海关AEO企业信用培育交流会”在黑河市中小企业创业中心举行，共30家企业代表参加会议。

▲27—29日 天津特派办主任乔惠同到哈尔滨海关督查调研总署党委专项巡视中长期整改和龙江自贸试验区海关监管制度创新情况。

▲28日 哈尔滨海关精准服务保障黑龙江省本年度首批自日本进口654尾锦鲤顺利进境。

▲29日 关长卢厚林到执法一线科室联系点所属冰城海关驻邮局办事处快件监管科调研。

5月

▲6日 哈尔滨海关机关及所属各隶属海关举行“五一”升国旗仪式。

哈尔滨海关保障首列“梅尔基—绥芬河—赣州国际港”回程中欧班列运行。该班列共装载43个集装箱1,600立方米木材。

▲6—7日 关长卢厚林陪同黑龙江省副省长王永康参加首届中国国际消费品博览会及相关调研活动。

▲7日 哈尔滨海关召开2021年党委常规巡察动员部署视频会议。

黑龙江省直机关工委“两优一先”评选考核组到哈尔滨海关，对所属漠河海关党总支参评“全省先进基层党组织”开展考核。

哈尔滨海关所属绥芬河海关对两家企业备案申报进口的铁矿砂开展价格二次结算。

▲8日 关长卢厚林赴海口海关调研。

▲11日 哈尔滨海关所属黑河海关缉私分局成功破获一起擅自将保税料件在境内销售走私普通货物案，案值2,200万余元，涉嫌偷逃税款330万余元，抓获犯罪嫌疑人3名。

▲12日 关长卢厚林参加中国（黑龙江）自由贸易试验区专题会议，汇报海关支持自贸试验区建设工作情况及相关建议。

▲13日 关长卢厚林带队到北大荒垦丰种业股份有限公司调研。

▲15日 黑龙江省副省长杨博到哈尔滨太平国际机场调研口岸疫情防控工作，

听取哈尔滨太平机场海关疫情防控工作汇报。

▲16 日　哈尔滨海关监管完成首批 23.63 吨俄罗斯槲寄生试进口业务。

▲17 日　海关总署党委委员、办公厅（国口办）主任黄冠胜参加并指导执法一线科室和基层党支部联系点哈尔滨太平机场海关旅检四科党支部主题党日活动。

副关长朴明华参加中国（黑龙江）自由贸易试验区制度创新专题会议，汇报哈尔滨海关 5 项自贸创新举措备案实施和优化自贸试验区营商环境相关情况，并对下一步工作提出建议。

▲18 日　海关总署党委委员、办公厅（国口办）主任黄冠胜到哈尔滨海关调研。

▲18—21 日　副关长朴明华陪同黑龙江省副省长杨博赴中国（黑龙江）自由贸易试验区哈尔滨、黑河、绥芬河试验片区及东宁市，就自贸试验区交通物流便利化和优化营商环境情况开展调研，并督导口岸疫情防控工作。

▲21 日　哈尔滨海关开展中国（黑龙江）自由贸易试验区黑河片区首家高级认证企业信用培育工作。

哈尔滨海关指导黑龙江省兔肉生产企业某食品有限公司获得欧盟官方注册的兔肉生产企业资格。

▲22 日　副关长车成利参加黑龙江省政协调研专题座谈会，介绍强化知识产权保护促进高质量发展有关工作落实情况。

▲23 日　关长卢厚林在哈尔滨海关机关监控指挥中心视频抽查哈尔滨太平机场海关对进境日本航班及入境人员检疫查验工作。

▲25 日　黑龙江省副省长孙东生到黑河货运口岸调研。

黑龙江省交通投资集团有限公司向哈尔滨海关赠送“服务龙江改革创新先行者，助力企业跨境发展主力军”的锦旗，感谢哈尔滨海关积极为企业办实事，解决企业难题。

▲26 日　哈尔滨海关首次完成向地方政府移交处置涉案固体废物工作，共移交涉案固体废物 7.47 吨。

▲27—28 日　海关总署缉私局副局长、政治部主任李云龙带领第三督导组到哈尔滨海关缉私局所属牡丹江海关缉私分局开展党史学习教育和教育整顿督导工作。

副关长车成利会见漠河市委书记吴庆军。

▲28 日　哈尔滨海关组织关警员赴黑龙江省国家安全暨保密警示教育基地参观学习。

▲31 日　关长卢厚林会见漠河市委书记吴庆军。

6 月

▲1 日　哈尔滨海关与黑龙江省疾病预防控制中心签署《新冠病毒基因测序合作协议》。

哈尔滨海关支持黑龙江省首家进境中

药材加工存放企业顺利完成备案，标志着中国（黑龙江）自由贸易试验区中药材业务正式从俄罗斯试进口转向全球范围正常进口。

▲2 日 哈尔滨海关所属冰城海关驻邮局办事处在两个进境邮件中查获象牙制品，共计 108.5 克。

▲6—7 日 黑龙江省省长胡昌升到密山、饶河口岸调研。

▲6—9 日 总署第三督查组到哈尔滨海关开展新冠肺炎疫情防控专项督查，对疫情防控工作给予肯定，指出存在的不足并提出工作建议。

▲8 日 副关长朴明华参加黑龙江省政府哈尔滨综合保税区二期整改座谈会，介绍哈尔滨综合保税区二期建设相关要求，提请地方政府尽快向总署报送二期建设整改方案，推动全省综合保税区高质量发展。

▲10 日 哈尔滨海关召开打击跨境电商进口走私“断链刨根”专项整治行动工作推进视频会议。

哈尔滨海关第一驻村工作队参加黑龙江省委组织部党建引领乡村振兴座谈会。

▲16 日 缉私局局长季永新参加黑龙江省物流业降本提质增效工作座谈会。

缉私局局长季永新走访九三粮油工业集团有限公司。

▲18 日 关长卢厚林出席哈尔滨海关老干部活动中心揭牌仪式并讲话。

副关长曾庆财出席关区网络安全保障工作视频会议。

哈尔滨海关办理黑龙江省首份报关企业备案证明。

▲21 日 哈尔滨海关参加“颂歌献给党 启航新征程”黑龙江省直属机关庆祝建党 100 周年大型专题汇报演出。

▲22 日 政治部主任姚德海参加黑龙江省直机关“两优一先”表彰大会。

哈尔滨海关所属冰城海关在日本进境邮件中截获昆虫锹甲 11 只。

▲24 日 哈尔滨海关积极应对中俄边境黑河口岸汛情。将临江旅检和货运现场监管、办公设备抢运至安全地点，及时撤离在建缉私码头现场施工人员和设备；将海关监管作业区域进口未结关货物转移至安全地点，避免企业遭受经济损失；在做好疫情防控的前提下，为滞留俄方的 6 艘中方货运船舶开通“绿色通道”，快速验放进境。

哈尔滨海关受邀为“非洲国家传染病卫生检疫官员研修班”授课，就“中国陆路口岸卫生检疫”进行专题讲解。

▲25 日 哈尔滨海关召开庆祝建党 100 周年系列表彰大会暨党史学习教育专题党课报告会。

▲28 日 哈尔滨海关举办“党在我心中”党史知识竞赛决赛暨“学史·铸魂”党史故事分享会。

▲29 日 关长卢厚林陪同黑龙江省副省长王永康到哈尔滨综合保税区调研。

哈尔滨海关召开打击跨境电商进口走

私“断链刨根”专项整治行动推进会。

▲30日 哈尔滨海关参加黑龙江省副省长王永康讲授专题党课。

党委纪检组组长赵希康主持召开关区纪检监察工作会议。会议传达学习总署党委和驻署纪检监察组关于加强“一把手”和领导班子监督、“走读式”谈话安全工作有关文件精神，开展纪检监察业务及办案安全培训。

7月

▲1日 哈尔滨海关组织集中收听收看庆祝中国共产党成立100周年大会。

▲6日 哈尔滨海关围绕“落实安全责任，推动安全发展”主题，在关区扎实开展第20个全国“安全生产月”“6个1”（1轮安全督导检查、1次安全演练、1次安全专题培训、1轮安全专题宣传、1本安全工作手册、1次网上安全答题）系列活动。

▲6—7日 关长卢厚林到黑河海关调研。

▲7日 哈尔滨海关与俄罗斯远东海关局通过视频会议方式举行口岸监管工作组会谈。

哈尔滨海关所属冰城海关在邮递渠道连续查获国家管制的一、二类精神药品3批次共162粒。

▲7—8日 关长卢厚林到逊克海关调研。

▲8日 关长卢厚林在伊春会见伊春市委书记隋洪波。

▲9日 哈尔滨海关连续三年获得黑龙江省食品安全考评A级等次。

▲14日 关长卢厚林会见俄罗斯驻哈尔滨总领事奥谢普科夫。

▲15日 哈尔滨海关组织开展“国门绿盾2021”行动，全力守护国门生物安全。

▲21—23日 海关总署署长倪岳峰到哈尔滨海关调研，考察哈尔滨工业大学卫星技术研究所、俄电500千伏黑河换流站、中俄东线天然气管道黑河首站、黑龙江公路大桥口岸，就微小卫星设计与研制、中俄能源合作、跨境重大项目建设等情况，听取高校、企业对海关工作的意见建议；到黑河口岸调研口岸疫情防控和边贸工作，检查指导黑河海关党史学习教育、“现场监管与外勤执法权力寻租”专项整治推进情况，慰问一线干部职工，并乘缉私艇巡察中俄界江。

▲21日 哈尔滨海关召开新闻发布会，介绍2021年上半年黑龙江省外贸进出口情况。

▲26日 国家乡村振兴局副局长夏更生到青冈县昌盛镇兴东村调研。哈尔滨海关第一驻村工作队主要负责同志参加调研。

▲27日 关长卢厚林出席黑龙江省跨境电商公共服务平台开通仪式。

▲28日 哈尔滨海关所属黑河、逊克、漠河海关与俄罗斯远东海关局所属哈

巴罗夫斯克海关以视频会议方式举行工作会谈。

▲29日 国家林业和草原局到哈尔滨海关调研。实地查看涉案财物精品仓库和产权移交涉案财物保管仓库，通报濒危野生动植物管理情况，就哈尔滨海关与黑龙江省林业和草原局的濒危野生动植物及其制品移交工作提出要求。

8月

▲2日 关长卢厚林参加黑龙江省应对新冠肺炎疫情工作领导小组指挥部视频调度会议。

哈尔滨海关所属绥芬河海关服务保障中欧班列常态化开行三周年，自2018年8月2日首次监管进境中欧班列以来，三年累计验放进出境中欧班列600余列、5万标箱，服务郑欧、哈欧、蓉欧、渝新欧等多条中欧班列进出口线路高效畅通。

▲3日 哈尔滨海关所属冰城海关驻邮局办事处截获人体血液制品试管2支。

▲5日 黑龙江省副省长王永康到哈尔滨海关调研。

大庄园肉业公司向哈尔滨海关赠送锦旗，感谢对企业筹划上市提供的支持帮助。

▲9—12日 总署口岸新冠肺炎疫情防控专项督查组到哈尔滨海关开展口岸新冠肺炎疫情防控专项督查。

▲10日 哈尔滨海关与黑龙江省农业农村厅签署《哈尔滨海关 黑龙江省农业农村厅促进农业对外开放高质量发展合作备忘录》。

哈尔滨海关组织召开跨境电商企业政策宣讲视频会议。

▲11日 黑龙江省省长胡昌升到萝北口岸调研。

黑龙江省副省长李海涛到嘉荫口岸检查指导工作。

▲12日 哈尔滨海关受邀为由商务部主办的“发展中国家出入境卫生检疫官员研修班”授课，就“中国陆路口岸卫生检疫”进行专题讲解。

▲16日 黑龙江省副省长杨博到饶河、虎林口岸调研疫情防控工作。

哈尔滨太平机场海关参加哈尔滨太平国际机场涉疫特情应急处置演练。

副关长曾庆财在漠河会见漠河市委书记吴庆军、市长邢雪松。

副关长朴明华到凯斯纽荷兰工业（哈尔滨）机械有限公司调研。

▲23日 哈尔滨海关参加总署学习贯彻习近平总书记“七一”重要讲话精神读书班暨宣讲报告会。

哈尔滨海关牵头完成《中俄海关以价格为核心信息交换项目》任务书编写工作。

哈尔滨海关应邀为全省农产品出口贸易高质量发展培训班授课。

▲24日 关长卢厚林到同江海关调研。

▲25日 关长卢厚林到佳木斯海关

调研。

黑龙江省公安厅刑事技术总队到哈尔滨海关缉私局指导司法鉴定中心登记备案工作。

哈尔滨海关组织开展窃密泄密案例警示教育暨保密学习培训。

▲25—26日 关长卢厚林到七台河市调研。

▲27日 副关长朴明华参加黑龙江省政府新闻办举行的“中国（黑龙江）自由贸易试验区成立两周年”新闻发布会，介绍支持服务自贸试验区建设工作及取得的成效。

哈尔滨海关在中俄边境绥芬河、东宁、密山陆路口岸货检通道实行“人不见面”查验模式，降低新冠肺炎疫情输入风险。

▲30日 哈尔滨海关助力东北地区首家菜鸟跨境中心仓落户黑龙江省黑河市。

▲31日 哈尔滨海关所属绥芬河海关单月监管中欧班列开行数量创历史新高，共计监管进出境中欧班列66列、6,162标箱。

哈尔滨海关所属黑河海关首次从俄罗斯进口蜂蜜中检出“欧洲幼虫腐臭病”。

9月

▲2日 哈尔滨海关积极支持推进黑河公路口岸对外开放，当日通过国家验收。

▲6—10日 海关总署副署长王令浚到哈尔滨海关所属黑河、齐齐哈尔、大庆海关开展海关事业单位所属企业脱钩工作督导调研。

▲7日 总署国际合作司党支部与哈尔滨海关所属黑河海关物流监控科党支部开展基层联系点共建活动。

▲14—15日 关长卢厚林陪同黑龙江省委书记、省人大常委会主任张庆伟到同江中俄铁路大桥调研。

▲16日 黑龙江省营商环境建设监督局调研组到哈尔滨海关调研。

哈尔滨海关召开打击跨境电商进口走私“断链刨根”专项整治行动阶段总结会议。

哈尔滨海关召开海关数据安全管理专项会议。

▲16—17日 哈尔滨海关保密办开展2021年度保密工作实地检查。

▲17日 全国政法队伍教育整顿中央第五督导组到哈尔滨海关所属同江海关缉私科开展督导调研。

▲23日 按照总署有关工作安排，哈尔滨海关牵头与南宁、昆明海关协同探索自贸试验区海关监管制度创新举措。

哈尔滨海关在黑龙江省伊春市首次发现外来入侵有毒杂草“美洲商陆”。

哈尔滨海关所属太平机场海关报关厅、大庆海关综合业务科、漠河海关原油监管工作组3个创建集体获评“全国青年文明号”荣誉称号。

▲24日 哈尔滨海关所属哈尔滨太平

机场海关查发全国海关首起瑞士“FINDE-VA”（菲迪瓦）品牌侵权案件。

▲27 日 哈尔滨海关所属同江海关积极做好同江铁路口岸通行测试准备工作。

▲29 日 哈尔滨海关召开关区信用管理工作专题视频会议。

▲30 日 哈尔滨海关首个企业集团加工贸易监管改革试点正式启动，实现保税料件在大庆沃尔沃汽车制造有限公司集团内不同关区、不同手（账）册间流转使用。

哈尔滨海关开展出入境检疫处理工作监督检查。

俄罗斯远东海关局局长拉德金向哈尔滨海关致国庆贺信。

10 月

▲5—6 日 副关长朴明华陪同黑龙江省副省长杨博到同江检查口岸疫情防控工作，调研中俄铁路大桥载货列车通行测试准备工作和大桥项目建设情况。

▲6 日 黑龙江省副省长杨博到抚远口岸检查疫情防控工作。

▲11 日 哈尔滨海关与俄罗斯联邦远东海关局举行统计工作组视频会谈。

▲14 日 总署党委第五巡视组巡视哈尔滨海关党委见面会和工作动员会在哈尔滨海关召开。

▲18 日 哈尔滨海关所属嘉荫海关监管进口俄罗斯煤炭 600 吨，助力嘉荫口岸实现 2015 年以来首次过货。

▲21 日 哈尔滨海关与黑龙江省交通投资集团有限公司在哈尔滨海关签署《哈尔滨海关 黑龙江省交通投资集团有限公司推进高水平开放高质量发展合作备忘录》。

▲22 日 哈尔滨海关所属冰城海关助力邮政企业开通哈尔滨经黑河出境，至叶卡捷琳堡的对俄邮包陆运出口新通道。

▲25 日 哈尔滨海关为黑河中石油国际事业有限公司颁发资质证书，标志着该企业正式成为中国（黑龙江）自贸试验区首家 AEO 高级认证企业。

哈尔滨太平机场海关在旅检渠道截获外来有害物种“明日叶”和“垂盆草”各 1 株。

▲26 日 哈尔滨海关顺利完成 2022 年度国家公务员考试录用报名资格审查工作。

▲29 日 哈尔滨海关召开“两步申报”“两段准入”改革措施企业宣讲视频会议。

哈尔滨海关所属冰城海关在进境种子属地查检业务中首次截获检疫性有害生物豚草（种子）和疑似皮蠹属昆虫成虫。

11 月

▲1 日 哈尔滨海关获得黑龙江省人民政府 2017—2019 年度全省重大动物疫病防控工作表彰。

▲4 日 黑龙江省副省长、公安厅厅长李毅听取哈尔滨海关缉私局打私工作情况汇报。

哈尔滨海关召开关区属地纳税人管理工作推进会。

▲11 日　哈尔滨海关所属冰城海关驻邮局办事处“小邮包 大服务”入选海关总署党史学习教育“百佳项目”清单。

▲16 日　哈尔滨海关通过远程视频方式对同江铁路口岸列车 H986 设备开展“云”验收。

哈尔滨海关所属冰城海关在邮递渠道查获冰毒 9.61 克。

▲18 日　副关长朴明华、缉私局局长季永新主持召开“断链刨根”专项整治行动总结推进视频会议。

哈尔滨海关所属黑河海关在对俄出口果蔬中首次检出西花蓟马有害生物。

▲19 日　黑龙江省委书记、省人大常委会主任许勤到绥芬河公路口岸调研。

▲24 日　哈尔滨海关所属绥芬河海关缉私分局查获一起涉嫌走私珍贵动物制品案。

哈尔滨海关所属绥芬河海关在输俄蔬菜中首次检出番茄褐色皱纹果病毒。

▲25 日　关长卢厚林到执法一线科室联系点——所属冰城海关驻邮局办事处快件监管科调研。

哈尔滨海关所属同江、嘉荫、萝北海关与俄罗斯远东海关局所属哈巴罗夫斯克海关以视频会议形式举行工作会谈。

哈尔滨海关所属抚远、饶河海关与俄罗斯远东海关局所属哈巴罗夫斯克海关以视频会议形式举行工作会谈。

▲26 日　哈尔滨海关举办 2021 年度保密专题培训班。副关长朴明华出席，对开展专项行动进行动员，就做好保密工作提出要求。

▲29 日　关长卢厚林深入定点帮扶的绥化市青冈县昌盛镇兴东村调研。

12 月

▲1 日　哈尔滨海关参加总署学习贯彻党的十九届六中全会精神宣讲报告会。

哈尔滨海关与俄罗斯远东海关局以视频会议形式举行 2021 年度工作会谈。会谈由关长卢厚林与俄罗斯联邦远东海关局局长拉德金共同主持。

哈尔滨海关认真落实能源资源勘探开发利用政策，做好省内相关企业进口天然气增值税返还工作。

▲3 日　哈尔滨海关高效服务保障中俄东线天然气管道平稳运行两周年，共计监管进口天然气 136 亿立方米。

▲6 日　哈尔滨海关所属绥芬河、东宁、密山、虎林海关与俄罗斯远东海关局所属乌苏里斯克海关以视频会议形式举行工作会谈。

▲8 日　副关长朴明华以视频会议形式参加中国黑龙江—俄罗斯远东经贸合作系列活动开幕式。

▲10 日　哈尔滨海关所属哈尔滨太平机场海关高效验放关区首票税款担保新模式进口的科研仪器。

哈尔滨海关精准服务支持黑龙江省首

次对韩国出口林蛙2,000千克。

▲14日 哈尔滨海关推行“一站式”监管服务模式保障中欧班列高质量运行。

▲17日 哈尔滨海关强化监督抽检，保障输俄蔬菜质量安全。

▲18日 关长卢厚林陪同黑龙江省委书记、省人大常委会主任许勤到绥芬河口岸检查督导工作。

▲27日 哈尔滨海关口岸监管环节生物涉恐突发事件应急处置演练暨北京2022年冬奥会安保应急处置实战演练，在哈尔滨太平机场口岸货运现场举行。

▲28日 哈尔滨海关以视频会议形式参加总署直属海关单位党委书记述责述廉述党建会议。

第十篇

哈尔滨海关统计资料

2021年黑龙江省进出口货物主要产销国别（地区）总值表

（2021年01月—2021年12月）

单位：万元

国别（地区）	进出口总值	比上年增减%	出口	比上年增减%	进口	比上年增减%
合计	19,930,400	29.5	4,473,564	24.3	15,456,836	31.1
亚洲	2,675,461	12.5	1,883,227	19.2	792,234	-0.9
阿富汗	109	2,105.4	86	—	23	366.9
巴林	19,977	2,383.4	19,941	2,378.9	36	—
孟加拉国	23,225	153.9	23,225	154.7	0	-98.4
文莱	665	132.4	665	132.4	0	—
缅甸	14,226	32.7	13,035	67.0	1,191	-59.1
柬埔寨	22,210	163.0	9,603	17.6	12,607	4,412.0
中国香港	433,159	21.7	432,197	22.3	962	-61.9
印度	116,633	19.5	114,940	51.7	1,693	-92.2
印度尼西亚	115,857	51.3	82,315	46.5	33,542	64.4
伊朗	6,956	60.0	4,762	10.9	2,195	3,871.7
伊拉克	185,983	13.5	77,728	128.1	108,255	-16.6
以色列	11,890	-44.5	8,083	21.7	3,808	-74.2
日本	305,904	14.9	115,548	10.1	190,356	18.1
约旦	3,366	97.2	3,366	97.2	0	—
科威特	12,626	161.5	4,841	143.5	7,785	174.0
老挝	3,834	7.9	3,834	8.1	0	-100.0
黎巴嫩	722	-36.6	722	-36.2	0	-99.4
中国澳门	358	5,424.4	358	5,424.4	0	—
马来西亚	76,234	38.7	65,380	44.7	10,854	11.3
马尔代夫	337	862.8	336	859.2	1	—
蒙古国	35,700	36.4	23,232	111.8	12,468	-18.0

续表1

国别（地区）	进出口总值	比上年增减%	出口	比上年增减%	进口	比上年增减%
尼泊尔联邦民主共和国	769	7.3	769	7.4	0	-100.0
阿曼	7,928	525.7	2,450	93.4	5,478	4,417,949.7
巴基斯坦	154,087	-25.2	153,675	-24.8	411	-75.4
巴勒斯坦	3	—	3	—	0	—
菲律宾	61,570	61.2	61,334	77.0	236	-93.3
卡塔尔	6,778	13.9	6,778	109.9	0	-100.0
沙特阿拉伯	270,687	-9.3	22,742	-5.1	247,945	-9.6
新加坡	26,852	-29.1	14,267	-19.1	12,584	-37.7
韩国	234,615	-2.3	207,598	17.8	27,017	-57.7
斯里兰卡	5,264	25.6	5,222	24.6	42	8,007.6
叙利亚	266	-49.9	254	-51.9	12	395.9
泰国	79,209	102.4	53,254	80.6	25,955	169.3
土耳其	68,805	14.2	67,248	17.0	1,557	-43.1
阿联酋	176,183	43.6	130,443	13.5	45,740	495.1
也门	913	68.6	913	68.6	0	—
越南	100,430	69.1	85,168	58.6	15,261	167.1
中国	8,328	-37.3	0	—	8,328	-37.3
中国台湾	52,712	15.8	40,699	20.7	12,013	1.7
东帝汶	48	-34.5	48	-34.5	0	—
哈萨克斯坦	19,442	-43.6	16,231	-52.6	3,211	1,341.1
吉尔吉斯斯坦	1,928	-23.0	1,858	-24.0	69	23.4
塔吉克斯坦	61	-22.3	61	-22.3	0	—
土库曼斯坦	3,566	-93.5	3,531	-93.5	35	—
乌兹别克斯坦	4,890	-3.5	4,330	-12.1	560	299.8
非洲	156,196	-11.1	131,302	43.6	24,894	-70.5
阿尔及利亚	2,539	23.4	2,539	23.4	0	-100.0
安哥拉	668	-98.5	668	107.0	0	-100.0
贝宁	692	167.7	470	81.9	222	—
博茨瓦纳	1,963	5,397.4	1,963	5,397.4	0	—
布隆迪	273	2,656.1	273	2,656.1	0	—
喀麦隆	3,164	183.8	3,144	182.0	20	—
佛得角	12	-78.3	12	-78.3	0	—
乍得	5,316	-65.1	5,316	-65.1	0	—
科摩罗	64	—	64	—	0	—
刚果（布）	411	-93.8	411	14,295.4	0	-100.0

续表2

国别（地区）	进出口总值	比上年增减%	出口	比上年增减%	进口	比上年增减%
吉布提	686	-24.9	686	-24.9	0	—
埃及	17,564	142.5	10,709	95.9	6,855	286.1
赤道几内亚	113	368.6	113	368.6	0	—
埃塞俄比亚	544	-86.7	485	-88.1	59	—
加蓬	57	201.9	57	201.9	0	—
冈比亚	767	-19.8	767	-18.6	0	-100.0
加纳	1,502	-33.5	1,502	-33.4	0	-100.0
几内亚	1,218	175.0	1,218	175.0	0	—
几内亚比绍	128	—	128	—	0	—
科特迪瓦	577	76.2	577	265.5	0	-99.8
肯尼亚	4,883	197.2	4,517	241.1	365	14.8
利比里亚	184	66,802.1	184	66,802.1	0	—
利比亚	577	50.9	577	50.9	0	—
马达加斯加	466	10.9	182	-1.6	285	20.7
马里	0	-92.9	0	-92.9	0	—
毛里塔尼亚	434	-7.4	434	-7.4	0	—
毛里求斯	632	32.0	632	32.1	0	-100.0
摩洛哥	12,667	176.9	11,078	157.4	1,589	488.2
莫桑比克	3,250	321.4	1,586	105.7	1,663	—
纳米比亚	176	195.2	175	193.5	1	—
尼日尔	131	-85.2	131	-85.2	0	—
尼日利亚	12,513	263.1	12,122	252.3	391	7,029.1
留尼汪	273	88.9	273	88.9	0	—
卢旺达	173	205.1	173	205.1	0	—
圣多美和普林西比	0	—	0	—	0	—
塞内加尔	2,661	273.6	2,661	338.5	0	-99.7
塞拉利昂	84	705.0	64	3,855.7	20	124.9
索马里	160	26.3	160	26.3	0	—
南非	49,527	38.5	39,818	148.1	9,709	-50.7
苏丹	570	-76.5	570	-76.3	0	-100.0
坦桑尼亚	2,621	19.5	2,309	17.4	312	37.2
多哥	238	299.5	217	264.4	21	—
突尼斯	4,230	-55.6	1,233	34.6	2,997	-65.2
乌干达	2,068	169.8	1,683	1,974.7	385	-43.9
布基纳法索	197	25.6	197	25.6	0	—

续表3

国别（地区）	进出口总值	比上年增减%	出口	比上年增减%	进口	比上年增减%
刚果（金）	463	140.5	463	616.3	0	-100.0
赞比亚	189	41.5	189	41.5	0	—
津巴布韦	581	177.9	581	177.9	0	—
莱索托	10	-86.0	10	-86.0	0	—
斯威士兰	16	41.5	16	41.5	0	—
马约特	254	—	254	—	0	—
南苏丹共和国	17,713	-21.9	17,713	-21.9	0	—
欧洲	14,471,481	32.2	1,745,014	21.6	12,726,467	33.8
比利时	115,844	98.4	99,980	137.1	15,864	-2.2
丹麦	15,018	-23.5	10,877	-29.1	4,142	-3.6
英国	103,726	32.0	79,444	56.4	24,282	-12.7
德国	305,544	23.3	109,745	24.4	195,799	22.6
法国	92,369	-39.8	21,890	-0.4	70,479	-46.4
爱尔兰	9,676	-5.8	1,871	-10.8	7,805	-4.6
意大利	91,001	31.7	42,851	118.9	48,150	-2.8
卢森堡	2	-95.6	2	-70.4	0	-100.0
荷兰	130,475	61.0	98,704	64.1	31,771	51.9
希腊	18,735	28.3	18,722	28.3	14	-10.3
葡萄牙	11,915	11.4	8,463	42.1	3,453	-27.1
西班牙	81,700	-0.8	56,321	-6.3	25,378	14.2
阿尔巴尼亚	586	73.8	586	73.7	0	—
安道尔	0	—	0	—	0	—
奥地利	10,631	-14.7	1,214	2.4	9,417	-16.5
保加利亚	4,498	-16.4	3,004	32.6	1,494	-52.1
芬兰	22,952	52.5	4,396	-24.6	18,556	101.3
直布罗陀	0	—	0	—	0	—
匈牙利	12,529	-20.8	3,019	22.6	9,510	-28.8
冰岛	1,161	248.2	20	-81.2	1,141	398.9
列支敦士登	0	-99.4	0	—	0	-100.0
马耳他	1,092	3,807.2	1,092	24,615.1	0	-100.0
摩纳哥	0	-99.9	0	—	0	-100.0
挪威	5,940	-33.8	4,068	-35.4	1,872	-30.0
波兰	52,633	61.9	44,048	85.3	8,585	-1.6
罗马尼亚	6,367	-3.3	4,329	29.5	2,038	-37.1
圣马力诺	25	—	25	—	0	—

续表4

国别（地区）	进出口总值	比上年增减%	出口	比上年增减%	进口	比上年增减%
瑞典	79,317	-32.9	13,355	-23.1	65,962	-34.6
瑞士	11,287	-24.6	1,213	-25.6	10,074	-24.5
爱沙尼亚	936	-20.5	444	-16.4	492	-23.8
拉脱维亚	5,011	27.1	514	-3.0	4,497	31.8
立陶宛	10,896	-12.4	8,238	-23.8	2,658	64.2
格鲁吉亚	1,256	19.5	857	3.3	400	80.3
亚美尼亚	552	-97.9	97	95.6	454	-98.3
阿塞拜疆	9,740	1,533.8	639	32.8	9,102	7,780.1
白俄罗斯	19,051	180.3	833	-77.3	18,218	483.4
摩尔多瓦	385	28.1	314	49.9	71	-21.9
俄罗斯联邦	13,125,304	34.7	1,068,155	12.9	12,057,149	37.1
乌克兰	33,256	22.5	16,688	49.5	16,568	3.6
斯洛文尼亚	13,339	-19.5	6,248	-21.4	7,091	-17.6
克罗地亚	3,048	33.3	2,944	36.5	103	-20.0
捷克	24,550	-36.7	2,414	-8.5	22,136	-38.8
斯洛伐克	12,000	102.5	4,438	531.9	7,561	44.8
北马其顿共和国	144	80.7	86	876.7	58	-18.5
波黑	459	529.6	162	205.8	297	1,388.4
塞尔维亚	24,395	1,002.2	568	82.5	23,827	1,152.7
塞浦路斯	158	-10.5	158	-10.4	0	-86.4
黑山	2,137	4.3	2,137	4.3	0	—
拉丁美洲	1,068,920	67.4	227,981	78.5	840,939	64.6
阿根廷	13,444	-29.2	8,241	40.9	5,203	-60.4
阿鲁巴	6	—	6	—	0	—
巴哈马	2	-58.9	2	-58.3	0	-100.0
巴巴多斯	5	-91.1	5	-91.1	0	—
伯利兹	187	46,322.2	187	46,322.2	0	—
多民族玻利维亚国	1,569	1,018.5	1,569	1,018.5	0	—
巴西	746,544	103.1	48,820	83.1	697,724	104.6
开曼群岛	26	—	26	—	0	—
智利	42,102	-62.4	23,725	53.1	18,377	-81.0
哥伦比亚	19,402	80.5	18,888	85.2	515	-6.3
哥斯达黎加	2,251	31.1	2,251	31.1	0	-100.0
古巴	38	-74.1	38	-74.0	0	-100.0
多米尼加共和国	2,289	-10.3	2,289	-10.3	0	2,982.9

续表5

国别（地区）	进出口总值	比上年增减%	出口	比上年增减%	进口	比上年增减%
厄瓜多尔	8, 483	76. 7	8, 398	88. 3	84	-75. 2
法属圭亚那	233	—	233	—	0	—
格林纳达	1	—	1	—	0	—
瓜德罗普	0	3, 819. 7	0	3, 819. 7	0	—
危地马拉	8, 517	253. 4	8, 517	253. 4	0	-32. 2
圭亚那	83	13. 8	83	13. 8	0	—
海地	176	182. 6	176	182. 6	0	—
洪都拉斯	1, 723	170. 2	1, 723	171. 8	0	-90. 3
牙买加	398	19. 1	398	19. 1	0	—
马提尼克	1	12. 5	1	12. 5	0	—
墨西哥	65, 435	108. 3	62, 191	121. 5	3, 244	-2. 9
尼加拉瓜	543	47. 1	543	48. 1	0	-100. 0
巴拿马	3, 883	80. 2	3, 882	80. 1	2	—
巴拉圭	2, 258	21. 2	2, 258	21. 2	0	—
秘鲁	118, 289	159. 8	26, 373	62. 6	91, 916	213. 6
波多黎各	803	123. 8	803	123. 8	0	—
圣卢西亚	2	—	2	—	0	—
圣马丁岛	9	—	9	—	0	—
圣文森特和格林纳丁斯	0	—	0	—	0	—
萨尔瓦多	781	16. 7	781	17. 4	0	-100. 0
苏里南	129	50. 9	129	50. 9	0	—
特立尼达和多巴哥	850	77. 2	850	77. 2	0	—
特克斯和凯科斯群岛	2	—	2	—	0	—
乌拉圭	25, 361	-20. 5	1, 488	-71. 9	23, 873	-10. 2
委内瑞拉	3, 096	128. 4	3, 096	128. 4	0	—
北美洲	775, 657	15. 1	387, 639	36. 6	388, 018	-0. 5
加拿大	134, 413	22. 5	82, 647	29. 7	51, 766	12. 5
美国	639, 480	13. 4	304, 992	38. 6	334, 488	-2. 7
格陵兰	1, 764	2, 377. 3	0	—	1, 764	2, 377. 2
大洋洲	775, 844	36. 4	98, 400	22. 5	677, 444	38. 6
澳大利亚	368, 801	20. 9	90, 105	20. 4	278, 696	21. 0
斐济	167	123. 0	167	123. 0	0	—
新喀里多尼亚	133	47. 1	133	47. 1	0	—
新西兰	406, 084	54. 1	7, 336	43. 8	398, 748	54. 3
巴布亚新几内亚	546	461. 3	546	461. 3	0	—

续表6

国别（地区）	进出口总值	比上年增减%	出口	比上年增减%	进口	比上年增减%
所罗门群岛	8	-37.5	8	-37.5	0	—
汤加	73	20.7	73	20.7	0	—
萨摩亚	30	40.9	30	40.9	0	—
法属波利尼西亚	2	-53.9	2	-53.9	0	—
大洋洲其他国家（地区）	1	-95.3	1	-95.3	0	—
其他	6,841	-30.0	0	—	6,841	-30.0
国（地）别不详	6,841	-30.0	0	—	6,841	-30.0

2021年黑龙江省进出口货物分贸易方式总值表

（2021年01月—2021年12月）

单位：万元

贸易方式	进出口总值	比上年增减%	出口	比上年增减%	进口	比上年增减%
合计	19, 930, 400	29. 5	4, 473, 564	24. 3	15, 456, 836	31. 1
一般贸易	16, 590, 079	37. 4	2, 967, 219	36. 5	13, 622, 861	37. 6
国家间、国际组织无偿援助和赠送的物资	767	-25. 8	767	-25. 8	0	0. 0
其他捐赠物资	4	-99. 9	4	-99. 7	0	0. 0
来料加工贸易	45, 796	-19. 4	13, 153	-17. 1	32, 644	-20. 4
进料加工贸易	740, 861	-4. 5	392, 299	-5. 7	348, 562	-3. 1
边境小额贸易	2, 102, 618	14. 1	794, 237	26. 6	1, 308, 381	7. 7
对外承包工程出口货物	267, 637	-5. 0	267, 637	-5. 0	0	0. 0
租赁贸易	58	-99. 8	58	190. 0	0	0. 0
出境加工贸易	54	-80. 0	54	1020. 2	0	0. 0
保税监管场所进出境货物	67, 534	-14. 3	6, 137	177. 3	61, 397	-19. 8
海关特殊监管区域物流货物	34, 128	-46. 3	11, 017	-78. 5	23, 111	87. 9
特殊监管区域进口设备	181	0. 0	0	0. 0	181	0. 0
其他贸易	80, 683	-53. 7	20, 984	-24. 5	59, 698	-59. 3

2021年黑龙江省进出口货物分企业性质总值表

（2021年01月—2021年12月）

单位：万元

企业性质	进出口总值	比上年增减%	出口	比上年增减%	进口	比上年增减%
合计	19,930,400	29.5	4,473,564	24.3	15,456,836	31.1
国有企业	11,713,664	45.6	458,615	-7.3	11,255,049	49.1
中外合作企业	252	227.8	250	808.4	2	-95.9
中外合资企业	841,562	-1.8	383,684	-3.7	457,878	-0.1
外商独资企业	284,225	-6.1	69,887	-47.5	214,338	26.3
集体企业	51,443	12.0	38,044	9.4	13,400	20.0
私营企业	6,960,172	16.7	3,500,040	39.7	3,460,132	0.1
个体工商户	3,436	-25.5	3,155	-25.5	281	-25.8
其他	75,645	-56.4	19,889	-29.8	55,756	-61.6

2021 年黑龙江省各地市进出口总值表

（2021 年 01 月—2021 年 12 月）

单位：万元

地市名称	进出口总值	比上年增减%	出口	比上年增减%	进口	比上年增减%
黑龙江省	19,930,400	29.5	4,473,564	24.3	15,456,836	31.1
哈尔滨市	3,439,600	34.7	1,713,195	25.2	1,726,404	45.8
齐齐哈尔市	664,733	26.7	409,361	36.7	255,372	13.4
鸡西市	340,413	34.1	327,486	39.1	12,927	-29.9
鹤岗市	244,863	2.8	50,152	957.0	194,712	-16.6
双鸭山市	201,692	63.3	104,926	106.5	96,767	33.1
大庆市	10,413,885	38.7	505,601	21.1	9,908,283	39.7
伊春市	72,820	15.3	20,589	-3.4	52,231	24.8
佳木斯市	997,142	56.5	223,048	6.1	774,093	81.4
七台河市	11,808	71.7	7,817	352.9	3,992	-22.5
牡丹江市	2,400,419	-8.4	857,388	5.2	1,543,031	-14.5
黑河市	701,267	38.3	92,592	-3.5	608,675	48.1
绥化市	431,204	22.5	151,917	100.2	279,288	1.2
大兴安岭地区	10,554	177.0	9,492	602.6	1,062	-56.8

2021年哈尔滨海关分关别进出口总值表

（2021年01月—2021年12月）

单位：万元

关别	进出口总值	比上年增减%	出口	比上年增减%	进口	比上年增减%
合计	14,279,804	32.9	1,923,713	32.9	12,356,091	33.0
冰城海关	321,972	20.3	201,033	8.8	120,939	45.8
冰城香办	224,536	176.6	155,185	295.0	69,351	65.5
哈尔滨关	34,653	10.9	9,064	-4.6	25,589	17.6
冰城邮办	39,613	-58.7	26,401	-68.8	13,212	17.3
哈综保区	22,968	-61.2	10,181	-80.1	12,787	59.6
哈开发区	140	—	140	—	0	—
冰城海关	62	—	62	—	0	—
绥芬河海关	1,771,498	28.2	798,856	73.8	972,642	5.5
绥关铁路	990,443	10.9	88,917	24.0	901,526	9.7
绥关公路	773,307	60.3	709,810	83.0	63,497	-32.8
绥综保区	7,748	37.0	129	1,046.5	7,619	35.0
黑河海关	713,348	19.2	160,642	-38.6	552,706	64.0
黑河海关	709,172	18.5	156,504	-40.1	552,668	64.0
黑河保B	4,176	43,624.7	4,138	43,233.4	37	—
同江海关	75,244	166.6	49,154	859.7	26,089	12.9
佳木斯海关	19,609	217.8	4,904	1,265.8	14,705	153.1
牡丹江海关	68,694	53.8	1,807	—	66,887	49.7
牡丹江关	8,567	-76.1	238	—	8,329	-76.7
牡保B型	60,127	578.8	1,569	—	58,558	561.1
东宁海关	503,386	29.3	449,934	39.7	53,452	-20.4
逊克海关	17,667	47.2	14,647	108,396.1	3,021	-74.8
齐齐哈尔	9,823	388.3	0	—	9,823	388.3

续表

关别	进出口总值	比上年增减%	出口	比上年增减%	进口	比上年增减%
大庆海关	10,623,352	36.7	193,827	5.1	10,429,524	37.4
密山海关	24,934	118.0	17,305	369.3	7,629	-1.6
抚远海关	34,541	9.8	18,078	711.8	16,462	-43.7
萝北海关	25,049	141.8	0	-100.0	25,049	143.5
嘉荫海关	33	57.3	0	—	33	57.3
哈机场关	70,142	-60.8	13,012	-41.6	57,131	-63.6
绥化海关	71	—	71	—	0	—
鹤岗海关	443	—	443	—	0	—

2021年黑龙江省进出口货物分运输方式总值表

（2021年01月—2021年12月）

单位：万元

运输方式	进出口总值	比上年增减%	出口	比上年增减%	进口	比上年增减%
合计	19, 930, 400	29. 5	4, 473, 564	24. 3	15, 456, 836	31. 1
水路运输	6, 363, 476	23. 2	2, 824, 031	28. 3	3, 539, 444	19. 3
铁路运输	1, 731, 698	8. 7	196, 689	-26. 8	1, 535, 008	15. 9
公路运输	1, 342, 370	19. 5	1, 222, 251	28. 0	120, 119	-28. 9
航空运输	273, 561	-12. 4	106, 327	35. 1	167, 234	-28. 4
邮件运输	33, 368	-64. 7	26, 401	-68. 8	6, 967	-29. 1
其他运输	10, 185, 927	43. 4	97, 863	760. 7	10, 088, 064	42. 3

附录

会议材料

哈尔滨海关“现场监管与外勤执法权力寻租”专项整治工作动员部署会议材料

哈尔滨海关党委书记、关长　卢厚林

（2021 年 3 月 17 日）

这次会议的主要任务是深入学习贯彻十九届中央纪委五次全会精神和全国海关全面从严治党工作会议精神，认真贯彻落实全国海关“现场监管与外勤执法权力寻租”专项整治工作动员部署会议要求，对关区“现场监管与外勤执法权力寻租”专项整治工作进行动员，作出安排。刚才，希康组长通报了专项整治工作安排并提出工作要求，大家要提高政治站位，全力组织推进，确保专项整治工作取得实质性成效。下面，我讲三点意见。

一、从讲政治的高度认识把握专项整治的重要意义，切实将思想和行动统一到专项整治工作部署上来

首先，要深刻领会海关系统开展“现场监管和外勤执法权力寻租”专项整治工作的政治内涵。2 月 26 日，海关系统召开“现场监管与外勤执法权力寻租”专项整治工作动员部署会议，陶治国组长作动员讲话提出三点要求：一要提高政治站位，深刻认识开展专项整治工作的重要意义；二要坚持系统思维，推动专项整治工作与正风肃纪反腐综合治理贯通协同；三要加强组织领导，精心组织实施，确保专项整治工作取得实效。陶治国组长的讲话具有很强的政治性、思想性、指导性，是推进专项整治工作的重要遵循。我们要深入学习陶治国组长的讲话精神，领会专项整治工作的重要意义，切实统一思想认识，坚持从政治上牢牢把握专项整治工作的精神实质，以更高站位和更强自觉抓好贯彻落实。

第二，要认清“现场监管和外勤执法权力寻租”问题的政治危害。现场监管和外勤执法是海关基础性、全局性业务工作，直接与管理对象接触，有查验监管验放权力，其潜藏的廉政风险尤为凸显。近年来，“贴着海关发财”“吃海关靠海关”现象依然时有发生，如果我们对这些腐败问题放任自流、听之任之，必然会导致行政效能低下，口岸营商环境受损，人民海关公信力降低，严重制约海关治理能力的提升。因此，开展专项整治工作，是海关系统推动全面从严治党、党风廉政建设和反腐败斗争工作的重要举措，我们必须下大力气整治这些影响海关监管职能发挥的顽瘴痼疾，始终保持正风肃纪反腐高压态势，推动关区政治生态持续向好。

第三，要坚决扛起推进“现场监管和外勤执法权力寻租”专项整治工作的政治责任。陶治国组长指出，海关系统一些单位全面从严治党政治责任落实的不平衡不充分，“上头热、下头冷”“纪委热，党委冷”“嘴上热、行动冷”的现象不同程度存在，“中梗阻”问题始终没有很好地解决。我们要对照陶组长指出的问题，以开展专项整治工作为契机，对关区全面从严治党政治责任落实情况进行全面自查，各级党组织和广大党员领导干部要把抓好专项整治作为履行管党治党责任的实际检验，坚决扛起政治责任，强化使命担当，敢于横刀立马，以“狭路相逢勇者胜”的无畏勇气、“越是艰险越向前”的顽强意志、“宜将剩勇追穷寇”的革命精神将专项整治工作一抓到底，坚决清理关区存在的一线执法风险隐患，推进关区全面从严治党向纵深发展。

二、紧紧围绕新时代新要求，密切联系关区工作实际，坚决把专项整治部署要求落实到各项工作中去

首先，要保持高压态势，在党风廉政建设和反腐败斗争中敢担当、有作为。黑龙江作为我国的沿边大省，边境线长达2,981千米，开放口岸众多，业务类型复杂，点多、线长、面广，其中存在着诸多廉政风险隐患。我们要以此次专项整治为切入点、着力点，紧盯基层治理的难点、痛点，真抓实干、狠抓落实，坚持严字当头、全面从严、一严到底，保持态度不变、决心不减、尺度不松。要始终坚持无禁区、全覆盖、零容忍，全面起底党的十八大以来关区在现场监管与外勤执法领域的问题线索，全面梳理不靠谱、不托底的人和事，查处一批执法权力寻租的典型案例；要完善政治生态分析研判机制，切实克服陶治国组长提出的“三种倾向”，坚决防止“怕掀盖子、遮丑护短”“见怪不怪、思想麻痹”“丧失原则、做老好人”这些消极错误思想，找准深层次共性问题的症结和要害，解决一批利用海关执法权力寻租的历史问题、具体问题，有效减存量、遏增量，在关区形成持续正风肃纪反腐的高压态势。

第二，要突出整治重点，在夯实整治成效中抓落实、求实效。要结合关区实际，对工作方案中的重点问题再细化，全面排查廉政风险高发点。黑龙江的“讲人情”地域特点盛行，特别是在一些边境城市，“说情风”更为盛行。我们要因时因势把握整治重点，聚焦货运监管、旅检查验、风险布控等关键环节和岗位，对外勤业务规范落实不到位、执法交接报告制度不完善、工作岗位监管对象长期固化等风险隐患全面排查，对自由裁量权把控不紧、管控不严等行为加大治理力度，对吃拿卡要、便利寻租、查“人情货”、过“人情关”、验放“擦边货”等问题严肃查处。在专项整治自查自纠中发现的问题，要发现一起查处一起，发现多少查处多少，做到凡腐必惩、有贪必肃、除恶务尽，确保专项整治工作取得扎实成效。

第三，要坚持系统整治，在一体推进不敢腐、不能腐、不想腐中强震慑、提效能。一体推进“三不腐”，是中国特色反腐倡廉道路的实现路径，落实“三不腐”一体推进，必须把握内在联系、系统谋划设计，不断形成叠加效应、综合效能。要着力促进治理能力提升，扎实做好查办案件“后半篇文章”，以案明纪、以案促改，采取纪检监察建议、剖析报告、案例通报等方式，推动构建堵塞漏洞、完善制度、深化改革、净化生态、系统治理的闭环体系。要推动警示教育常态化，对近年发生的典型案例及时通报曝光，将警示案例学习作为开展党内政治生活和法纪教育的重要内容，使每一个发生在身边的鲜活案例都对单位有震动、对关员有触动、对工作有推动，让党员干部切身感受到正风肃纪反腐就在身边，为有问题的干部敲响警钟，进而主动走向组织、讲清问题，深化专项整治的综合效果。

第四，要广泛发动群众，在坚守为民情怀中办实事、解难题。海关监管和执法作业，直接面对管理服务对象，一线执法腐败关乎百姓切身利益，关乎社会公平正义，关乎海关在人民心目中的形象。做好专项整治工作，就是要涵养心中有民的初心情怀，凡是群众反映强烈的问题都要严肃认真对待，切实做好信访举报工作，要对照陶治国组长指出的信访举报形同虚设问题迅速自查自纠，对本单位、本部门信访举报渠道逐一排查，对举报箱摆放位置是否合理、举报电话是否及时接听等情况定期跟踪检查，确保及时准确掌握廉政情况。同时，做好专项整治工作，还要广泛听取社情民意，深入一线开展调查研究，只有真正走出去、沉下去，加强与企业群众的沟通交流，才能听到最真实的声音，提出最有效的解决策略，真正体现群众有所呼，海关有所应，进一步增强进出口企业和人民群众的获得感。

三、切实加强组织领导，周密安排部署，以更实举措确保专项整治工作取得实效

一要压实工作责任，着力以上率下。此次专项整治工作时间紧、任务重、要求高，我们必须强化责任意识，狠抓责任落实，容不得半点松劲。关区专项整治工作领导小组要发挥统筹协调作用，抓好人力和资源调配，坚持站在全局角度谋划部署，精准施策。各隶属海关、各有关职能部门领导班子特别是“一把手”要把主体责任扛起来，切实增强责任感和紧迫感，坚持靠前指挥、以上率下、深入一线，既要当好指挥员，也要当好战斗员，一级做给一级看，一级带着一级干，把这次专项整治作为推进全面从严治党向纵深发展的有力抓手，严格按照方案要求全力推进。

二要加强协调联动，做好谋划实施。关区专项整治工作领导小组办公室要负起组织牵头责任，细化工作方案、明确任务分工和整治重点，抓好工作整体谋划和组织实施；各隶属海关要在本单位全面开展自查、抓好问题整改；各有关职能部门既要在本业务领域开展自查自纠，也要为隶属海关专项整治工作提供业务指导，及时督促检查；各纪检监察机构要履行“监督的再监督”职责，严格监督检查，及时跟踪问效。要坚持关区“一盘棋”，集中各方力量，各级班子上下贯通，各项业务条块配合，加强协调联动，形成整体合力。

三要强化督查问责，有效推进落实。各级党委要发扬“钉钉子”精神，开展专项整治工作要真执行、真落实、真见效。各级领导干部不能只挂帅不出征，只提原则要求、不抓具体落实。纪检监察机构要将专项整治工作纳入日常监督，常态化明察暗访，对做选择、搞变通、打折扣、走过场等形式主义、官僚主义问题要严肃问责；对专项整治责任落实不到位、自查自纠不深不细不透的，要严肃约谈；对该发现而没有发现问题的，发现问题不处置、不报告的，要严肃追责问责，让失责必问、问责必严成为常态。

四要注重统筹兼顾，抓好疫情防控。抓好专项整治，必须充分考虑到常态化疫情防控这个大背景，妥善处理好专项整治工作与疫情防控大局之间的关系，在常态化疫情防控前提下扎实推进专项整治工作。要注重统筹兼顾，严格落实各项防控措施，在做好外防输入和内部安全防护的同时抓好专项整治各项工作，切实做到疫情防控和专项整治两手抓、两不误。同时重点关注出口防疫物资涉腐问题，特别是非法走私出口疫苗等问题，深入排查潜在的廉政风险隐患，在常态化疫情防控前提下推动专项整治各项工作落实落细。

同志们，开展“现场监管与外勤执法权力寻租”专项整治工作，是海关系统贯彻落实党中央要求、促进海关中心工作、推动海关系统全面从严治党向纵深发展的重要举措，我们要以对党的事业、海关事业高度负责的态度，坚决完成专项整治工作各项目标任务，奋发进取、狠抓落实，推动关区全面从严治党、党风廉政建设和反腐败工作取得新成效，为建设社会主义新海关、确保《“十四五”海关发展规划》落地见效提供有力政治保障！

哈尔滨海关进一步做好口岸疫情防控工作专题会议材料

哈尔滨海关党委书记、关长 卢厚林

（2021 年 3 月 25 日）

3 月 19 日，黑龙江省疫情防控指挥部印发了《关于加强外防输入工作的指导意见》，就做好常态化“外防输入”工作，提前做好边境口岸旅检通道恢复开关前的准备工作和恢复开关后的人员管控工作提出了新要求，《指导意见》充分采纳了海关提出的意见和建议。近期，海关总署根据疫情防控需要下发了多份指导文件，针对采样检测、实验室安全、内部防护等工作都提出了新要求。我们今天召开这次专题会议，就是要认真贯彻落实海关总署工作部署和胡昌升省长以及省防指要求，对进一步做好口岸疫情防控工作作出具体安排，这是我们针对新情况新任务，因时因势调整工作着力点的具体举措。同时，也是对关区上下特别是口岸海关单位做好“外防输入”工作的再动员，再鼓劲，相信有一年多“战疫”积累的有效做法和宝贵经验，我们这支勇于迎难而上、作风过硬的队伍，一定能完成好各项任务，把工作做得更好。

下面，我讲几点意见。

一、慎终如始，一以贯之抓好“外防输入”工作

当前，我省毗邻国家疫情形势较前一个阶段有所好转，2021 年以来，特别是 2、3 月份以来边境口岸入境俄籍货车司机新冠病毒核酸阳性病例检出明显下降，但口岸疫情输入风险仍然存在，下一步随着疫苗接种和形势的发展，特别是客运通道恢复通关后风险可能还会加大，我们在思想上要有充分准备，要毫不放松地抓好“外防输入”工作。一要提高思想认识。去年以来，我省多次出现局部地区的疫情反弹。去年 4、5 月份，哈尔滨、牡丹江疫情反弹并出现医院患者和医务人员感染，12 月上中旬绥芬河、东宁疫情反弹，12 月底黑河疫情反弹，今年 1 月 10 日后绥化望奎及周边和哈尔滨疫情规模反弹，给全国疫情防控带来负面影响，也严重影响了龙江经济社会的发展。目前龙江全省均已是低风险区域，省内疫情防控转入“平战结合”模式。但是我们海关不同，疫情以来，我们是打全场的，境外疫情输入风险不解除，海关“外防输入”工作就不能收兵。省防指专门印发针对加强外防输入工作的指导意见，就是在省内疫情持续平稳的情况下，突出重点抓“外防输入”，进而推动恢复口岸旅检通道开关等重要工作，这事关龙江对外开放工作大局，也是我们肩负的责任，我们要把思想和行动统一到新形势新要求上来，切实抓好工作落实。二要扛牢政治责任。之所以我们在一年多来的抗疫中取得了前所未有的成绩，一个重要原因就是关区各级领导干部、一线关警员能够扛起责任，始终站在“外防输入”斗争第一线。进一步做好“外防输入”工作，关区各级党委要继续扛好政治责任，党委书记要履行好第一责任人职责，党委同志要履行好分管领域工作责任。总关职能部门要担好指导责任，既要精准指导、又要查漏补缺。隶属海关特别是口岸海关要担起防控责任，坚决将各项制度措施严格执行到位。三要严格落实“九早”要求。要压实“四方责任”，抓好“人物同防”，做到“应检必检、应检尽检”，出现散发疫情必须做到第一时间发现，第一时间处置，坚决避免规模性疫情输入和反弹，不断巩固拓展疫情防控来之不易的成果，为龙江和国内经济社会发展创造良好条件。要从去年相关口岸出现的问题中汲取教训，各部门单位要认真排查，进一步完善制度机制，绝不能有麻痹思想、厌战情绪、侥幸心理、松劲心态，必须时刻保持头脑清醒，如履薄冰、慎终如始、毫不懈怠、不折不扣地将各项防控措施落实到位。

二、严格标准，认真细致做好科学精准防控

各单位、各部门要严格落实海关总署和省应对疫情指挥部提出的各项要求，从严从细从实抓好疫情防控工作。航空口岸要进一步强化对入境人员的闭环管控，对入境人员一律实施管控措施，要加强客运机组人员卫生检疫，对下机的客运机组人员严格规范开展流调和采样检测工作，及时将流调和采样结果等详细信息通报地方联防联控机制，严格防止疫情通过机组人员跨境传播。边境陆路口岸要继续加强对入境司乘人员的管控，有效实施登临检疫、体温检测、核验健康申明卡、流行病学调查、采样检测等卫生检疫措施。根据疫情形势，省防指已经采纳我们的建议将多次往返货车司机的采样检测周期由 3 天调整为 7 天。相关单位和部门要切实采取有效措施助力提升口岸通关效率，要科学评估疫情输入风险、防控水平、承压能力，做到心中有数，既不能过度防控阻碍跨境物流，也不能疏忽大意擅自放松标准要求。要在外防疫情输入与保障口岸通关过货运行之间找到平衡点，研究切实可行的简化通关手续、优化作业流程、降低过货成本、提升通关效率的有效措施和做法，积极协助地方政府开展科学评估，从海关角度支持和助力口岸通关效率提升。边境水运口岸要抓住明水期前宝贵的“窗口期”，完善卫生检疫设备设施，健全联防联控机制，加强人员培训和梯队培养，切实做好开关过货准备。

三、补齐短板，切实做好“人物同防”

经过一年多的配置完善，目前关区开关口岸的检疫设备设施可基本满足疫情防控和现场监管工作需要，尤其在“人防”方面，有入境人员业务的口岸都建立了卫生检疫技术用房，满足人员流调、采样、隔离留验、转运等需求，我们在关区布局了 7 个 P2 实验室，其中 5 个实验室已开展新冠病毒检测业务（总关保健中心、绥芬河海关综合技术中心医学实验室，黑河海关综合技术中心医学实验室、东宁国际旅行卫生保健中心、佳木斯国际旅行卫生保健中心），日检测能力达到3,300人份，牡丹江保健中心实验室和密山海关P2+移动实验室已进入技术审核阶段。截至今日，我们从入境人员中检出新冠病毒核酸阳性病例数在海关总署的疫情防控绩效考核中一直排在前五名，但我们对进口货物中的核酸检测阳性情况仍然为零，我们对进口冷链食品和非冷链集装箱货物的采样消毒工作还存在一些短板，一线工作人员对采样消毒的各个环节要求掌握仍不够熟练等等。各单位、各部门要进一步提高思想认识，落实落细各项“物防”措施，切实做好进口冷链食品和高风险非冷链集装箱货物采样检测和预防性消毒工作。要加强与地方联防联控机制的协调配合，引导支持地方政府委托专业消杀公司，对进口货物的包装、运载工具及相关场地科学精准开展预防性消毒，要配合地方指挥部对进口货物开展风险评估，对不适宜消毒或经风险评估判定可以不予消毒的货物，应当向地方指挥部提出建议；要协调地方加快对采样消毒场所的改造升级，满足工作条件。要继续完善进口冷链食品追溯体系，做好与地方指挥部各成员单位的信息互通与工作衔接，督促指导进口商在“黑龙江省进口冷链食品追溯平台”注册和录入食品信息。

四、未雨绸缪，积极稳妥做好边境口岸旅检通道恢复开关准备和后续管控工作

这次指导意见，重点强调了做好恢复口岸旅检通道开关准备工作和恢复开关后的管控工作。能够感受到，中国在俄公民、俄方及外交部等方面希望恢复开关的需求非常迫切，提前谋划、认真研判，这也是黑龙江省委省政府的责任担当。我们要围绕指导意见，从职责角度做好相关准备以及后续的管控工作。一要抓紧做好相关准备工作。我们不能有等靠思想，要提前计划、提前准备。要抓紧完善优化我们的应急预案，总关职能部门要加大指导力度，同口岸海关一起将预案做严谨、做周密。要加强同口岸相关部门单位的协调沟通和配合，共同为恢复开关做好准备。二要全力做好疫情防控保障。要加大人员、物资保障力度，发挥三级梯队作用，做好人力资源调配工作。要加强一线防控队伍建设，此前我们有的口岸海关经受过旅检通道大量人员入境的考验，但多数口岸海关还没有这方面实战经验，要针对实战短板，做好流调、采样、个人防护等关键环节培训，从实战出发开展实操演练。关区各实验室要预估增加的检测量，做好检测能力储备。三要严格做好精准分类判定。这是口岸旅检通道恢复开关后海关管控的重点工作。要按照指导意见的要求，做好对入境人员的初步筛查，做好分类判定，加强与地方防指的沟通配合，将分类移交地方的工作做严密，不能在交接过程中因为我们工作不到位而影响闭环管控。

五、确保安全，从紧从严落实内部防护要求

安全防护是疫情防控的重中之重，是实现“打胜仗、零感染”目标最基本的要求，内部防护一定不能出问题，特别是一线防控人员的安全非常重要，各级党委必须重视再重视，时刻关心关注。否则，将无法完成保卫国门安全的重任。各部门单位要认识到安全防护的极端重要性，抓严抓细内部防护各环节工作，确保措施全落地、无死角。一要严格做好口岸一线人员安全防护工作。一线防控人员要严格执行海关总署、地方防指和我关相关制度规定，严格落实一线人员“三集中一轮转”制度。防护保障监督专班要加大监督检查力度，对安全防护措施执行不严不力的要严肃追责问责。要落实好“应检尽检”要求，抓好一线防控人员每周开展1次核酸和每月开展1次抗体检测工作要求。二要定期开展安全防护风险隐患排查。各口岸海关单位、各保健中心检测实验室要增强安全意识、强化底线思维，细化梳理各个工作环节安全防护风险点，持续排查安全防护风险隐患，特别是要对照去年国务院联防联控机制、海关总署、省防指到关区进行安全防护督导督查时发现的问题进行彻底整改，确保“不二过”。三要加强海关核酸检测实验室生物安全管理。各海关实验室要按照国家卫健委和海关总署的最新要求开展核酸检测工作，严格按照规定的方法、标准开展检测和判定工作，不得擅自改变工作流程和工作要求，要加强对样本采集人员的技能培训和指导，确保采样环境、采样方法、采样操作等各环节符合规范要求；加强实验室人员安全防护培训，完善职业暴露应急预案；规范实验室生物样本管理，做好实验室废弃物处置，完善感染性物质泄露应急处置预案，既要做到确保实验室生物安全，又要做到检测结果准确可靠。四要提升安全防护突发事件应急处置能力。结合前一阶段总关和各隶属海关应急演练发现的问题和薄弱环节，举一反三、梳理汇总，进一步完善优化应急预案，提高应急反应速度和能力，确保一旦出现问题不慌不乱、妥善有序处置。要开展有针对性培训，提升一线人员安全防护意识、规范操作能力和熟练程度，严格执行各项技术方案、操作指南、作业指引。

六、压实责任，全力做好疫苗接种工作

昨天黑龙江省委省政府先后召开关于疫苗接种工作的会议，庆伟书记、昌升省长都作了讲话，要求提高政治站位，统一思想认识。新冠疫苗接种是党中央、国务院作出的重大决策部署，会议要求全省各地各部门和各级领导干部要把新冠病毒疫苗接种工作作为一项重大政治任务和当前疫情防控工作的头号任务来抓，确保如期完成接种任务。按照“应接尽接、梯次推进、突出重点、保障安全”的工作要求，强化全省统筹，细化接种方案，优先安排重点人群接种，严格接种培训，严格按照规范要求操作，牢牢守住安全底线。省内18个边境市县是优先重点接种地区，海关人员是优先重点接种人群，卫检处要加强指导和联系沟通，关区各级领导干部要带头接种，干部职工要全面接种，带动鼓励家属接种，做到“应接尽接”“能接尽接”。

关区疫情防控专题会议材料

哈尔滨海关党委书记、关长　卢厚林

（2021年5月21日）

今天我们召开关区疫情防控工作专题会议。刚才太平机场、绥芬河、黑河海关分别从航空、陆路、水运口岸疫情防控工作作了交流发言，保健中心就做好入境人员样本采集和实验室检测工作作了汇报介绍，各单位要相互学习，加强沟通交流，取长补短，立足职能，切实筑牢海关“外防输入”第一道防线。

当前，新冠肺炎疫情全球大流行仍在持续，全球累计报告新冠肺炎确诊病例超过1.65亿人，每日新增病例超过50万例，新增死亡1万例以上，全球疫情防控形势十分严峻。印度、缅甸、尼泊尔、巴基斯坦、泰国、老挝、斯里兰卡等南亚、东南亚多国新增病例数不断突破纪录，疫情持续恶化，尤其是印度出现了更加危险、更具传染性的变异毒株，并已迅速传入英国、尼泊尔等国；我省近邻的日本、韩国疫情不同程度出现反弹，尤其是近来日本单日新增病例多天超过5,000例，餐饮、医疗机构、社会福利机构出现群体感染事件；俄罗斯近期疫情较前一个阶段有所缓和，但单日新增仍在8,000例左右，我省每周有日、韩3个国际航班400~500人入境，边境铁路、公路口岸货运业务恢复性增长，水运口岸陆续开通货运业务，“外防输入”责任和压力巨大。

与此同时，国内安徽、辽宁相继出现本土病例，两省现有确诊病例21例，无症状感染者18例，中高风险地区增至22个，其中安徽7个，辽宁15个。

连日来，庆伟书记、昌升省长对近期我省疫情防控工作多次召开会议，多次做出批示，提出具体要求；海关总署根据疫情防控需要下发了多份指导文件，就强化卫生检疫措施、开展阳性样本基因测序、严格内部防护等工作都提出了新要求。我们今天召开这次专题会议，就是要坚决贯彻习近平总书记关于统筹疫情防控和经济社会发展的重要论述、重要指示，认真落实海关总署工作部署和庆伟书记、昌升省长以及省防指要求，毫不放松抓好常态化疫情防控，坚决筑牢国门安全防线，为庆祝建党100周年营造安全稳定的社会环境。下面，我讲几点意见。

一、切实提高政治站位，从严从实抓好疫情防控工作

现在是5月下旬，临近中考、高考和

建党100周年系列活动，做好当前一段时期的疫情防控工作意义重大。各单位、各部门要切实提高政治站位，深入学习贯彻习近平总书记关于常态化疫情防控的重要指示批示精神，不折不扣落实好海关总署和省应对新冠肺炎疫情指挥部的各项工作要求；要时刻紧绷疫情防控这根弦，保持清醒的头脑和政治敏感，绝不能有麻痹思想、厌战情绪、侥幸心理、松劲心态，要根据疫情防控形势的变化，迅速、科学调整防控对策和措施，不断夯实常态化疫情防控举措，坚持常态化精准防控和局部应急处置有机结合；要压实“四方责任”，严格落实“九早”要求，严把外防输入第一道防线，落实落靠各项防控措施，严格入境人员闭环管控措施，抓好“人物同防”，做到“应检尽检”。出现散发疫情必须做到第一时间发现，第一时间处置，坚决避免规模性疫情输入和反弹。关区各级党委要坚决扛起政治责任，党委书记要履行好第一责任人职责，班子成员要履行好分管领域工作责任，关区各级领导干部、一线关警员要够扛起自身责任，始终站在“外防输入”斗争第一线。

二、坚决落实“外防输入”各项防控措施

各单位、各部门要运用系统思维，加强分析研判，结合口岸实际和防控要求，科学精准做好常态化疫情防控工作。近期，我省疫情防控工作总体平稳。日本今年要承办夏季奥运会，各国运动员、政府代表团等将陆续前往日本。航空口岸要严格入境人员闭环管控，切实落实“三查三排一转运”“7个100%”（对入境人员100%健康申明卡核验，100%两道测温，100%流行病学调查，100%采样检测，100%信息通报和移交处置，对高风险入境交通工具100%风险布控和100%登临检疫）管控措施，要重点关注经日、韩中转来华旅客，重点排查发现14天内具有印度、巴基斯坦、尼泊尔、孟加拉国、斯里兰卡、缅甸、泰国等疫情严重国家旅居史或接触史的入境人员，及时发现异常并进行重点检疫；对于复工复产包机和重大活动卫生检疫保障，做到“一机一策”，精准防控。陆路口岸要继续做好跨境货车司机体温检测、流调采样和闭环管控措施，核验7日内有效的核酸检测阴性证明，对多次往返的货车司机以7天为周期采样检测，强化阳性司乘人员精准预警和协同管控机制，防止其3个月内再次入境；绥芬河、黑河方向要做好旅检通道开通准备工作，针对可能出现的我国公民集中回国、大量人员涌入等突发事件做好应急预案。水运口岸要切实落实好卫生检疫各项措施，严格禁止俄籍船员登陆上岸，明确船员管理各项工作要求，对轮班上岸中方船员要100%核验健康申明卡、体温监测、流行病学调查、采样和检测、并移交地方集中管理；对不上岸船员通过核验健康申明卡、体温监测、流行病学调查等手段进行健康排查，发现有症状的要采样进行新冠病毒核酸和抗体检测；不具备样本检测能力的隶属海关要与委托检测机构建立合作机制，明确送样方式、检测和结果报告时限和反馈方式，确保“及时送样、及时检测”，第一时间拿到检测结果。

各单位、部门要进一步强化交通工具检疫。对入境交通工具100%登临检疫，对来自俄罗斯、日本等重点国家和地区的航空器、货车、列车、船舶等交通工具应要求其100%实施防疫消毒处理，并加强对消毒工作的监督和指导；要严格样本检测，对海关总署布控的高风险重点航班或有症状的入境人员全面开展血清特异性抗体检测，对来自俄罗斯、印度、泰国等国的样本要使用不同品牌试剂进行“双试剂平行检测”。总关与省疾控中心就联合开展基因测序工作已达成一致意见，近期将签署合作协议，各实验室要将与印度有关联的阳性样本、船员聚集性病例阳性样本以及其他有代表性的阳性样本及时移交省疾控中心进行病毒基因测序。

三、切实做好“人物同防”

疫情以来，我们从入境人员和社会委托检测人员中检出部分新冠病毒核酸阳性，“人防”成果显著，但我们对进口货物中的核酸检测阳性情况仍然为零，“物防”有待突破，对进口冷链食品和非冷链集装箱货物的采样消毒工作需要进一步加强。

近日，国务院联防联控机制印发了《新型冠状病毒肺炎防控方案（第八版）》，将坚持“人物同防”列为防控总体要求，并将冷链食品和来自高风险国家及低温运输环境的集装箱货物抽样核酸检测列为多渠道监测预警重要内容。各单位、各部门要进一步提高思想认识，落实落细各项“物防”措施，切实做好进口冷链食品和高风险非冷链集装箱货物采样检测和预防性消毒工作；要加强与地方联防联控机制的协调配合，引导支持地方政府委托专业消杀公司，对进口货物的包装、运载工具及相关场地科学精准开展预防性消毒，要配合地方指挥部对进口货物开展风险评估，提出分类管理措施；要协调地方加快对采样消毒场所的改造升级，满足防控工作需要；要继续完善进口冷链食品追溯体系，做好与地方指挥部各成员单位的信息互通与工作衔接，督促指导进口商在“黑龙江省进口冷链食品追溯平台”注册和录入食品信息；严格实施进口冷链食品提前48小时预申报制度，严格监督落实口岸环节进口冷链食品预防性消毒措施，切实做好查人、查物相结合，做到“人、物同防”。要按照要求做好口岸环节被抽中的集装箱货物的采样检测工作，规范采样操作和实验室检测程序，尽早实现物防“零的突破”。

四、加快提升口岸疫情防控能力

各单位、部门要对标海关总署、黑龙江省疫情防控指挥部常态化疫情防控各项工作要求，紧盯重点岗位、重点环节、重点流程，全面开展疫情防控措施落实情况自查自纠，进一步查缺补漏，并及时跟进问题整改落实，确保整改到位，补齐防控短板和漏洞。水运口岸要对上周总关督导组检查提出的问题立即整改，保证货运开通前整改到位。

各隶属海关要继续完善现场卫生检疫设备设施建设，加快推进卫生检疫设施项目建设进度，协调地方联防联控机制根据最新防控要求对去年临时搭建的方舱进行改进完善，使其功能齐备、流程合理，防止交叉感染事故发生；要统筹调配本单位人力资源，充分挖掘检疫及相近专业人员潜力，加大培训及实操力度，满足梯队建设和班组轮换需求；人事部门要加强关区卫生检疫专业背景人员统筹调配力度，加快适应陆续开关的隶属海关疫情防控需求；各隶属海关要加大与地方联防联控机制的沟通协调，确保地方政府提供的防护物资符合有关标准，满足实际工作需求。教育处要会同相关职能处室加强对一线人员的业务培训和资质考核，确保有资质要求的一线岗位人员“持证上岗”。

五、全面加强安全防护，做好内部防控

确保安全是打赢外防输入阻击战的前提和基础，是实现“打胜仗、零感染”目标最基本的要求，安全防护、内部防控绝对不能出问题，这是底线。各级党委必须重视再重视，时刻关心关注，抓严抓细安全防护、内部防控各环节工作，确保措施全落地、无死角。

一要严格做好口岸一线人员安全防护工作。要严格执行海关总署、地方防指和我关相关制度规定，规范做好个人防护，对可能接触入境人员的，应按有关标准顶格做好防护，严格落实一线人员“三集中一轮转”制度，定期做好一线人员核酸、抗体检测，确保口岸一线人员全部为已接种疫苗人员，绝不允许搞变通、打折扣，确保“零感染”。

二要加强实验室生物安全管理。各核酸和抗体检测实验室要按照国家卫健委和海关总署的最新要求开展检测工作，严格按照规定的方法、标准和指定的试剂开展检测和判定工作，不得擅自改变工作流程和工作要求，确保采样环境、采样方法、采样操作、样本运送等各环节符合规范要求；规范实验室生物样本管理，阳性样本按要求保存和移交，切实做好实验室废弃物处置，确保实验室生物安全，避免工作人员和保洁等聘用人员感染。

三要全力做好疫苗接种工作。各单位、各部门要将新冠疫苗接种工作作为一项重大政治任务和当前疫情防控头等大事来抓，确保“应接尽接”“能接尽接”，主要负责人要亲自过问，将国家关于疫苗接种工作的精神吃透并传达到位，使广大关警员充分认识疫苗接种工作的重要意义。除了不适合疫苗接种的禁忌人员外，包括临聘人员在内的海关工作人员要在六月中旬前全部接种新冠肺炎疫苗。

四要做好来自风险地区人员排查管

控。加强干部职工管理，坚持健康监测“日报告、零报告”制度，认真落实信息“日收集、周报告”要求，外出人员要密切关注目的地的疫情动态和防控政策变化，做好个人安全防护措施，跨省出行的要做好返岗前核酸检测工作，非必要不去中高风险地区。

五要强化安全防护和内部防控监督。安全防护保障监督专班要加强监督检查，创新方式，明察暗访，远程监控，不打招呼检查。发现问题，坚决纠正，对失职渎职的，坚决问责。

同志们，我们要坚决落实海关总署、省指挥部的要求，慎终如始、科学精准做好口岸疫情防控工作，切实筑牢国门检疫防线，为建党100周年系列活动提供坚强保障。

哈尔滨海关应对本土新冠肺炎疫情
做好冬季口岸疫情防控工作会议材料

哈尔滨海关党委书记、关长　卢厚林

（2021年11月5日）

今天我们组织召开关区应对本土新冠肺炎疫情做好冬季口岸疫情防控工作会议。刚才黑河海关、冰城海关分别就应对本地疫情做好冬季口岸疫情防控工作情况做了汇报，庆财、明华和永新同志就做好近期疫情防控工作分别提出了重点要求，大家要认真领会，抓好落实。

我们要深刻认识国际国内疫情防控形势的严峻性、复杂性。随着多国放松管控、减少出入境人员限制，新冠病毒加速变异并在世界多国快速传播。目前，全球每日新增病例超过40万例，新增死亡病例超7,000例；德尔塔变异毒株已传播至193个国家和地区，给我国“外防输入”带来严峻挑战。近邻俄罗斯，在8月份的第三波疫情还没有完全控制的情况下，10月份又暴发第四波疫情，此次疫情来势凶猛、传播更快，新发病例和死亡病例快速上升，日前俄罗斯每天新增确诊病例已超过4万例，每天新增死亡人数超过1,100人，病死率达到2.8%，与德尔塔变异毒株有关的住院病例达到85%，俄罗斯境内发现了大约10种德尔塔变异毒株在传播流行。

进入秋冬季以来，全国多地相继报告发生本土疫情，我省中秋国庆期间也发生了哈尔滨巴彦本土聚集性疫情。特别是10月17日以来，黑龙江再次成为全国本土疫情关注的焦点！疫情发生后，党中央、国务院高度重视，国务院联防联控机制立即派工作组进驻哈尔滨市、黑河市指导疫情防控和流调溯源工作，许勤书记、昌升省长多次召开调度会议，要求坚持外防输入、内防反弹，进一步压实“四方责任”，进一步严细各项防控措施，做到“早快准、严细实”，要求做到守土有责、守土尽责，采取切实有效措施，坚决遏制疫情蔓延势头，守住确保生命安全、不发生交叉感染、不发生疫情外溢的底线。从目前情况看，黑河疫情形势严峻复杂，呈现多点散发、多链条传播，加之进入冬季，病毒感染传播风险加大，防控压力巨大。

下面，我代表关党委就做好本土疫情应对和冬季口岸疫情防控工作讲几点意见。

一、切实提高政治站位，从严从紧从实抓好疫情防控工作

各部门单位要进一步提高政治站位，统一思想认识，坚定不移把思想和行动统一到习近平总书记重要指示批示精神和党中央、国务院决策部署上来，要对标习近平总书记提出的三问："思想是否松懈麻痹了？防控措施是否没有严格执行，是否需要进一步完善？外防输入的各个关口是否守住了？"，深刻认识外防输入工作的长期性、复杂性和艰巨性，坚决扛起疫情防控政治责任，紧盯疫情发展态势，紧盯口岸疫情防控各个关键环节，全面梳理和完善"一口岸一方案"，切实织密织牢全方位、立体化的口岸疫情防控网，坚决守住"外防输入"第一道关口。

二、全力做好本土新冠肺炎疫情排查管控工作

一是要全面加强海关工作人员排查管控。当前我省疫情防控形势严峻复杂，各单位、各部门主要负责人要牢固树立疫情防控第一责任人意识，要把抓好人员排查管控作为"一把手工程"，摆在更加重要的位置，亲自抓、抓落实，全面加强机关工作人员、聘用人员、服务外包人员和家属的排查管理。有本土疫情发生的黑河海关、在哈各单位要严格遵守所在地疫情防控要求，认真组织排查，遇有与公布的确诊病例、无症状感染者、密切接触者接触或者轨迹重合的要立即报告，向所在社区报备，遵从社区管理要求；没有本土疫情发生的单位，要积极配合当地做好排查工作和人员管理，加强防疫物资储备和应急演练，确保一旦发生疫情能够快速有序应对。

二是全力应对本土新冠肺炎疫情。黑河、冰城海关要密切关注本土疫情发展情况，加强与地方疫情防控指挥部以及卫健委、疾控等相关部门的沟通联系，积极跟踪了解本土疫情变化和流调溯源情况。如流调溯源发现与境外输入有关，特别是涉及海关工作时，要积极配合开展有关工作，并第一时间与地方相关部门做好沟通协调，主动介绍海关疫情防控工作措施，防止地方因对海关职责范围和履职情况不了解、不清楚而产生误解，对海关产生不利影响。总关机关和临近隶属海关要全力支持黑河海关应对本次疫情，给予研判指导，及时帮助解决困难，关心关爱干部职工，做好心理疏导和物资保障。关区的流调溯源专家要主动与省卫健部门保持联系沟通，积极参与到地方流调溯源工作当中去，及时了解掌握溯源进展，积极配合做好涉及口岸区域的流调溯源工作。

三是要全力做好人力资源保障。当前

黑河疫情正处在防控关键期，人事部门要主动与黑河海关联系，做好紧急情况下人员调配工作方案，宁可备而不用，决不能用而无备，要合理调配好关区一线、预备、应急三个梯队，加强关区人力资源和防疫队伍的统筹调配，保证有需要时，队伍人员能立即轮换到位，确保海关工作不间断。

三、采取非常措施强化打击走私工作力度

要转变和调整工作思路，将打私工作放在切断疫情传播链条的高度来思考，采取非常措施强化打击走私工作力度，落实口岸区域打私主体责任，严厉打击经口岸通道夹藏、捎带、抛物、无人机等方式的走私违法行为，严厉打击非通关工作时间走私违法行为，防止疫情通过走私物品经口岸传播。要加强边境线等非设关地的反走私综合治理，与地方公安、铁路公安、边防等部门合作，强化宣传引导，汇聚社会力量，形成切实有效的联合打击走私机制。发挥情报、技术、网络、侦查的优势，加大工作时间以外、口岸区域外的抽查、巡查力度，集中力量侦办涉及疫情防控走私案件，对涉及疫情期间的走私行为决不姑息，加大对不法分子的震慑作用。地方政府和公安部门组织的反偷渡、越界、闯关等工作，海关要积极参与配合。

四、严格水运口岸闭关前后中方船员、物品入境检疫及后续隔离管控工作

10月11日，孙春兰副总理在中国疾控中心调研时明确指出，做好常态化疫情防控，关键是外防输入，重点是严格集中隔离点的管理。当前，黑龙江进入流冰期，明水期航运即将停止，中方船员、物品陆续上岸，边境水运口岸要采取严之又严、细之又细的措施，做好闭关前后中方船员、物品上岸的入境检疫、消毒工作，做好上岸人员、物品移交，隔离期间检测等后续管控，要协调并监督地方联防联控机制做好船上垃圾分类处置、船舶的终末消毒工作，海关总署和省防指各项规定要求要严格执行到位，做到全流程监督管理，以备核查。

五、全面加严对冬季入境人员、运输工具、货物、物品的采样检测和监督消毒工作力度

各隶属海关要抢前抓早，做好口岸冬季开关过货的人力资源、防疫设备物资储备，要对照国务院联防联控机制、海关总署和省防指的工作要求，全面梳理入境人员、运输工具、货物、物品涉及的现场检疫、采样检测、监督防疫消毒、隔离管控等全流程工作要求，全面优化完善“一口岸一方案”，确保工作方案符合防控规定要求、流程科学严谨、职责清晰明确、机制运行畅通有效。风控部门要会同有关业务部门研究加大进境货物、物品和运输工具的抽样检测和防疫消毒的布控比例，制订完善我省口岸冬季疫情防控具体措施。卫检处、保健中心要组织专家，加强对流感等冬春季高发传染病和不明原因肺炎的监测、分析、预警，坚决防止疫情叠加。要严格执行省防指印发的《黑龙江省口岸城市疫情防控工作方案》，发挥联防联控、群防群控制度优势，坚决做好口岸外防输入各项工作。

六、强化检查督查追责问责

安全防护保障监督专班、各派驻纪检组、“挑毛病”专家组、物防专家组，要以各隶属海关报送的“一口岸一方案”为依据，坚持“四不两直”方式，对疫情防控及安全防护措施开展全方位、全时段监督检查，着力发现问题漏洞和薄弱环节，补齐短板弱项，发现问题及时指出整改，多次发现问题的要直接点名通报，直至约谈问责。各隶属海关要对照问题，建立台账清单，立行立改，定期开展“回头看”，保证问题及时整改到位，确保完整、准确、全面将海关总署、省防指、总关关于疫情防控工作的各项部署要求落到实处。各部门单位要高度重视，要注重在疫情防控大考中发现使用干部，坚决防止措施标准在工作落实当中变形走样，对履职不到位、防控责任落实不到位的要坚决追责问责。

七、做好舆情监测和信息报送工作

各隶属海关、总关办公室要针对本土疫情，加强网络舆情监测，围绕社会关注的热点和可能出现的负面报道，提前研究应对措施，做好应急处置准备。总关办公室要指导隶属海关按照海关总署要求和新闻工作纪律，提前收集情况，提前研究制定新闻通稿，积极引导舆论；要及时将哈尔滨海关针对本土疫情的应对措施向海关总署、黑龙江省委省政府报送有关工作信息，增强地方政府和社会公众对海关工作的认同感。

同志们，我们要坚决落实党中央、国务院联防联控机制、海关总署和省指挥部的要求，慎终如始、科学精准做好口岸疫情防控工作，团结协作，上下一心，积极应对本土新冠肺炎疫情，坚决打赢今冬明春口岸疫情防控阻击战和本土疫情歼灭战，为六中全会顺利召开和北京冬奥会顺利举办创造良好的社会环境。

关区基本建设项目推进工作视频会议材料

哈尔滨海关党委书记、关长　卢厚林

（2021 年 3 月 11 日）

今天这个会议是我提议召开的。分管财务、项目和监督工作的关领导，相关处室、隶属海关和项目单位主要负责人，其他有关人员分别在主会场和分会场参加会议。专门召开关区基本建设项目推进工作会议，这是新海关成立以来的第一次。充分体现了党委对关区基本建设工作的高度重视，对于当前和今后一段时期关区基本建设项目推进工作具有重要意义。

新海关成立以来，关党委抢抓机遇，多方争取，在国家预算资金全面压缩的情况下，海关总署党委和财务司充分考虑我关实际需求，全面加大对沿边一线隶属海关单位工作生活条件改善和口岸应对重大疫情卫生检疫设施建设支持力度，在政策和项目上倾斜，在资金上支持，关区获批新建项目23个，加上原有在建项目14个。海关总署争取国家发改委下达口岸应对重大疫情卫生检疫设施项目的建设，使大部分口岸海关的疫情防控检测设施设备得到有效保障，P2实验室布局更为合理，核酸和抗体检测能力得到大幅提升；大庆海关交流干部宿舍、萝北海关生活配套用房、赣水路10号单身宿舍改造项目的获批和建成，将进一步改善关警员工作、生活条件；一批历史遗留问题得到初步解决，特别是跨度超过10年的江北办公区综合实验楼项目、哈尔滨海关有机食品检测重点实验室改造项目以及绥芬河海关住宅小区项目关键问题取得实质性突破，项目的决算和验收等后续工作年底前将全面完成。以上成绩的取得，得益于海关总署党委和地方政府的关心支持，得益于海关总署财务司的大力帮助，得益于总关党委的正确领导，更得益于财务战线和项目单位的共同努力和辛勤付出！

下面，就加快推进关区基本建设项目实施工作，我讲几点意见：

一、高度重视早谋划

新海关成立后，海关监管职责任务更重，监管范围更广，监管链条更长，维护国门安全的压力和挑战比历史任何时候都要大。良好的工作和生活场所，事关新海关新职能的有效履行；事关关警员获得感的增强和凝聚力、战斗力的提升。今年是“十四五”规划开局之年，关区基本建设工作要抢抓机遇、乘势而上，从更高的站位，将基本建设工作纳入关区事业发展大局中去思考谋划，全面把握基本建设工作面临的新形势、新机遇、新任务，要敢于担当，主动作为。

一要压紧压实主体责任。要严格落实基本建设项目法人责任制，各项目单位主要负责人对基本建设项目全过程负总责，不当甩手掌柜，要亲自部署、亲自过问、亲自督促，特别是要加强对基本建设管理制度的学习。要根据实际情况组建项目实施专班，建立项目管理制度，以全面预算绩效管理为核心，加强基本建设项目进度和质量管理。要在项目实施过程中，建设项目进度和质量管理。要在项目实施过程中，牢固树立“过紧日子”思想，在加快推动项目实施的同时切实提高财政资金使用效益。

二要提早谋划加快实施。一年之计在于春，谋划在前才可不惑于后。龙江气候寒冷，每年可施工期短。进入四月，我省各地陆续进入施工季。各项目单位要充分利用宝贵的开复工准备窗口期，提早谋划，明确任务，细化措施，责任到人，倒排时间，确保各项工作有序开展，落实到位。

三要慎终如始防控疫情。基本建设项

目施工过程中人员集中，来源复杂。各项目单位务必要高度重视疫情防控工作，坚决克服麻痹思想，将疫情防控工作与项目实施工作同步安排、同步落实。要制定疫情防控方案，与施工单位明确责任，细化分工，切实把疫情防控工作抓实抓细抓到位。

二、突出重点抓落实

各单位在推进项目实施工作时应聚焦重点、难点，采取非常之策，举非常之力，优先解决项目实施中的突出问题，全力推动项目实施。

一要实行“清单管理”。对项目实施中的难点问题，要列出任务清单，逐一解决，逐一消化。项目专班要主动研判形势，深入分析成因，提出切实可行的解决方案。各项目单位一把手要紧盯项目实施进度，持之以恒，精准发力，久久为功，落实管理责任，统筹协调推进。

二要坚持精准施策。各项目单位要根据实际和项目进展情况，统筹安排工作，不能眉毛胡子一把抓。新项目要抓紧前期手续办理和初步设计及投资概算的编制工作，确保按时启动实施；尚未开工项目要做好海关总署评审配合和各项招标准备工作，确保二季度开工建设；各在建项目要督促监理、施工单位优化施工组织计划，在确保安全、质量的前提下，从快推进项目进度；已完工尚未办理竣工财务决算的项目，要抓紧完成工程结算和竣工财务决算审核等项工作，及时清理支付工程款和质保金，绝不拖到明年。

三要尽快投用达效。关区口岸应对重大疫情卫生检疫设施项目，是国家发改委安排的防控口岸疫情的重点基本建设项目，主要涉及口岸疫情防控工作用房和功能区改造。尚未开复工的单位要抓紧协调施工、监理单位，力争 3 月底前全部复工建设，6 月底前完成施工，尽快投入使用，进一步巩固口岸应对重大疫情设施建设成效。年底前关区所有口岸应对重大疫情卫生检疫设施项目要完成竣工财务决算工作。

三、担当作为化存量

2021 年，关区新建和在建项目中，历史存量项目有 7 个，占项目总数的 24%，平均立项时间达 7 年以上。这些久拖未决的项目极大地限制了关区新项目立项，影响了项目的有序循环。去年 12 月至今，在向审计署驻海关总署审计组报送的 4 次基本建设项目情况的审计需求反馈中，所有内容均涉及历史存量项目。历史存量项目已成为审计重点关注的内容，推动消化历史存量项目已成为基建管理的重中之重。

各项目单位要高度重视历史存量项目推进工作。“新官要理旧账”，对“旧账”全面接手，要本着对海关工作高度负责的态度，主动作为，履职担当，成立专班、指派专人负责存量项目清理工作。要加强与总关职能管理部门沟通协调，积极向海关总署和地方政府反映项目中存在的问题、难题，争取理解和支持，努力推动消化工作见成效、见实效，力争年底前所有存量项目消化完毕。

四、主动服务提效率

项目实施工作绝不是项目单位一家之事，需要财务、法综、督审、办公室等职能管理部门的主动指导和支持配合。财务处作为关区基本建设管理的职能部门，要根据海关总署新出台的《海关基本建设管理办法》等相关制度规定，抓紧修订《哈尔滨海关基本建设管理办法》，指导各单位开展工作，规范项目管理程序，强化质量，防控风险；要加强人员培训，通过专题培训、送教上门、现场观摩等方式，通过督导调研、集中验收等手段，进一步提高项目单位管理能力和管理水平；在日常监管过程中，要不断创新工作方法，发挥中介机构等“外脑”作用，变被动监督为主动服务，对重大项目开展重点督导；要成立工作专班，通过专项推进、定期通报、集中验收等方式，推动在建项目实施和历史存量项目尽早全面完工；此外，要积极沟通协调财务司，争取立项、资金和总验收等方面的支持。法综处要做好项目实施全过程的合同审核和法律咨询服务，重点对合同签订、招投标、争议纠纷提供法律支撑。督审处要提早介入，对施工全过程进行跟踪审查，重点做好全过程监督和工程结算审核工作。办公室要做好督办工作，重点对项目实施较慢、历史存量项目推动不力的单位进行跟踪督办。会后，财务处要建立关区基本建设项目推进工作群，便于工作推进和沟通协调，成员要包括我和分管财务、项目、监督工作的关领导和各项目单位主要负责人。主要负责人应随时掌握项目建设情况，做到开工到现场，建设到现场，竣工到现场，及时报告工作进度，及时协调解决项目实施中的重要问题。

五、依法管建防风险

一要健全内控机制。要严格按照基本建设领域法律法规要求建立健全项目内部管理制度和内控机制。各级海关单位财务部门和项目实施机构应实行管建分离、分工负责的工作机制。项目启动后至竣工财务决算批复前，项目实施机构不得撤销，相关人员不得调离。

二要严防廉政问题发生。要认真贯彻海关总署、哈尔滨海关党委全面从严治党工作会议精神，严格落实“一岗双责”，层层压实责任。要找准项目招投标、施工过程等关键环节、项目管理和财务管理等关键岗位，强化监督管理，落实内控要求，防范廉政风险。党委派驻纪检组要切实发挥监督作用，要开展经常性的廉政教育，以案说法，警钟长鸣。

三要打造干净、担当、奉献的基建队伍。坚持严管与厚爱结合，激励与约束并重，强化实干作风，弘扬担当精神，培养高素质专业化基建人才，做好基建队伍专业培训和人员思想工作，树立底线思维，筑牢拒腐防变的思想防线，以求真务实的工作作风，推动关区基建工作再上新台阶。

同志们，新春伊始，各项工作任务繁重艰巨。希望大家抢抓时间窗口，找准工作定位，加快项目实施，一以贯之，精准用力，确保项目实施各项工作落实到位，把打基础的好事办好，为实现关党委提出的工作目标提供坚实保障。

2021 年关区重要文件规定

哈尔滨海关、省农业农村厅、省林业和草原局关于共同推进境外种质资源引进工作的通知

（哈关动植发〔2021〕47 号，
2021 年 4 月 30 日印发）

各隶属海关，各市（地）、县（市、区）农业农村局，各市（地）、县（市、区）林业和草原局：

2021 年中央“一号文件”提出加快推进农业现代化，打好种业翻身仗。中央经济工作会议提出要解决好种子和耕地问题。农业种质资源是保障国家粮食安全和重要农产品供给的核心战略性资源，是承担国家粮食安全“压舱石”和推进农业高质量发展的“芯片”。为贯彻落实《中共中央 国务院关于全面推进乡村振兴加快农业农村现代化的意见》精神，加快种质资源高质量发展，共同推进黑龙江省农、林业种质资源引进工作，现就有关事宜联合通知如下：

一、提高政治站位，强化协同执法

粮食是社稷之本，种业是粮食之基。习近平总书记多次强调，中国人的饭碗任何时候都要牢牢端在自己手上。实现农业现代化，种子是基础，引进优质种质资源是打好种业翻身仗的重要途径。各隶属海关、农业农村部门及林业和草原部门要以对党和国家高度负责的态度，认真学习中央“一号文件”、中央经济工作会议和中央农村工作会议精神，深刻认识农、林业种质资源的重要意义和风险挑战，进一步加强组织领导，压实各方责任，强化监管、优化服务，从系统观念和综合治理角度强化全链条监管，突出“协同执法”的有效性，防范疫情叠加风险，为建设种业强省、保障国家粮食安全，实施乡村振兴战略奠定坚实基础。

二、引进境外种质资源工作要求

（一）压紧压实企业主体责任。

督促引进境外种质资源法人单位严格落实疫情防控措施，认真履行疫情报告义务，及时向海关、农业农村部门及林业和草原部门报告引种相关进展情况，主动配

合相关部门做好引进境外种质资源检疫监管工作。

（二）明确检疫审批工作。

境外引进种用畜禽、动物遗传物质和引进禁止进境的植物繁殖材料的检疫审批由海关部门负责；引进非禁止进境的植物繁殖材料的检疫审批，由农业或林业行政主管部门负责。

（三）加强事中事后检疫监管协作配合。

一是对引进畜禽种质资源检疫监管工作。进境动物隔离检疫放行后，海关与农业农村部门互相通报运输车辆防疫消毒、动物移运和动物疫病疫情等情况。二是对引进植物繁殖材料的检疫监管。进境植物繁殖材料口岸现场检疫由海关部门负责；海关审批的进境植物繁殖材料后续检疫监管由海关负责，农业或林业行政主管部门审批的进境植物繁殖材料后续检疫监管由省植检植保站或森林病虫害防治检疫站负责，要互相通报后续检疫监管情况。

（四）建立疫情信息共享机制。

建立进境种质资源检疫工作协作、检疫信息交流、检疫结果共享机制，共同收集境内外动植物疫情信息。进境动物指定隔离场审核验收前，农业农村部门向海关提供本行政区域内隔离场周边风险区域及运输路线沿途风险区域动物疫情信息，海关向农业农村部门通报进境动物运输途中疫情情况；隔离检疫期间，农业农村部门向海关提供本行政区域内隔离场周边风险区域动物疫情信息，海关向农业农村部门通报隔离检疫动物疫情信息。进境植物繁殖材料时，海关、农业农村部门及林业和草原部门要及时通报口岸通关检疫信息和隔离检疫结果。

三、提供保障支持

（一）开展科研技术合作。

海关、农业农村部门、林业和草原部门要结合进境动植物检测项目需求，加强技术储备，合作建立技术专家组，针对种质资源引进、动植物疫病、实验室检测、疫情监测、技术指导等业务开展科研技术合作，拓展实验室委托检测业务。

（二）争取资金和政策支持。

海关、农业农村部门、林业和草原部门向当地政府申请设立专项资金，并在政策方面给予倾斜，用于引进优质种质资源运输监管、疫病检测、疫情防控及通关便利化等工作，共同扶持优质种质资源引进。

（三）密切关注舆情动态。

海关、农业农村部门、林业和草原部门要做好舆情监测，及时妥善处理苗头性问题。同时，要严格执行信息安全和新闻宣传工作纪律，严格控制进出境疫病检测结果披露程序，未经上级部门批准，任何单位和个人不得擅自对外发布。

哈尔滨海关复制推广跨境电子商务企业对企业出口监管试点工作实施方案

（哈关监发〔2021〕80号，
2021年7月6日印发）

为深入贯彻落实全国深化“放管服”

改革着力培养和激发市场活力电视电话会议精神，进一步促进跨境电子商务健康有序发展，助力企业更好开拓国际市场，根据《海关总署关于在全国海关复制推广跨境电子商务企业对企业出口监管试点工作有关事项的通知》（署监发〔2021〕57号），结合我关实际，特制定本方案。

一、总体要求

坚持“包容、审慎、创新、协同”的监管理念，根据海关总署统一部署，针对跨境电子商务新业态的发展特点，充分借鉴前期试点海关先进经验，积极推进跨境电子商务企业对企业出口（以下简称“跨境电商 B2B 出口”）监管业务，进一步强化监管、优化服务，推动关区跨境电商出口业务健康有序发展。

二、组织领导

（一）组织领导机构。

成立哈尔滨海关推进跨境电商 B2B 出口监管工作专班（以下简称“工作专班”），由分管口岸监管工作关领导任组长，办公室、法规和综合业务处、关税处、卫生检疫处、动植物检疫处、进出口食品安全处、商品检验处、口岸监管处、统计分析处、企业管理和稽查处、科技处、风险防控分局、数据分中心主要负责同志为成员。工作专班办公室设在口岸监管处，负责工作专班的日常工作。

（二）成员单位职责。

口岸监管处负责关区跨境电商 B2B 出口业务协调与推动工作，牵头方案的拟定及实施。

办公室负责跨境电商 B2B 出口对外宣传、跟踪舆论导向。

法规和综合业务处负责货物申报管理、知识产权保护等相关工作。

关税处负责牵头开展税收风险防控工作。

卫生检疫处、动植物检疫处、进出口食品安全处、商品检验处负责相关检验检疫工作的监督管理和业务指导。

统计分析处负责清单直统、贸易统计和规范申报等工作。

企业管理和稽查处负责参与跨境电商 B2B 出口业务的境内企业备案等工作，推进落实企业信用管理措施。

科技处、数据分中心负责 H2018、跨境电商出口通关管理系统及相关辅助作业管理系统运维及海关端和用户端的数据对接等技术保障工作。

风险防控分局负责安全准出风险分析和风险布控等工作。

三、适用范围

（一）跨境电商 B2B 直接出口。适用于境内企业与境外企业通过跨境电商平台实现交易，通过跨境物流将货物直接出口至境外企业，并向海关传输相关电子数据的模式（海关监管方式代码“9710”）。

（二）跨境电商出口海外仓。适用于境内企业通过跨境物流将货物出口至海外仓，通过跨境电商平台实现交易后从海外仓送达购买者，并向海关传输相关电子数据的模式（海关监管方式代码“9810”）。

对“9710”“9810”出口货物，海关按照出口货物监管要求进行监管。

四、监管流程

（一）企业备案。

1. 跨境电商企业、跨境电商平台企业、物流企业等参与跨境电商 B2B 出口业务的境内企业，应当依据海关报关单位备案有关规定在所在地海关办理备案，并在跨境电商企业类型中勾选相应企业类型，其中对于仅开展跨境电商 B2B 出口业务的物流企业，跨境电商类型应勾选为“物流企业（仅 B2B）”。

2. 开展跨境电商出口海外仓业务的跨境电商企业，应当为海关一般信用及以上信用等级企业，并在所在地海关进行出口海关仓业务模式备案。企业所在地海关按照《海关总署全面开展跨境电商电子商务出口商品退货监管工作的通知》（署监发〔2020〕60 号）关于“跨境电商出口海外仓模式备案”相关要求，收取备案材料，进行信息审核。对不予办理备案的，应注明原因并告知企业，并将相关材料复印留存。同意备案的，按要求进行签注，并将相关材料报口岸监管处、企业管理和稽查处。口岸监管处、企业管理和稽查处依企业开展业务类型报送海关总署相关司局进行信息维护，并负责在信息维护成功后反馈企业所在地海关，由企业所在地海关告知备案企业。信息维护成功后，备案企业可以在全国海关范围内开展跨境电商出口海关仓业务。

3. 参与跨境电商 B2B 出口业务并在海关备案的企业，纳入海关信用管理，海关根据信用等级实施差别化的管理措施。

（二）通关管理。

1. 企业应通过国际贸易“单一窗口”或“互联网+海关”向海关提交申报数据、传输电子信息，并对数据真实性承担相应法律责任。

2. 跨境电商 B2B 出口申报前，跨境电商企业或境内跨境电商平台企业应向海关传输交易订单或海外仓订仓单电子信息，物流企业向海关传输物流电子信息。

3. 跨境电商 B2B 出口申报时，“单一窗口”或“互联网+海关”对报关单或申报清单与交易订单或海外仓订仓单、物流单等信息进行逻辑校验，同时对企业资质进行校验。对于企业类型，校验不通过的不能申报。申报出口海外仓监管方式的，还将校验跨境电商出口海外仓企业信息表，未备案的不能申报。

4. 校验通过的报关单由系统自动推送至海关 H2018 通关系统。对于单票金额在 5, 000 元以下且不涉证、不涉检、不涉税的货物，企业可报送申报清单，校验通过后自动推送至跨境电商出口统一版通关管理系统。

5. 跨境电商出口统一版通关管理系统申报清单不再汇总申报报关单。其中，向跨境电商综合试验区内海关申报的清单，不涉及出口退税的，可按照 6 位 HS 编码简化申报。

（三）场所管理。

企业应在海关监管作业场所（场地）办理通关手续。采用清单申报的企业，其通关所在的监管作业场所（场地）应按照快递类或邮递类海关监管作业场所（场地）规范设置。

（四）检验检疫、查验和物流管理。

1. 对实施检验检疫的，按照现行规定办理。

2. 通过 H2018 系统通关的跨境电商 B2B 出口适用全国通关一体化。

3. 跨境电商 B2B 出口货物可按照“跨境电商”类型进行转关。其中，在跨境电商综合试验区所在地海关通过跨境电商出口统一版通关管理系统申报的，可将货物品名以总运单形式按“跨境电商商品一批”录入。

4. 现场海关根据布控指令按规定实施查验。依企业申请，现场海关可对跨境电商 B2B 出口货物优先安排查验。

5. 跨境电商 B2B 出口货物退货货物，按照有关规定办理。

五、工作要求

（一）各部门各单位要进一步提高站位，充分认识海关开展跨境电商 B2B 出口监管工作的重要意义，按照“马上就办、真抓实干”的工作要求，对照自身部门（单位）职责主动认领工作任务，切实抓好工作落实，强化部门与部门间、部门与隶属海关间的联系配合，形成协同监管合力。

（二）各部门各单位在工作中要注重探索，把控风险，强化事前、事中、事后监管，要加强总结，及时发现并解决工作推进中的问题，推进跨境电商 B2B 出口监管业务顺利开展。

（三）各隶属海关要注重加强与地方商务主管部门沟通协调，加强海关政策宣传，耐心解答企业在信息化系统对接、备案、通关等过程中的咨询。结合辖区实际，对参与意愿强、数据申报信息规范度高的跨境电商企业、物流企业，加强业务指导，切实帮助企业顺利开展业务。执行中如遇问题，请及时与总关相关职能处室联系。

哈尔滨海关关于支持中欧班列高质量发展的意见

（哈关监发〔2021〕89 号，2021 年 8 月 11 日印发）

各隶属海关，总关各局处室，各在哈直属单位：

2013 年习近平总书记提出“一带一路”倡议以来，中欧班列作为新时代“丝绸之路”正成为促进中欧经贸往来的重要引擎。黑龙江省是中欧班列运输的重要节点省份，大力促进和服务中欧班列高质量发展，对落实“一带一路”倡议，繁荣中蒙俄经济走廊，促进我省经贸发展具有重要意义。

一、总体思路

深入贯彻习近平新时代中国特色社会主义思想，全面落实“一带一路”倡议，按照“十四五”时期经济社会高质量发展要求和2035年远景规划目标，主动谋划、改革创新，保障中欧班列健康发展和高效运营，服务地方外经贸发展，促进国内国际物流双循环畅通，保障供应链安全稳定。

二、基本原则

加强组织领导。认真贯彻落实习近平总书记关于中欧班列发展的重要指示批示精神，以国家战略为引领，发挥关党委集中统一领导作用，按照海关总署党委决策部署，加强组织协调，统筹推进中欧班列健康发展。

尊重市场规律。充分发挥市场主体作用，以问题为导向，主动帮助企业分析、研究市场需求，找出制约我省中欧班列发展的堵点难点，着力解决班列运营中存在的突出问题，助力中欧班列高质量发展。

创新发展理念。发挥海关在助推中欧班列发展中的作用，按照海关总署党委促进中欧班列建设要求，解放思想、锐意创新，着力推动哈尔滨海关在中欧班列监管业务和技术领域的新一轮服务能级提升，进一步释放创新红利。

推动合作共赢。增强系统观念，加强与地方政府、铁路、沿线海关合作，密切联系、互通有无、畅通循环，形成监管和服务合力，共同促进中欧班列发展。

三、工作目标

坚决贯彻落实党中央、国务院决策部署，坚定发展信心，聚焦中欧班列高质量发展主题，围绕“巩固稳定提升”这条主线，切实落实海关总署支持中欧班列发展措施，向改革要动力，以创新促发展，支持我省中欧班建设和监管措施创新，拓宽中欧班列业务范围，保障中欧班列安全稳定高质量发展。

四、主要措施

（一）优化中欧班列通关业务举措。

1. 支持自主选择通关模式。除按规定需在进境地口岸实施检疫外，企业可自主选择在进出境地口岸办理中欧班列货物的清关手续，也可以选择在属地办理相关手续。

2. 支持班列企业采取“两步申报”通关模式。鼓励中欧班列企业采取“两步申报”模式通关，实现货物快速通关。

3. 建立绿色通道。在相关业务现场设立专用窗口，为中欧班列进出口提供通关便利。

（二）优化中欧班列监管作业模式。

4. 优化舱单管理。对中欧班列舱单中运单为同一进出境口岸、同一日期、同一车次、同一境内收发货人、同一合同、同一品名的，根据企业申请实行舱单归并，减少报关次数，降低通关成本。

5. 开展铁路进出境快速通关业务改革。铁路运营企业可根据自身需要申请开展快通业务，并由进出境铁路列车负责人按照规定向海关传输铁路舱单电子数据。海关通过对铁路舱单电子数据进行审核、放行、核销，实现对铁路列车所载进出口货物转关运输监管，无须运营企业另行申报并办理转关手续。

6. 创新查验模式。充分应用口岸非侵入式检查设备，进一步推广智能审图，充分发挥科技设备效能，提高查验效率，一般不在进出境地口岸实施开箱查验。

7. 促进中欧班列多式联运业务发展。支持开展以铁路运输为纽带的多式联运业务，允许中欧班列货物通过多程转关办理海关手续，加强中欧班列运输与国际陆海贸易新通道建设对接。

（三）支持中欧班列拓宽业务范围。

8. 支持通过中欧班列开展跨境电商、快件、邮件运输业务。开展中欧班列运输跨境电商、邮（快）件的需求和情况调研，积极支持符合监管条件的企业开展中欧班列运邮等业务。允许将跨境电子商务转关商品品名以总运单形式录入“跨境电子商务商品一批”并随附转关商品详细电子清单办理转关手续。

9. 协同铁路部门支持中欧班列运输疫情防控和生产生活物资。为中欧班列进出境提供商品质量安全技术支持，保障中欧班列供应链畅通。

10. 拓宽中欧班列运输通道布局。积极协助企业规划同江铁路口岸开通后中欧班列新线路，培育中欧班列新市场。

（四）加强中欧班列疫情防控。

11. 扎牢疫情防控关口。开展中欧班列冷链食品、高风险非冷链集装箱货物新冠病毒检测和预防性消毒工作，加强中欧班列疫情防控检疫处理、病媒生物监测等工作。

12. 落实企业主体责任。督促铁路口岸场站、承运人、进出口企业做好人员、运输工具、货物清洁工作，切实预防和减少国内外疫情对班列运营的影响。

（五）支持中欧班列相关基础设施建设。

13. 支持建设中欧班列集结中心。加强与地方政府、铁路运营单位的协调沟通，根据实际需求，支持我省建设中欧班列集结中心。协助铁路运营单位开展中欧班列组货及内外贸货物混编运输业务。

14. 支持建设各类海关指定监管场地。支持哈尔滨内陆港（综保区）、齐齐哈尔肉类指定场地与中欧班列联动发展。对确有需求且具备条件的口岸建设进境粮食、种苗、水果等指定监管场地给予技术指导，优先安排项目立项、验收等工作。

15. 支持建设保税监管场所。支持地方政府和班列企业根据需要在中欧班列重要节点申建海关特殊监管区域或保税监管场所，利用保税等政策优势助推中欧班列发展，高效集约开行中欧班列。对具备条件的地区指导相关企业做好保税物流中心设立申请基础准备。

（六）积极参与国际合作。

16. 推动“关铁通”合作倡议实施。密切与俄罗斯海关的协调沟通，按照海关总署统一部署积极参与推动中俄“关铁通”项目取得进展。

17. 加快推进与俄罗斯AEO互认工作。积极助力外贸企业获得AEO认证资质。有针对性地开展企业信用培育和认证，积极宣传海关总署AEO互认政策，使更多与“一带一路”沿线国家和地区有贸易往来的企业成为海关AEO认证企业，有效提升我省外贸企业境内外通关便利化水平。

18. 积极开展对俄海关合作。在海关总署的统一领导下，积极研究解决涉及中欧班列的国际海关合作的问题，将涉及与俄海关合作部分列入中俄海关工作会谈内容。探索开展各层面中欧班列合作论坛等国际交流活动。

（七）提升信息化、智能化水平，加强互联互通。

19. 加强与铁路部门的信息对接。推进智慧口岸建设，依托国际贸易“单一窗口”实现物流信息共享，提升铁路口岸通关信息化管理水平。

20. 探索提升中欧班列智能化水平。落实“三智”建设要求，加强技术创新应用，积极推进智慧海关、智能边境建设。探索研究大数据、云计算、物联网等现代信息技术在中欧班列上的应用，提升中欧班列监管“智享联通”水平。

21. 密切内外部合作。加强与口岸、属地海关联系，建立关际协调机制，做好海关间协同监管。进一步发挥关企合作平台作用，及时解决企业运营中存在的困难。

（八）做好中欧班列统计工作。

22. 做好统计工作。加强中欧班列数据审核报送，在保障数据安全的同时，进一步完善中欧班列统计数据工作。

五、有关要求

（一）提高认识，积极作为。各单位、各部门要统一思想、提高站位，充分认识中欧班列在推动“一带一路”发展中的重要作用，统筹推动中欧班列发展措施，开拓创新、主动作为，助力打造国际物流大通道，促进我省开放型经济发展。

（二）细化任务，完善措施。各单位、各部门要按照党委统一部署，主动认领工作任务，并结合本现场、本岗位业务特点，研究细化切实可行的工作措施，妥善做好内外部协调工作，保障相关支持措施尽早落地。

（三）加强宣传，关注舆情。各单位、各部门要及时总结工作成果，通过新闻发布会、信息、简报、新闻稿等形式加强中欧班列宣传工作，展现工作亮点，扩大社会影响力。同时，要注重监测舆情。发现负面舆情要及时报告，并采取措施积极应对。

哈尔滨海关　南宁海关　昆明海关开展沿边自由贸易试验区海关监管协同创新工作方案

（哈关税发〔2021〕97 号，
2021 年 9 月 3 日印发）

为深入贯彻习近平总书记关于自由贸易试验区发展的重要讲话和指示批示精神，落实国务院对三个沿边自贸试验区建设总体方案的任务部署，根据黑龙江、广西、云南自由贸易试验区战略定位和发展特色，按照海关总署《自贸司关于服务沿边地区开发开放推进自贸试验区海关监管协同创新工作的通知》（自贸司便函〔2021〕69 号）要求，开展沿边自贸试验区海关监管制度协同创新，经哈尔滨海关、南宁海关、昆明海关共同商议，制定本方案。

一、工作目标

坚持以习近平新时代中国特色社会主义思想为指导，立足新发展阶段、贯彻新发展理念、构建新发展格局，在新形势下全面深化改革和扩大开放。坚持以人民为中心的创新发展理念，改革创新举措要符合实际，让企业和人民群众有切实获得感。坚持以海关监管制度创新为核心，以风险防控为底线，深化监管理念、模式、手段等改革创新，沿边自由贸易试验区海关密切协作，坚持集成式借鉴、首创性改革、差异化探索，协同开展海关监管制度创新，将协同联动中形成的创新举措及时报送海关总署备案，成熟的创新举措及时报请海关总署复制推广，并以此推动全国沿边地区海关监管制度持续优化。

二、基本原则

立足新发展阶段、贯彻新发展理念、构建新发展格局，发挥沿边自贸试验区改革创新和先行先试的作用，统筹推进自贸试验区、综合保税区和保税物流中心（B 型）等高水平开放高质量发展。坚持问题导向、需求导向、效果导向，树牢安全发展理念，做好风险防控，加强跨区域、跨部门、跨领域协同创新，从企业最急、群众最盼、地方发展最需的地方改起，提升沿边海关改革创新的质量和效益。

三、组织保障

（一）成立推动“沿边自由贸易试验区海关监管协同创新”领导小组。

由哈尔滨海关分管副关长担任领导小组组长，哈尔滨海关关税处、南宁海关综合业务处、昆明海关关税处主要负责人担任领导小组副组长。哈尔滨海关、南宁海关、昆明海关相关业务领域骨干任小组成员。

领导小组办公室设在哈尔滨海关关税处，负责组织协调和联系沟通工作。

（二）建立专项协同创新工作小组。

对于确定的自贸创新任务，确定牵头海关、牵头负责人，建立三关协同创新工作小组，由牵头海关按照任务分工协调推进任务落实。

四、重点任务

（一）建立合作机制。

1. 建立沿边自贸试验区创新协作机制。梳理自由贸易试验区海关监管制度创新工作流程，对照自贸试验区总体方案和深改方案中海关任务分工，明确创新重点方向，建立协作机制。

2. 定期交流自贸试验区制度创新情况。原则上每年定期召开1次领导小组会议，在三个沿边自贸试验区中选择一个自贸片区轮流承办，交流自贸试验区海关监管制度创新情况，通报工作进展，研究部署合作事项。

3. 建立沿边自贸试验区专题会商制度。根据工作需要，不定期组织召开专题会议，对在制度创新过程中取得的经验、复制推广的制度、推广借鉴的典型案例、备案海关总署的创新举措进行专题研究，对重要议题和重大紧急任务事项进行会商。

（二）聚焦重点领域。

聚焦国际贸易便利化，突出沿边特色，坚持首创性、集成化、差异化要求，推动沿边自贸试验区海关协同开展制度创新。

边贸创新领域：全面落实国务院关于支持边境贸易创新发展的有关举措，在支持边民互市贸易进口商品落地加工、促进边民互市贸易多元发展、简化边境小额贸易出口申报、发展边民互市贸易电商新业态等方面开展联合攻关，以制度创新助力边境贸易政策红利充分释放。

重点产业领域：围绕促进农产品及食品加工、装备制造、航空航天、生物医药、煤化石化、电力，以及文化旅游、健康养老等产业发展，从提升产业链供应链竞争力，在补链、强链、延链上下功夫，持续开展海关制度创新探索。

新业态新模式领域：及时跟踪跨境电商、市场采购、外贸综合服务等新业态新模式发展，主动回应企业诉求，找准与海关业务的结合点，发挥边境贸易政策叠加优势，联合开展相关政策研究与创新探索。

疫情防控领域：围绕沿边地区口岸卫生检疫、特殊物品监管、进口冷链食品疫情防控、进口高风险非冷链集装箱货物预防性消毒、疫情疫病监测和早期预警、动植物检疫监管等进行创新探索。

口岸监管领域：围绕全业务领域一体化、中欧班列监管、行李物品和邮递物品智能化监管、知识产权海关保护以及机检设备智能审图、智能审像等进行创新探索。围绕进口食品安全监管，进口矿产品、原油、天然气、电力等检验监管、重量鉴定等进行创新探索。

保税监管领域：围绕多区政策功能叠加、海关特殊监管区域和自贸试验区统筹发展、综合保税区“五大中心”建设、产业集群保税监管、仓储货物按状态分类监管等进行创新探索。

税收征管领域：围绕税收监控分析、归类审价、税收征管作业、非贸税收征管、预裁定服务、税政调研、原产地管理以及 RCEP 关税优惠等进行创新探索。

其他领域：围绕“三智”海关建设、行政审批制度改革、知识产权保护、AEO 认证、技术性贸易措施、生物物种资源检疫、稽核查等进行创新探索。

（三）开展协同创新。

1. 提出创新举措。对于企业堵点、痛点、难点和需求，三关从实施范围、创新性、安全性、预期成效等方面，共同开展可行性论证，将论证通过的协同创新举措进行测试实施。（专项协同创新工作小组牵头海关负责召集、研讨、论证、提出，其他海关配合联动）

2. 联合申请备案。按照海关总署《自贸试验区海关监管制度创新工作规范》（署贸发〔2019〕201 号）和《自贸试验区海关监管创新举措备案工作规程》（署办贸函〔2020〕21 号）的要求进行备案。（专项协同创新工作小组牵头海关负责牵头备案，其他海关配合联动）

3. 报请制度评审。协同创新举措实施后，三关联合报送实施评估报告，向海关总署提请上升为创新制度，争取复制推广，扩大受惠面。（专项协同创新工作小组牵头海关负责牵头备案，其他海关配合联动）

（四）开展联合调研及政策宣讲。

1. 组建调研小组。根据协同创新重点领域，确定调研课题，明确专项调研小组组长和组员。

2. 开展联合调研。专项调研小组开展实地调研，走访“三省（区）”自贸试验区管委会、商务局、发改委、相关进出口企业等，了解企业需求、堵点、痛点和难点。

3. 撰写调研报告。撰写一批高质量的调研报告，为科学决策、协同创新提供支撑。

4. 开展政策宣讲。定期联合开展沿边自贸试验区政策宣传宣讲，在自由贸易试验区、综合保税区、互市贸易区等政策运用方面统一认识，推动沿边试验区政策共创共享共用。

（五）其他工作。

1. 扩大试点范围，强化经验共享。联合探索沿边海关相同或相近改革任务的推进方式，交流沿边自贸试验区创新经验，对三关已经获得海关总署备案的创新举措，经海关总署同意，视情优先在三个沿边自贸试验区之间试点实施。

2. 开展人才交流，增强人才储备。建立覆盖全部沿边地区海关的自贸创新人才库，完善交流合作机制，在业务培训、队伍建设等方面开展合作。

3. 突出特色亮点，报送重要成果。总结协同创新工作中形成的重要成果，及时报送海关总署。

五、实施步骤

（一）成立领导小组。报请海关总署

审核同意，建立三关协同创新工作机制，完成领导小组建设。（8月中旬）

（二）确定工作方案。三关联合制定监管协同创新工作方案。各个协同创新工作小组根据工作需要，确定工作方案或工作计划。（8月底）

（三）举办研讨会议。举办沿边自贸试验区海关监管制度集成创新视频研讨会。（9月初）

（四）形成创新成果。各个协同创新工作小组按照工作方案或工作计划，采取灵活多样的方式，推动协同创新，形成协同创新举措，形成协同工作的重要成果，及时报送海关总署。（10月底）

（五）形成工作汇编。各个协同创新工作小组根据领导小组要求，按照领导小组办公室安排，按照时间节点报送工作方案或工作计划、工作台账、工作成果。（12月底）

六、相关要求

（一）充分发挥各自优势。三关要结合自贸创新重点领域以及政府和企业需求，充分发挥各关区位优势，密切合作、协同促进，共同推动自贸试验区海关监管制度创新。

（二）建立总结报告制度。三关按照任务分工，推动相关工作落实，及时汇总工作进展和工作成果。哈尔滨海关作为牵头海关，每半年汇总各个协同创新小组进展情况并报自贸司。

（三）建立联系会议制度。领导小组办公室根据工作需要召开联系工作会议，会议主要通报各个协同创新工作小组任务落实情况，研讨重点任务以及需要协调解决的问题等。联系工作会议由三关轮值承办。

（四）统一信息宣传口径。对于社会反响良好，适宜对外宣传的工作事项，由各个协同创新工作小组统一编辑宣传口径，统一对外发布。

哈尔滨海关贯彻落实海关风险管理高质量发展实施方案

（哈关风发〔2021〕115号，
2021年10月11日印发）

根据《中共中央关于制定国民经济和社会发展第十四个五年规划和二〇三五年远景目标的建议》《中华人民共和国国民经济和社会发展第十四个五年规划纲要》《“十四五”海关发展规划》《哈尔滨海关贯彻落实“十四五”海关发展规划实施方案》的总体部署，推动《海关总署关于推进海关风险管理高质量发展的指导意见》落地实施，哈尔滨海关立足新发展阶段、贯彻新发展理念、服务构建新发展格局，以高质量发展为主题，全面结合哈尔滨海关工作实际，就“十四五”期间推进海关风险管理改革创新发展，制定本实施方案。

一、发展回顾

1995 年全国海关关长会议首次提出要建立中国海关的风险管理制度。以 1998 年的大通关作业改革为起点，风险管理逐渐融入中国海关现代化进程。《2004—2010 现代海关制度第二步发展战略规划》明确提出，以建立健全风险管理机制为中心环节，统领海关各项业务改革，努力建设“耳聪目明”的智能型海关。自 2014 年起，海关总署陆续出台《海关全面深化改革总体方案》《全国通关一体化改革框架方案》等，开展了以风险防控中心和税收征管中心为支撑的“两中心三制度”系统性改革，形成了集约高效、协调统一的一体化通关管理格局。

2018 年机构改革后，海关总署设立了风险管理司，组织实施全国海关业务风险管理。同时，设立上海、青岛、黄埔 3 个海关总署风险防控局。哈尔滨海关成立了风险防控分局，负责哈尔滨关区全领域、全过程风险防控。在此架构基础上，形成了海关总署风险管理司统管，两级风险防控局职责错位、优势互补的风险防控体系。

二、总体要求

（一）指导思想。

以习近平新时代中国特色社会主义思想为指导，深入贯彻党的十九大和十九届二中、三中、四中、五中全会精神，深入贯彻落实习近平总书记对海关工作的重要指示批示精神、对龙江重要讲话和重要指示批示精神，立足新发展阶段、贯彻新发展理念、构建新发展格局，坚持以高质量发展为主题，全面践行总体国家安全观，按照“政治建关、改革强关、依法把关、科技兴关、从严治关”的总体要求，坚持风险整体管控与精准防控有机结合，坚持情报先导与大数据支撑同向发力，不断推动海关风险管理工作向更高质量发展，构建现代化风险管理体系，推动海关治理体系和治理能力现代化，为服务高水平对外开放和新发展格局贡献力量。

（二）基本原则。

1. 安全为本。

坚持底线思维，强化风险意识，聚焦日益复杂的国门安全防控形势，以风险管理为主线，构筑全面精准、防控有力的国门安全防线，切实维护国家主权安全发展利益，切实维护人民群众根本利益。

2. 守法便利。

坚持服务大局，立足新发展阶段、贯彻新发展理念、构建新发展格局，积极服务国家发展战略，推进贸易自由化便利化，优化营商环境，为发展更高层次的开放型经济服务，切实让守法企业真正享受红利。

3. 整体管控。

坚持系统观念，从整体上认识风险、把控风险，统揽全局，打造全领域、全渠道、全链条的风险防控体系，促进风险防控一体化，着力提升风险整体管控水平。

4. 创新驱动。

坚持创新发展，推进风险管理理念思路、体制机制和方法手段创新，破解制约高质量发展的瓶颈，提升风险防控整体效能。

5. 协同治理。

坚持内联外合，形成责任明晰、运作高效的海关风险联合防控机制。强化口岸综合治理，构建资源共享、优势互补的风险多元共治格局，实现口岸风险管控效能最大化。

（三）发展目标。

到2025年，全面形成统顾全局、精准靶向、智能高效、协同共治的海关风险管理体系，建成以风险管理为作业中枢的海关监管体制机制；风险整体管控水平明显提升，人工分析布控查获率达16%以上，系统性、区域性、行业性风险得到有效遏制；风险情报信息网络基本形成，情报精准制导作用充分彰显；大数据海关应用能力达到领先水平，大数据应用领域覆盖率达85%以上；多元治理取得实质性突破，国际合作更加紧密；国门安全全面筑牢，为国把关走在前列。其中2021年要实现风险防控全领域覆盖、全链条贯通，风险布控科学性和精准度进一步提高。

力争到2035年全面建成风险管控更加有力、服务发展更加到位、管理决策更加智慧，具备一流服务大局能力、一流创新驱动能力、一流开放监管能力、一流研发应用能力、一流队伍建设能力的社会主义现代化海关风险管理体系。

三、实施举措

（一）建立适应国家发展战略的风险防控机制。

1. 构建以供应链为单元的风险防控机制。

聚焦保障供应链安全，紧扣国家、龙江发展战略，结合企业信用，加强产业链供应链风险整体评估、研判与处置。强化对战略产业、主导产业、支柱产业、优势产业供应链，以及对跨境电商等新业态的态势分析，开展风险监测预警评估，实施针对性风险防控策略。延伸风险防控链条，推动将风险信息情报收集向境内外源头、物流、企业与人员信息等节点延伸，综合运用事前、事中、事后手段，制定科学风险防控策略。

2. 构建风险防控区域协作机制。

紧扣落实国家扩大开放和区域发展战略，主动融入国家发展大局，依托对俄和东北亚对外开放新格局，探索建立东北地区区域一体化风险防控机制。密切与大连、长春、沈阳、满洲里等海关协作配合，以情报为先导，以实战为导向，对区域内重大风险进行调查评估和统筹处置，推动信息共享、数据互换，开展联合研判，推动防控成果共通互享，防止口岸风险漂移，推动构筑区域范围内情报共享、处置协同、执法统一的风险防控模式。

（二）建设贯通海关监管全局的指挥中枢。

1. 服务领导决策智能化。

绘制风险地图，将数据链条向境外延伸、向境内拓展，结合收集的数据资源，明确关区监管风险的分布、风险流动路线，建立红黄蓝三级预警标准，及时发现苗头性、倾向性和区域性的风险隐患。监测俄罗斯和东北亚等国家贸易情况、我省进出口贸易发展、贸易转移和异动贸易情况等，建立一套高质量、全方位、强时效的海关智能贸易风险监测网络，为领导决策提供科学高效的智能化服务。

2. 推进风险防控一体化。

加大对关区进出口货物公共卫生安全、生物安全、食品安全、商品质量安全等涉检领域风险信息收集力度，联合分析研判，统筹指令下达，提高涉检人工分析查获水平。建立关区寄递渠道及旅客行李物品非贸全渠道的底账数据表，打造关键要素风险知识库，开展专项专题风险防控，推进非贸风险一体化防控。进一步强化与企管、缉私部门的联系配合，加强对涉检领域，以及冻品、卷烟、高档消费品等重点商品风险研判分析，挖掘风险点，推进风险分析成果应用，及时移交专项稽核查建议及走私违规线索，加大后续风险防控力度。

3. 推进作战指挥立体化。

充分发挥哈尔滨海关业务运行监控指挥平台作用，推进关区各口岸、各领域、各渠道全要素风险信息全景展示，整体把控风险态势，精准打击重大风险，形成立体化风险防控作战体系。重点围绕疫情防控、“洋垃圾”、濒危及野生动物、外来物种入侵、侵犯知识产权等中央关注以及行业性、区域性、系统性的重大风险，统一部署、多点行动，集中实施专项风险防控。开展多线条、多渠道集中指挥，强化各领域风险统筹，综合利用口岸检查、属地查检、后续稽核查、缉私侦查等多种手段，实施风险综合治理。

（三）构建协同共治的风险管理格局。

1. 强化海关业务风险协同管理。

健全哈尔滨海关风险管理委员会，充分发挥委员会决策作用，加强海关重大政策、重要改革措施出台前风险评估，科学论证决策风险，并及时开展事中风险评估，优化调整改革措施。充分发挥哈尔滨海关风险分析研判常设专家组作用，统筹整合海关各领域检查要求，联合处置重大风险。加强与各业务部门的统筹协作和业务衔接，充分发挥职能部门在各自领域风险防控的职能优势和主体作用，强化风险防控整体合力。建立健全指令执行反馈机制，开展指令执行情况督导检查，促进指令规范刚性执行。

2. 推进口岸安全风险联合防控常态化运作。

依托黑龙江省口岸安全风险联合防控机制，重点围绕党中央、国务院重大决策部署和重要敏感时间节点，积极推动与环保、市场监管、林草、濒管办、移民、邮政管理等部门的协同配合，建立日常联络及议事机制，搭建跨部门联合研判工作渠道，推进信息共享，做好口岸拦截。

3. 深化对外交流合作。

持续深化中欧班列沿线海关合作，稳步推进海关信息交换平台、风险管理等合作项目，积极参与“三智”项目开展，参与中俄、欧亚经济联盟风险信息交换，依托数据交换结果，有效做好知识产权风险、濒危风险防控工作。在确保数据安全的前提下，实现多源信息协同共享。进一步瞄准工作目标，深化查获案件的后续延伸。

（四）全面开展风险情报信息工作。

1. 发挥情报精准制导作用。

加大定向情报收集力度，探索建立关区“风险情报信息特约联络员”制度，根据口岸特色分类收集情报信息。充分利用区域海关风险情报工作站（大连）情报资源，重点针对全国进出境危险化学品和东北亚地区涉哈尔滨关区风险收集情报信息。发挥内外联防联控机制作用，用好用足开源情报信息公共服务机构资源，综合利用市场调查和贸易调查等手段，逐步建立可靠、高效、稳定的情报信息收集渠道和网络。

2. 强化风险情报工作力量。

完善哈尔滨海关风险情报信息制度规范，做好情报信息的保护、传递、使用、存储、保管等工作。注重情报信息的转化应用，实现情报信息在各作业环节的多维应用，助力提高人工分析精准度。加强风险情报信息反馈机制建设，开展应用效果跟踪评估，不断提高情报信息的质量和产出率。择优选人从事风险情报信息工作，根据情报信息工作的特殊性，配备符合标准的办公场所、工作设备、保密设施，为情报信息工作顺利开展提供全方位保障。加强情报信息工作人员的保密教育，严守保密纪律。

3. 建立情报专案工作模式。

加强与法综、关税、卫检、动植、食品、商检、监管、企管、缉私部门的协同联动，精准打击行业性、团伙性走私、侵权、逃检等违法违规活动。以目标案件为单元，统筹优质资源、集中情报力量开展专案情报工作，对于重大的、跨关区的专案行动，统一调度关区风险情报信息特约联络员力量共同参与，整合情报信息资源，发挥联合作战优势，力争查发有影响力的大案要案。将情报专案工作模式与口岸安全风险联合防控工作机制结合推进，建立并畅通成员单位间的情报信息收集、交换、共享渠道。

（五）打造海关大数据智慧风控。

1. 夯实大数据智慧风控基础。

广泛开展数据交换和共享，拓展关区大数据获取渠道，将关区自有业务系统数据全面纳入海关大数据管理。根据关区业务需求，建立人员、货物、企业、运输工具等业务主题数据库，将关区数据转化成智慧，逐步推进用数据说话、用数据决策。科学评估大数据应用成效，对关区授权用户进行全周期管理，对使用频率低、应用效果差的用户，引入退出机制，进行周期性淘汰，对有能力、有活力、有成果的用户进行激励。对数据采集、传输、存储、处理、交换、销毁等全流程进行管理，记载重要行为和重要事件，及时发现异常数据操作行为，实现事前防御、事中发现、事后追溯的数据资源安全管理。

2. 构建打击伪瞒报、夹藏等欺诈海关行为的大数据支撑平台。

鼓励各相关部门利用大数据拓展风险防控手段，综合运用大数据，将关区数据与公安、税务、外汇等多部门相关数据进行关联，建立符合关区实际的大数据模型，对人员、企业、物流、资金流等业务主题库数据进行研判，查找异常数据，及时发现苗头性、倾向性和区域性的风险问题。通过进出境行为、申报行为等主题库数据，对企业和人员进行分级分类管理，对守法可信的企业与人员予以便利通关，对存在安全准入风险的企业、人员、行为开展集中研判，提高风险防控精准度。

3. 推进大数据智慧风控实战应用。

充分运用海关总署“百日攻关”成果，甄选一批符合关区业务特点，实战应用效果好的大数据模型，在关区推广使用。建立符合关区实际的风险防控模型专题库，对关区主要进出口商品建立全方位的风险防控大数据应用场景，推进大数据应用常态化，逐步实现大数据在实际工作中好用、管用、实用的效果。开展针对性教育培训，建立风险人员的大数据思维意识，提高在海量数据中发现隐含价值的“淘金”能力，逐步实现从解决简单、孤立的问题到解决复杂、融合问题的过渡。

（六）锤炼高素质专业化的风险管理干部队伍。

1. 加强风险部门领导班子建设。

强化思想引领，坚定不移用习近平新时代中国特色社会主义思想武装头脑，坚定理想信念，切实增强战略思维、创新思维、辩证思维、法治思维、底线思维和领导能力，把提高政治能力作为一项战略性工程，建设坚强有力的风险部门领导班子和高素质风险部门领导干部队伍。把从严管理贯穿领导班子建设全过程和各方面，认真贯彻党要管党、从严治党方针，深入贯彻中央八项规定精神，坚决反对“四风”，加强领导班子专业素质建设，优化班子功能结构，强化绩效考核管理，提升班子工作实效。

2. 加强风险管理队伍政治建设。

坚持政治统领，强化政治意识，把政治属性作为第一属性，把旗帜鲜明讲政治作为第一要求，切实增强“四个意识”、坚定“四个自信”，以实际行动做到“两个维护”。坚决贯彻党中央重大决策部署，维护政治安全，不断创新完善督办机制，加强跟踪问效和“回头看”，不折不扣推进党中央重大决策部署落实落细。持续深入开展习近平新时代中国特色社会主义思想学习，打造具有风险特色的党建品牌，自觉将学习成效转化为推动事业发展的强大动力，努力打造业务过硬、战斗力强、对党忠诚的风险防控队伍。

3. 加强风险管理队伍能力建设。

持续开展业务培训，强化岗位技能，全面提升一线关员风险管理业务素养和实操能力，培养一批高素质的风险管理岗位人才，推动建设专业化风险管理人才梯队。制定风险管理队伍长期人才培养计划，培养一批政治过硬、业务精通的风控精英和专家型人才。总结风控工作经验和成效，加大宣传力度，激励风控干部担当作为，积极培树关区风控条线先进典型。

4. 加强风险管理队伍纪律建设。

强化政治机关意识，始终在思想上、政治上、行动上同以习近平同志为核心的党中央保持高度一致，坚决落实各项工作部署，严守政治纪律和政治规矩。切实改进工作作风，严格落实中央八项规定精神，持之以恒纠治“四风”，力戒形式主义、官僚主义。深化准军事化海关纪律部队建设，将纪律教育整顿、内务督察和纠风等工作纳入制度化、规范化管理轨道。深入开展警示教育，深化党风廉政建设，突出抓好廉政风险和数据安全风险管理，筑牢警惕防范“被围猎”的思想和制度防线，着力养成“令行禁止、雷厉风行”的良好纪律作风。

四、组织保障

（一）加强组织领导。

坚持和加强党的全面领导，关区各单位、部门领导班子要充分发挥领导作用，明确责任分工，强化工作督导，抓好贯彻落实，确保各项工作任务高质量完成。同时，将于2023年和2025年对落实情况，进行中期评估和总结评估，确保规划重点项目整体有序推进。

（二）理顺体制机制。

加强风险管理的统筹谋划、组织协调和监督指导，形成各条线共同参与、各尽其责、协同配合的工作格局，贯通海关管理各个环节，整合各层级、各部门职能优势、专业优势、资源优势，营造上下贯通、左右联合、分工负责、协调运作的风控生态，协同推进海关风险管理高质量发展。

（三）夯实基础保障。

加大对风险管理工作预算保障，保障风险部门情报信息收集、外部数据购买、信息系统开发、风险联合研判、教育培训等工作顺利开展。推进风险防控工作场所标准化建设，加强配备高性能计算机、安全防护保密等适应风险防控特点的设备，建设数据齐备、设备先进、安全保密的办公环境。

哈尔滨海关　黑龙江省疾病预防控制中心合作协议

（2021年6月1日）

为严防印度新冠肺炎疫情传入我省，切实筑牢黑龙江省口岸检疫防线，在《哈尔滨海关与黑龙江省卫生健康委员会应对口岸公共卫生事件合作协议》框架下，双方就联合开展新冠肺炎病毒基因测序工作，达成如下协议：

第一条　双方合作开展从黑龙江省口岸入出境人员阳性样本基因测序工作，由哈尔滨海关采集出入境人员样本并进行新冠病毒检测，对检出的有代表性的阳性由黑龙江省疾病预防控制中心进行全基因测序，确定病毒毒株分型、来源和变异情况，共享检测结果。

第二条　哈尔滨海关所属实验室将需进行测序的阳性样本向省疾病预防控制中心直接移交，或向所在地疾控部门移交，移交时填写《新冠病毒阳性样本基因测序联系单》，双方签字确认。

第三条　哈尔滨海关移交样本时应提供样本新冠肺炎核酸检测的必要信息（如检测日期、被采样人基础信息、靶标阳性情况、Ct 值等），适用情况下提供被采样人的新冠肺炎抗体检测情况。

第四条　哈尔滨海关应保证样本符合基因测序要求，保证样本在交接给乙方之前冷链低温保藏、处于完整密封，防护符合相关生物安全要求，如样本状态不符合接收要求，或核酸检测 Ct 大于 34 等，省疾病预防控制中心有权拒收。

第五条　黑龙江省疾病预防控制中心负责对接收的样品进行全基因序列测试，将测序结果上传至中国疾病预防控制中心数据库，对病毒分型、来源和变异情况进行判定，并将测序和判定结果正式完整反馈至哈尔滨海关联系人。

第六条　自接收样品起计，到将测序和判定结果反馈哈尔滨海关，一般不超过 7 个工作日。

第七条　双方对原始材料、测序结果、实验报告、被采样人信息等有保密义务，除了向海关总署、国家和省卫健委按要求报送相关内容外，未经双方商定允许，不得将以上信息泄露给任何第三方。

本协议自 2021 年 6 月 1 日生效，结束时间由双方视疫情防控形势需要，另行协商终止。

哈尔滨海关联系人：佟国忠、徐宁

黑龙江省疾病预防控制中心联系人：许军

中华人民共和国哈尔滨海关　曾庆财

黑龙江省疾病预防控制中心　孙建飞

哈尔滨海关　黑龙江省农业农村厅
合作备忘录

（2021 年 8 月 10 日）

为积极推进“一带一路”建设，推动农业对外开放高质量发展，实现农业强省和乡村振兴，黑龙江省农业农村厅、哈尔滨海关本着“信息互通、工作互动、优势互补、技术互助”的原则，经协商一致，共同签署本合作备忘录。

一、加快推动农业现代化，扩大农产品进出口

1. 支持优良种质资源进出口。加强农业物种资源国际交流，推动与我省气候生态环境相似、物种资源丰富的国家合作，积极引进国外优异（特异）农作物种质资源，丰富寒地作物种质资源多样性。加强物种资源保护，强化对出口动植物及其产品养殖场、种植基地的源头管理。研究解决大豆等粮食作物种子出口问题，满足“走出去”企业生产需求，提高种业国际市场竞争力。根据口岸实际需求，统筹规划、设立相应的指定监管作业场地。

2. 促进境外粮食等农产品回运和加工。紧紧围绕保障国家粮食安全，充分发挥职能优势，提供更加便利的政策和措施，支持农业“走出去”企业境外生产的粮食等农产品回运和落地加工。支持和帮助我省企业充分利用综合保税区、自由贸易试验区、农业对外开放试验区、跨境经济合作区等开放平台优势，积极发展俄粮、畜产品、水产品等农产品精深加工。

3. 支持农产品扩大出口。双方充分利用各自政策、信息、技术和人才等方面条件，扶持发展农业国际贸易高质量发展基地，重点围绕杂粮杂豆、肉类、乳制品、水果、蔬菜、食用菌等具有比较优势的特色农产品，支持生产和加工企业获得国内外农产品认证，促进我省农产品取得进入国际市场资格，为扩大出口创造条件。共同帮助企业应对国外技术贸易壁垒，开展国际贸易培训，支持参加国际会展活动，拓宽农产品出口渠道。

二、加强联防合作，完善农产品质量安全保障体系

4. 构建边境地区疫病疫情联防联控体系。密切口岸动植物疫病疫情监控协作，建立一体化疫病疫情监控体系和应急处置机制。针对非洲猪瘟、马铃薯甲虫等重大动植物疫情，做好外防内控工作。针对外来物种入侵风险大、防控治理难、长效机制不健全等问题，共同做好外来物种入侵防控工作。

5. 建立动植物疫情信息共享机制。建立农产品进出口检疫工作协作、检疫信息交流、检疫结果共享机制，共同收集境内外动植物疫情信息。建立信息通报制度，哈尔滨海关向农业农村厅通报国外动植物疫情最新动态及相应防控措施；农业农村厅向哈尔滨海关通报省内动植物疫情最新动态。建立进境动物、种苗及植物繁殖材料隔离检疫、养殖、种植期间情况通报机制。

6. 建立农产品生产贸易统计数据通报机制。双方研究建立黑龙江省农产品进出口贸易数据共享机制，共同开展经常性的农产品贸易数据分析研判，进行农产品出口产业调研，研判全省农产品进出口形势，提出对策建议。哈尔滨海关定期向农业农村厅通报农产品进出口情况及出口食品生产企业和原料种植基地备案情况；农业农村厅向哈尔滨海关通报全省农产品种植和畜牧养殖情况。

7. 建立农产品检测技术资源共享及科技合作机制。建立海关系统与农业农村系统检测机构交流合作机制和检测项目共享互认机制，整合双方的农业检测资源信息，进一步加强在生产安全、农产品检测等方面的互助合作，为农业开放发展提供更好的技术保障支撑。组织开展农业科研技术交流项目研究，围绕促进农业强省建设，联合向农业农村部、科技部、海关总署推送重点课题成果。

8. 建立农产品出口基地备案管理制度。围绕从源头保障农产品质量安全和可追溯性，海关部门对出口农产品种植（养殖）基地实行注册登记 / 备案管理，在检疫、通关等方面提供便利条件。农业农村部门对出口基地建设给予政策支持，帮助企业和基地获得欧盟有机认证、清真食品等国际认证，严格按照出口目标国标准，指导推动农产品出口企业、农民专业合作社和基地进行标准化生产。

9. 建立执法领域协作机制。双方在相关法律法规的框架下，相互尊重并紧紧围绕各自机构职责，加强执法领域业务协作与配合，共同促进全省农业开放发展。建立执法人员业务交流和联合演练机制，进一步提高依法行政水平和风险防控能力。

三、强化沟通与交流，建立工作推进长效机制

10. 共同推进农业国际交流与合作。落实国家和黑龙江省委省政府关于实施农业对外开放部署要求，借助中俄博览会、国际大米节和省级农业对外合作联席会议等平台，助推全省农业对外交流与合作。积极对接“一带一路”相关国家和地区政府和企业，拓宽农业交流渠道，促进农业人才、农业企业和农产品、技术“走出去、引进来”。

11. 建立联络会商长效机制。双方负责人每年召开一次工作会议，遇有重大问题和突发事件，随时进行会商。建立工作联系制度，省农业农村厅对外经济合作处、哈尔滨海关动植物检疫处承担联络任务，承办落实合作机制日常工作，拟定合作事项推进事宜并组织实施。

各有关市、县（市）农业农村部门和隶属海关，应根据本备忘录精神，结合实际建立合作联席会议制度，在所辖区域合作推进农业对外开放。上述条款由黑龙江省农业农村厅和哈尔滨海关共同负责解释，本备忘录未尽事宜，由双方协商确定。

本备忘录由双方代表人签署，一式两份，自签署之日起生效。

中华人民共和国哈尔滨海关　卢厚林

黑龙江省农业农村厅　王兆宪

哈尔滨海关　黑龙江省交通投资集团有限公司合作备忘录

（2021 年 10 月 21 日）

为支持龙江深度融入国家“一带一路”建设，加快适应以国内大循环为主体、国内国际双循环相互促进的新发展格局，充分利用发挥各自优势，协力推动龙江外贸稳定增长，打造向北开放重要窗口，哈尔滨海关和黑龙江省交通投资集团有限公司（以下简称“交投集团”）本着友好合作、互利互助的原则，经双方协商，签署本合作备忘录。

一、建立长效机制，实现优势互补

（一）建立信息共享机制。双方在符合国家有关规定前提下，共同研究建立跨境运输数据共享机制，开展经常性的跨境运输贸易数据分析，研判进出口形势，提出对策建议，促进龙江跨境运输高质量发展。

（二）建立资源共享机制。充分发挥双方资源优势，相互服务、合作共赢。哈尔滨海关在管理体系认证及咨询、专业检测、健康检查、电子口岸信息服务、口岸防疫等方面提供专业服务；交投集团利用定制客运、全域租车、汽车营地等设施及资源，在开展培训、团建、公务出行等方面提供服务。

二、推进跨境运输转型升级，支持重点领域和重点项目建设

（三）提供“一企一策”精准服务。对交投集团有规模、有特色的外贸型所属公司，纳入“一企一策”名单，充分发挥和利用海关职能优势、自身资源优势，为企业提供“量身定制式”精准服务。培育企业成为 AEO 认证企业，设立企业协调员，了解企业需求和困难，及时帮助企业协调解决通关问题，降低企业通关成本，促进企业高质量发展。

（四）支持对外开放平台建设。协助推进自贸试验区哈尔滨片区保税物流中心（B 型）申建；助力齐齐哈尔国际物流园区实现肉类常态化进口，指导办理动植物检疫许可证；支持、指导绥芬河富民铁路互市贸易物流园区扩建、发展；支持漠河互市贸易业务发展。

（五）支持跨境电商项目发展。对互贸电商平台建设及关务方面提供支持；对直购进口模式电商快速通关、查验提供便利条件；支持企业开展网购保税进口跨境电商业务，探索在综合保税区内开展“网购保税+线下自提”业务。

（六）支持检疫处理中心建设。支持在绥芬河口岸、跨境物流园区建设检疫处理中心，完善重大动植物疫情和外来入侵物种应急处置功能，共同提升跨境运输生物安全管控能力，为农林等产品进出口提供熏蒸、消毒、热处理等无害化处理提供政策咨询，提高检疫处理技术能力和水平。

（七）支持互贸落地加工企业发展。推进龙江互贸落地加工发展模式，支持绥芬河互贸园区开展互贸进境粮食落地加工；支持企业进口俄罗斯农产品落地加工。

（八）探索新型通关模式。支持企业采用无人驾驶运输货物通关模式创新，在场地设置和制度创新等方面给予指导，提高口岸通关效率。

三、加强合作沟通，构建交流机制

（九）建立合作交流机制。双方在合作共赢、友好互利基础上，成立工作专班推进相关工作，密切沟通协调，高效、务实推动重点工作开展。

（十）加强党建合作共建。建立党建经验交流共享机制，组织开展党建交流活动，实现在党建工作上的相互促进、共同提高。组织双方团干部开展工作交流，加强在服务青年共联、青年干部共育等方面的共建合作。

（十一）建立培训互动机制。哈尔滨海关在海关政策宣讲、通关业务方面为交投集团给予指导；交投集团定期在企业改革、跨境物贸等领域与哈尔滨海关开展交流座谈。双方广泛合作，组织相关技能实训，提升岗位工作本领，为推动龙江外贸高质量发展提供保障。

哈尔滨海关各隶属海关单位和交投集团各有关分、子公司、直属单位，应根据本备忘录精神，结合实际建立工作联席会议制度，在所辖区域开展务实合作。

上述条款由哈尔滨海关与交投集团共同负责解释，本备忘录未尽事宜，由双方协商确定。

本备忘录由双方代表人签署，一式两份，自签署之日起生效。

中华人民共和国哈尔滨海关　卢厚林

黑龙江省交通投资集团有限公司　尚云龙